世界の考古学

①

アンデスの考古学

新　版

関　雄二

同成社

ペルー北高地クントゥル・ワシ遺跡出土の「14人面金冠」
（紀元前9世紀頃〈形成期〉クントゥル・ワシ調査団提供）

ペルー北高地パコパンパ遺跡出土の「ヘビ・ジャガー象形鐙形壺」
（紀元前8世紀頃〈形成期〉パコパンパ考古学調査団提供）

ペルー中央海岸カラル遺跡（紀元前３千年紀〈形成期〉）

ペルー北高地チャビン・デ・ワンタル遺跡（紀元前11〜６世紀〈形成期〉）

▶ （右頁下）ペルー南海岸ナスカの地上絵「ハチドリ」
　　　　（紀元後３〜４世紀〈地方発展期〉）

ペルー北海岸モチェ谷のワカ・デ・ラ・ルナ遺跡（月の神殿）
（紀元前後〜紀元後7世紀〈地方発展期〉）

ペルー南高地ワリ遺跡ベガチャヨック・モコ地区のＤ字形構造物
（紀元後6〜7世紀〈ワリ期〉）

ペルー南高地マチュ・ピチュ遺跡（紀元後15〜16世紀前半〈インカ期〉）

新版への序文

　コロナ禍のさなかに、この序文を書いている。海外調査は中止を余儀なくされ、オンラインの会議を通じてのみ、ペルーの友人や同僚の様子をうかがい知ることができるという異常な事態が続いている。ウィズコロナあるいはアフターコロナの世界における考古学がどのような姿をとるのか、いまだに予測はできないが、リモート発掘、リモート研修など、かつて技術や規則の観点でハードルが高かった手法が実現できるようになったのも、この忌まわしい状況があってのことであろう。

　さて改訂版を出してからすでに11年経つとは、時の流れの速さを感じざるをえない。改めて改訂版の序文を読み返してみても、ペルーの考古学の学術的潮流そのものに大きな変化は感じられない。あえて指摘するとすれば、鉱業、農業、観光業を中心とするマクロ経済の発展を受け、ペルー人考古学者自身が調査資金を確保できるようになり、自前の研究調査や保存プロジェクトを企画・運営できるようになった点であろうか。文化遺産の研究や保護は、一義的に、その遺産が存在する国や地域の人々が主体となって進めるべきであることを思えば、望ましい姿といえる。

　たとえば通常の文化関係予算とは別に、国会承認による特別予算が、実施単位（Unidad Ejectora）と呼ばれる公共投資計画に基づくプロジェクトにつぎ込まれ、巨大な遺跡を対象にした、長期的、かつ大規模な調査や保存が実施されている。これにより、考古学者

の雇用が確保され、若手考古学者の養成にも好ましい環境が整った。また豊富な資金を反映し、カラー写真をふんだんに使った質の高い出版物が頻繁に出されるようになった。行政発掘の報告書の刊行が義務ではないペルーでは、歓迎すべき傾向といえよう。ただ、手で運ぶことがおっくうになるほど重い出版物が多く、帰国の際の荷物の重量オーバーがいつも気にかかるが。

　さらにペルー人研究者による自前の研究の発展は、これまで外国人考古学者が提示してきた編年や社会像に変更を求めるような学術成果をもたらしていることも喜ばしい。本書でも扱う北海岸のモチェの国家像の変貌なども、ペルー人研究者の貢献が大きい。

　こうしたペルー側の自己主張は、学術とナショナリズムの融合が強化された結果ともいえる。かつて、欧米の研究者の独壇場であり、出土品の国外流出が頻繁であったことを思えば、文化遺産の管理が強化される点は理解できるし、共感すら覚える。こうした、いわば健全なナショナリズムが浮上する一方で、学術的証拠を提示することなく、地域や国家のアイデンティティと即座に結びつける議論が目立つようになった点は危惧する。文明や文化要素の起源を論じ、古さを競うことは、つねに学術的課題との連動が求められる。

　さて、この新版では、以前の改訂版と同じように、初版以来の章立てや流れを尊重した上で、新たなデータを付加し、場合によっては、新しい解釈を示すことにした。年々新しい発見が続いてきたアンデス考古学では、こうした改訂の作業は避けて通れず、これを繰り返すことでしか学問の進展はないと信じている。

　　2021年7月

　　　　　　　　　　　　　　　　　　　　　関　雄二

は じ め に

　南米には、中米のマヤやアステカに匹敵するインカという古代文化が実在した。確かに古代アンデス文明というと、すぐにインカを思い浮かべる人がほとんどであろう。しかし、このインカは15世紀末から16世紀前半にかけての100年にも満たない短命な文化の１つにすぎなかった。実際には、インカに先立つこと4000年以上も前に人々は巨大な神殿を造り、3000年前からみごとな土器を製作していたのである。こうしたインカに先立つ時期を先インカ期と呼ぶことがある。われわれが通常よく耳にし、また本文中でもしきりに登場する古代アンデス文明とは、こうした先インカとそれを集大成したとされるインカを含めた諸文化の総体を指す言葉である。

　我が国における南米の古代文化の実質的な紹介は、ごく最近のできごとである。16世紀に記されたインカ帝国に関する諸文献の翻訳を除けば、折を見て発表される日本人アンデス研究者の活動や展覧会の企画を通じて、その一端が紹介されてきたにすぎない。しかもその実態はインカ以前の諸文化の紹介であり、それはそれとして十分に意味があるものの、一般的に知られたインカの名前とのずれが生じ、時代的にも混乱が生じていることは否定できない。

　しかしこれは紹介者の責任というよりも、むしろ学問の進捗状況と関連していると見た方が正しい。アンデス山脈沿いに古代文明が開花した頃、南米大陸の他の地域が全くの不毛地帯であったわけでも、人類が住んでいなかったわけでもない。コロンビアやエクアド

ルには、かなり大きな人口を抱える集団が存在していたし、南米の南端では採集狩猟生活を営む人々が点在していた。しかしながら、これまでの欧米の研究者の関心は、記念碑的な建造物など、文明の形成過程を追う上で多大の証拠を残すペルーを中心にした地域に集中し、これが現地における考古学の発達にも影響を及ぼしてきた。

またペルーにおいても、考古学的研究は、主として先インカ期の文化を舞台として展開され、インカについては征服後に書かれた記録文書（クロニカ）などを基にした文献研究が大半であった。おのずと展覧会では、考古学的な文脈で明らかにされた先インカ期にさかのぼる遺跡の紹介とその出土品の展示がメインとならざるをえなかった。たとえ有名であっても、インカについては、壮大な石造建築を写し込んだパネルと、数を表したとされる結縄「キープ」、そして若干の土器が並べられるにすぎなかった。このように我が国における南米の古代文化に関するイメージは、アンデスに始まり、アンデスに終わり、それが先インカ期の出土品の紹介に重点が置かれながらも、実はインカの名の下に漠然と認識されてきたのである。

何も筆者自身は本書においてこのイメージを打破しようと考えているわけではない。むしろこれまでの紹介の方法を踏襲しようとさえ考えている。なぜなら、古代アンデス文明とは、一連の文化の発展過程の総体であり、最終的な姿を描くこと以上に、そのプロセスを追うことに意味があると考えるからである。したがって、おのずとこれまで同様に研究の蓄積が著しい先インカ諸文化の紹介にページを割かざるをえない。このため、同じアンデス地域でも北のエクアドルやコロンビア、南のチリ、アルゼンチンに関しては、中央アンデス地帯すなわちペルーの古代文化との比較資料として若干触れ

る程度にとどめておきたい。

　最後に、本書のような古代アンデス文明の形成過程全般を描いていく場合の視点についても触れておこう。アメリカ大陸の考古学は、広い意味で人類学の枠の中で捉えられてきた。現在も新しい研究動向が生まれている。たとえば強い影響を受けてきた人類学理論のなかには文化進化の概念がある。中央集権的なリーダーシップや地方の政治組織など新たな機構が発生する理由を、人口増から生じる生産活動の強化のため、あるいは重要な資源への特権的アクセスを確保するためとしてきた考え方などである（Service 1975）*。これにそって考古学的データが分析されることもしばしば見られた。

　一方でマルクス主義の考え方から発せられたゴードン・チャイルドの古典的なモデルでは、社会の複雑化とエネルギー獲得との関係に焦点があてられてきた。単純にいえば、複雑な社会の発展は、技術的な進展と余剰生産物の発生を必要とする考え方である。この余剰生産物は、エリートや官僚、職能集団など食糧生産に係わらぬ活動をする人々を支えるために必要であった。いわゆる文化進化の基盤は、たゆまざるエネルギーの獲得とそれに係わる社会の洗練化にあると見るのである（White 1959）。

　もちろん、こうした古典的な見方をそのまま利用することはなくなってきているが、既存のモデルをもとにさらに理論を強化することもできる。たとえば、文化進化の基盤を形成するとされたエネルギーについては、その量ではなく、利用の仕方に注目すべきであると考えてみることも可能だろう。社会にもたらされたエネルギーは、より多くの人口を生み出すか、あるいはより複雑なシステムを誕生させるからである。だからこそ社会の複雑化を解明しようとす

るときには、新たな組織の発生や維持、あるいは既存の組織の洗練化を促進するために、エネルギーがどのように使われるのかを見なくてはならないのである。

　このように人類学モデルでは、社会進化そして生産や流通などいわゆる生存にかかわる経済システム（サブシステンス）に関する関心が高かったし、筆者もその一人である。概論という性格上、各時期、各文化にまんべんなく触れていく必要はあるにせよ、多少なりとも筆者の個人的関心が表現できるとすれば、この点であろう。

　＊本書では、記事に関連した文献については該当箇所に著者名・年号のみを注記し、詳しくは巻末の参考文献一覧に記してある。

目　次

カバー写真

　ペルー北中部高地に位置する形成期遺跡チャビン・デ・ワンタルより
出土した半獣半人像をモチーフにした石彫。ヘビの髪を持つことから
ギリシア神話に登場するメデューサの通称を持つ（著者撮影）。

装丁　吉永聖児

アンデスの考古学

新　版

主要遺跡地図

プエルト・オルミーガ

ベネズエラ

サンタ・フェ・デ・ボゴタ
□
コロンビア

赤道

キト
□
バルディビア　エクアドル

ペルー

アマゾン川

クントゥル・ワシ

パコパンパ

パンパ・グランデ　ワカロマ

チャン・チャン　　　チャビン・デ・ワンタル

ラ・ガルガーダ　　トゥティシカイニョ

ブラジル

セロ・セチン　　コトシュ

リマ　　ワリ　マチュ・ピチュ
□　　　　□クスコ
パチャカマック

ナスカ

ボリビア

ティワナク

パラグアイ

チリ

太
平
洋

サンティアゴ□　アルゼンチン

ウルグアイ

大
西
洋

モンテ・ベルデ

フェルズ洞窟

第1章　自然環境と文化領域、そして編年

第1節　南米の文化領域の設定

1780万 km²の広大な面積を誇る南米大陸は、赤道を挟み、南北68度の幅に収まっているところからもわかるように、実に多様な自然環境を抱える。おおまかにいえば、大陸の西端に沿って南北に細長くのびるアンデス山脈地帯、アマゾン、オリノコ、あるいはラ・プラタといった大河の流域に広がる低地、大陸の東部・北部に見られる平原や台地から構成されているといえよう。

こうした南米大陸をいくつかの文化領域に分ける作業は、これまでさまざまな研究者の手で行われてきた。それらを振り返ると、いずれもがペルーやボリビアで成立した古代文明を頂点としたとき、他の地域がどれほどの文化発展段階に達したのかという進化主義の思想が前提にあったことが指摘されている（Willey 1971）。南米の考古学はまさにその思想的影響下で発展してきたのであり、これは編年の枠組みにも反映されている。考古学的、民族誌的データが蓄積されつつある今日では、こうした分類は単純すぎるとして否定される面も多いが、その代案が示されているわけでもない。また新たな分類を試みるには、民族学的、考古学的データはあまりにも膨大

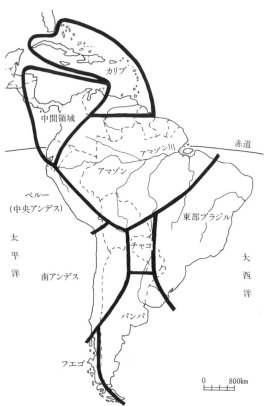

太平洋

大西洋

赤道

カリブ

中間領域

アマゾン川

アマゾン

ペルー
(中央アンデス)

東部ブラジル

チャコ

南アンデス

パンパ

フエゴ

0　　800km

図1　南アメリカの文化領域（Willey 1971より）

である。事実、最近出版される南米考古学の入門書は国別であることが多く、南米全体を扱っている場合でも、文化領域の問題を避けているのが現状である。とりあえず本書では、アメリカ考古学の重鎮ゴードン・ウィリー（Gorden Willey）がその名著『アメリカ考古学入門』で示した領域分類を便宜的に用いることにする。領域分類については考古学的データを基にした古代文化に係わるものであるため、その線引きは決して厳密なものではなく、地域や時代によって今後も揺れ動く可能性を持った便宜的なものであることを明記した上で利用することにする。

　ウィリーによれば、南米全体を9つの領域に細分できるという。アンデス山脈沿いに北から中間領域、ペルー領域、南アンデス領域、

フエゴ領域、そしてこれらの東側にカリブ領域、アマゾン領域、チャコ領域、パンパ領域が広がり、最東端に東部ブラジル領域が位置する（図1）。このうち本書で主に扱うのはペルー領域である。ペルー領域は、今日のペルーとボリビアの一部を含む地域を指し、別名中央アンデス地帯ともいう。後者の呼称の方がなじみ深いので、以下こちらを用いることにする。中央という語が冠せられるのは、細長いアンデス山脈地帯を細分することを意味する。その点を踏まえれば、中間領域のうちで南米大陸に含まれる場所に限って、北アンデスと呼ぶことは不思議ではない。

第2節　アンデスの自然環境とその利用

（1）多様な生態環境

中央アンデス地帯（ペルー領域）は、一般にコスタ（海岸）、シエラ（山）、モンターニャ（東部森林地帯）よりなるとよくいわれる。乾燥した砂漠地帯としての海岸、万年雪を戴くアンデスの峰々が連なる山岳地帯、アマゾン源流部の熱帯雨林地帯というイメージからなのであろう。これは決して誤りではないが、実際に中央アンデス地帯を歩いてみると、その生態環境がもっと多様であることが誰でもわかる。ペルー人の地理学者ハビエル・プルガル・ビダル（Javier Pulgar Vidal）は、こうしたアンデスの生態環境を海岸地帯を含めて7つに細分している（Pulgar Vidal 1981）。それぞれの特徴を簡単にまとめてみよう（図2）。

1）チャラ（chala）

アンデス山麓の太平洋岸に広がる海抜500m以下の砂漠地帯を指

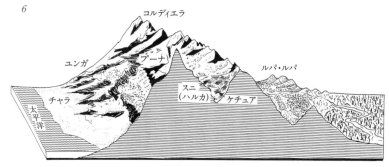

図2　中央アンデスの環境区分概念図 （Burger 1992を一部改変）

す。これはあとでもう少し詳しく見る。

　2）ユンガ（yunga）

　海岸ユンガと山間ユンガとがある。前者は海抜500〜2300mあた
りに見られ、海岸地帯を流れる河川の中流域にあたる。人間の居住、
利用は谷底に限定される。一方、山間ユンガは、アンデス山系を深
く切り込んだ河川の谷底や盆地の底部を指し、海抜1000〜2300mほ
どのところに見られる。降水量は250mm程度で乾燥している。年
平均気温は17℃〜19℃と高く、現在ではパカイ（pacay）、グァバ
（guava）、チェリモヤ（cherimoya）などの果物、アボカド（abocado）、
サツマイモ、マニオク（キャッサバ）、トウガラシ、トウモロコシ、
旧大陸産のサトウキビなどの野菜類の他、嗜好品や儀礼用品として
のコカ（coca）、綿も栽培される。

　3）ケチュア（quechua）

　海抜2300〜3500mの山の斜面や山間盆地にあたる。降水量は250
〜500mmでユンガとさほど変わらないが、平均気温は11℃〜16℃
とやや低くなる。トウモロコシ、マメ類、旧大陸産のオオムギやコ
ムギなどが栽培される。

図3　チャラ

図5　ケチュア

図4　ユンガ

図6　スニ

図7　プーナ

4）スニ（suni）あるいはハルカ（jalca）

　海抜3500～4000mあたりの山の斜面上部や河川の源流地帯を指す。降水量は800mmとやや多くなり、平均気温は7℃～1℃の寒冷地である。霜はもちろんのこと、気温も氷点下まで下がることが

しばしばある。トウモロコシはほとんど育たず、ジャガイモ、ツルムラサキ科のオユコ（olluco）、カタバミ科のオカ（oca）などの根菜類やアカザ科の雑穀キヌア（quinua）が栽培される。

　5）プーナ（puna）

　4000〜4800mの高所を指す。一般になだらかな起伏の多い草原である。年平均気温も0℃に近く、降水量は雨、あられ、雪の形をとるため、500mmを越える。耐寒性の根菜類を除けば、作物はあまり育たない。高地性の家畜であるリャマ（llama）やアルパカ（alpaca）といったラクダ科動物のほか、羊なども放牧される。

　6）コルディエラ（cordillera）あるいはハンカ（janca）

　アンデス山脈の冠雪地域であり、人間の居住は認められない。

　7）ルパ・ルパ（rupa-rupa）

　アンデス山脈の東斜面にあたり、降水量も多く、一般に高温多湿の熱帯雨林的景観を呈する。今日では、木材、マニオク、コカの生産が見られる。

　さて海岸の砂漠地帯チャラを改めて説明しよう。年平均気温は19℃とあまり高くない。これは沖合を流れるフンボルト寒流の影響である。南、あるいは南東から赤道に向かって吹く貿易風が、アンデスの峰々によって行く手を阻まれ、ちょうど海岸線に沿って北上する。こうした大気に特徴的なのは、直下の冷水域によって温度と蒸発が低く押さえられている点であり、海岸地帯に降雨が見られない理由でもある。海岸地帯で暖められた大気は、次第に水分を蓄え、やがてアンデス山脈を上昇し、雨雲となる。

　チャラでは雨はほとんど降らないが、6〜10月の湿潤期と12〜3月の乾期という2つの季節を持つ。湿潤期には濃霧が発生する。こ

れは、この時期、貿易風が強まり、フンボルト寒流の勢いが増すことと関係する。低温で蒸発の押さえられた大気が海岸の砂漠地帯に流れ込み、一気に上昇することで、上層に低温、下層に高温の大気層が形成される。この顕著な逆転層の下方で移流に伴うかなりの気温の降下が生じ、霧が発生するのである。これがちょうど海抜600～800mあたりでよく見られる。海岸地帯の砂漠の小山では、この水分が地中に眠る種の発芽を促進し、草原地帯を作るのである。この現象や草原地帯そのものをロマス（lomas）と呼ぶ（小野 1981）。

この霧とロマスが発生する頃、山岳地帯では雨は降らず、乾季となる。ところが、フンボルト寒流が力を弱め、南下する赤道海流の力が強まると、海水温も上昇する。この結果、大気の逆転現象は起きず、霧やロマスは発生しない。代わりに暖められた大気はそのまま水分を含みながら上昇を続け、山岳地帯に雨をもたらす。つまり、海岸が湿潤なときには山は乾燥し、海岸が乾季のときには山は雨季という季節の逆転が認められるのである。

このように、海流と大気との関係がアンデスの自然環境の季節的変化に影響を及ぼしている。とくにフンボルト寒流は、北上する貿易風が海水をさらうことで生み出され、海底の有機沈殿物の湧昇を促すと考えられている。この栄養分豊かな有機物は海藻類、微生物、プランクトンなどの繁殖を呼び起こし、魚類、そしてそれを餌にする鳥群を含めた食物連鎖を支え、ペルーやチリの沖合を世界でも有数の漁業域に仕立てあげている。

しかしこの海流の動きは毎年一定ではない。たとえばエル・ニーニョ（El Niño）という自然現象がある。原因は一様ではないが、貿易風の弱化が重要な要因の1つと考えられている。北上するフン

ボルト寒流が通常以上に弱まり、湧昇作用、そしてそれに伴う下層からの栄養分補給が量、速度ともに鈍る。逆に南下する暖流が強まり、海水温は上昇し、低温の海水に生息する生物は大きな打撃を受ける。海岸地帯を根城にする鳥にも被害が及び、鳥などは餌を求めて南下するか、餓死の道をたどる。さらに赤道前線の南下により、大雨が海岸地帯を襲う場合もある。その規模は一定ではなく、また間隔も定まっていないため、この現象の予測はきわめて困難と言わざるをえない（Idyll 1973）。

（2）垂直統御の経済

　これまでの説明だけでも、中央アンデスの環境と資源がいかに多様であるのかがわかろう。しかし問題は多様性よりも、その利用法にある。たとえば、山岳地帯を例にとろう。南高地のクスコ市より東方に約90km ほど奥まったところにケロ（Q'ero）という村がある。集落の中心は海抜3400m のキチュア（ケチュア）とその上のハルカ（スニ）地帯の境に位置し、村人達は、高地のプーナ地帯でリャマやアルパカの飼育を行い、ハルカではジャガイモなど根菜類の栽培に従事し、さらに集落よりも下にある温暖

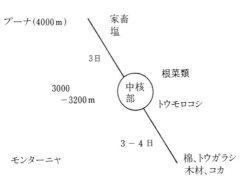

図8　チュパチュ族の垂直統御（16世紀）
（Murra 1972を一部改変）

なユンガの谷間でトウモロコシやジャガイモ、マニオクなどを育て
ている。植え付けや収穫は作物によっても違うので、必要に応じて
村人達はこの高度差の中を移動するが、村を足場にすれば、どの環
境ゾーンにも1日あれば行けるという（Webster 1971）。実に効率
的な利用だ。

　ケロの場合、高度差を持ちながらも比較的小さな谷間を利用して
いるケースであったが、これが大きな谷間になると別の形態がとら
れている。たとえばクスコ近郊のビルカノータの谷では、広い谷間
の中に集落が点在しているため、各集落はそれぞれが位置する環境
ゾーンに適した作物や家畜の世話を専門的に行い、収穫物を市場で
交換し合う方法がとられている。こうすれば、高地の作物から低地
の作物まで幅広く、しかも容易に入手することができるのである
（Gade 1975）。

　このように垂直に分散している多様な資源を効率よく利用する生
業形態を指して垂直統御と呼ぶ。しかしこの言葉の命名者である
ジョン・ムラ（John Murra）が最初に研究対象としたのは、現代
アンデスの事例ではなかった。ムラは16世紀に書かれた地方視察吏
の記録をもとに、北高地のワヌコ地方に住んでいたチュパチュ族の
垂直統御システムを復元したのである（Murra 1972）。それによれ
ば、チュパチュ族は、ケロのように高度でいえば中間地帯であるケ
チュアに居を構えながら、上のプーナ地帯と下方の温暖なモンター
ニャ（ルパ・ルパ）地帯を自ら移動しながら開発していたという。
さらにムラはチュパチュとは別の垂直統御の形態をティティカカ湖
西岸に住んでいたルパカ族の事例で示している。ルパカの中心はこ
れまでと違い、高地のプーナ地帯にあったため、他のゾーンの利用

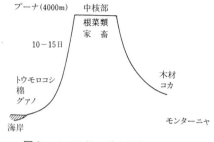

プーナ(4000m)　中核部
根菜類
家畜
10−15日
木材
コカ
トウモロコシ
棉
グアノ
海岸
モンターニャ

図9　ルパカ族の垂直統御（16世紀）
（Murra 1972を一部改変）

は実にダイナミックな形態をとった。海岸地帯まで10日以上もかけて旅をし、温暖な海岸ユンガの谷間でトウモロコシを栽培し、海産物まで採取していたのである。さらにアンデスの東斜面にまで足をのばし木材やコカを入手していた点もわかった。

　このムラの歴史的研究が刺激となり、現代のアンデス住民の環境利用の形態に関する研究が始まったのである。当然のことながらムラの垂直統御論が次に刺激を与えたのが考古学の分野であった。じつはこれまで垂直統御をあたかも垂直に分布する資源の利用法として紹介してきたが、ムラの研究はその点のみならず、生産と流通を統御する政体の形成に目を向けているのである。その意味で先史時代を扱う考古学とのつながりは大きく、とくにインカの経済、政治構造解明には計り知れぬ貢献を果たしてきた。こうして考古学者は垂直統御の起源がどこまでさかのぼれるかという関心はもとより、先史文化の解釈のモデルとしても関心を寄せるようになったのである。以下でこうした研究の一端を見ることができよう。

第3節　編年体系の複雑さ

　今日、南米の考古学は国単位で語られることが多い。なぜこのように考古学に細分化の傾向が見られるのであろうか。かつてウィ

リーが『アメリカ考古学入門』で示そうとした領域ごとの編年、そして文化伝統の同定と伝統同士の関係の追究といったテーマはなぜ避けられているのであろうか。これは、ウィリーの試みが広大な南米大陸に点在するいくつかの遺跡を、わずかな放射性炭素年代測定値をもとに時間順に並べ、遺跡の特徴として抽出される生業、あるいは遺物などからいくつかの「伝統」の存在を類推していく方法をとっていることと関係している。考古学的データがより充実した地域とデータの希薄な地域とをかなり強引に結びつけることも問題であった。ウィリーに対する反論は、彼の用いた概念に対してよりもむしろ各地域のデータの解釈を通して間接的に行われたといってよい。その結果、体系的な論を展開する以前に遺跡の精査を行うべきという当り前といえば当り前の主張が再確認されるようになったのである。おのずと考古学者の関心は狭い地域へと埋没していく。

　こうした考古学の流れとは別に、考古学そのものが政治や国家意識と結びついている状況も知っておくべきであろう。考古学者らは、精密なデータに依拠することを基本にしながらも、先史時代における文化の地理的分布が今日の国境線とは関係ないものと考えている点は共通している。しかしながら、ラテン・アメリカ諸国の独立の過程、対立抗争の経緯などが、国同士の学術的交流を妨げ、またナショナリズムと結びついて、考古学を自国のアイデンティティ模索の手段とする傾向を鮮明に打ち出している点にも注目すべきであろう（Shelton 1995）。結果として、独自の歴史の確立、他国の文化との峻別を意図する学問的姿勢がとられ、国別の考古学という興味深い現象が生じているのである。

　さて中央アンデスでは、かつて編年上の概念として「段階」（Stage）がもてはやされた時期があった。これはきわめて進化主義に影響された考え方であり、あらゆる文化はいくつかの「段階」を経て成立し、現代に至ったという主張であった。これにより過去の「文化」がどの「段階」に属するのかが示されてきたのである（Rowe 1962）。南米の中でも考古学の歴史が比較的長い中央アンデス地帯の場合、かつて「初期農耕民」、「実験者」、「信仰者」、「熟練職能者」、「都市建設民」などという発展段階的時期区分が行われていた（Bennett and Bird 1949）。しかし、たとえば「信仰者」概念をとってみても、この時期にいかにも宗教だけにふけっていた社会が存在したとみなすことは、他の時代における宗教の役割を希薄化することにつながりかねず、冷静に状況を判断できなくなる。そこで登場したのは、文化発展を明示するような時期区分を放棄し、「ホライズン」（Horizon）と、「時期」（Period）の概念を組み合わせるというジョン・ロウ（John Rowe）の試みである。「ホライズン」とは、1つの「文化」が一定の地理的領域の中を比較的短い時間で広がった場合に用いられ、この現象の狭間の時期、すなわち多様な文化が併存していた時期を「中間期」と呼んだわけである。ロウらは、こうしたホライズンが中央アンデス地帯では、古い順にチャビン、ワリ、インカのおおよそ3つの文化に当てはまると考え、それぞれを前期ホライズン、中期ホライズン、後期ホライズンと名付けた。さらにそれぞれのホライズン間の時期を前期中間期、後期中間期とし、前期ホライズンの前は草創期ならびに先土器時代と命名し、とくに先土器時代はⅠ期からⅥ期まで6つに細分した（Rowe 1960）。

「ホライズン」の使用は、進化主義的なアプリオリから逃れる1つの方法であるといえるが、最近では、このうち「前期ホライズン」

のチャビンに関して、はたしてホライズンが存在したといえるのか
が問題になっており、代わりに以前から用いられてきた形成期とい
う呼称を積極的に用いるべきだとする主張が再び強くなってきてい
る。しかし形成期の名称を用いると、編年全体を別の名称で統一し
なくてはならない。石期、古期、地方発展期、ワリ期、地方王国期、
インカ期とする編年体系はその1つである。少なくとも我が国では
こちらの方が主流である。しかしこれとて、ある意味では発展段階
的な見方をとった編年体系であり、問題は残る。たとえば、地方王
国期以前にもモチェという王国といえるような政体が存在していた
ことが最近わかってきているのである。つまりホライズンを用いよ
うと、別の編年を用いようと、どちらも完璧とはいえないのである。
そこで、本書では、我が国でもっとも一般的に用いられている概念
を便宜的に利用し、必要に応じてホライズン型編年を併記していく
ことにする（巻末編年表参照）。

　なお、こうした編年体系の中で、各地域で興亡を遂げる政体、組
織を「文化」と呼ぶことがある。たとえば、ペルー北海岸で西暦紀
元直後に成立したと考えられているモチェのケースを考えてみよ
う。モチェそのものは、地方発展期とか前期中間期と呼ばれる編年
カテゴリーに含まれる。ところが、北海岸という限定した範囲で出
土する一連の土器と建築のスタイルを基準にして「文化」（culture）
の名が付与される場合がある。モチェ文化などと呼ぶのもその一例
である。

　また「時期」の下位区分として「相」（Phase）がある。たとえ
ば、筆者が調査を行っている中央アンデス北高地のクントゥル・ワ
シ遺跡では、幾重にも土層と建築が重なっていることが確認され、

これを４つの大きな「相」に分けている。それぞれの「相」には、「イドロ」、「クントゥル・ワシ」、「コパ」そして「ソテーラ」という、われわれ研究者が考えた名称が付けられている。そしてこの４相はともに、形成期と呼ばれるアンデス全体の編年体系の中に収まっているというわけだ。しかし日本語としては座りがよくないため、しばしばイドロ期というように、あたかも「時期」であるかのような表現がなされる場合があることを付け加えておこう。また本書では、年代を表記する際に紀元前（B. C.）を略して「前」、紀元後（A. D.）を略して「後」の文字を年代数値の直前につけることにする。前200年とは、B. C. 200年のことを指し、後200年とは、A. D. 200年を意味することになる。

第2章　最初のアメリカ人

第1節　最初のアメリカ人の探求

　中央アンデス地帯に初めて人類が登場するのは、最終氷期の末頃、すなわち1万2000年前から1万1000年前頃といわれている。今から30年ほど前のアンデス考古学入門書の類には、かならず2万年をさかのぼるような遺跡が紹介されていたことを思い起こすと、学問の推移の早さには驚かされる。こうした解釈の転換が起きた背景には、科学的手法の発達と導入、さらに学際的研究体制の強化があげられる。結局は、2万年前といわれた遺跡からの試料を再度測定してみると、ずっと若い年代値が出たり、古い土層が崩れ落ちた2次堆積であることが地理学者の指摘で判明するなどして、「最古の人々」は次々にその地位から引きずりおろされてしまったのである。かといって、最初のアメリカ大陸先住民が、アジアからシベリア経由で渡ってきたというシナリオにはさほど変更はない。むしろ、近年、形質人類学に加えて、人類遺伝学、地理学、言語学の分野からもこれを傍証するようなデータが提出されつつあるほどだ。

　問題はつねに、人類がいつ、どのようなルートでアメリカ大陸に渡ったのか、その後どのように南米まで南下していったのか、その

ときの生活様式はどのようなものであったのかという点にある。しかし現時点でこれに答えることはとても難しい。たとえば北米では、近年の地理学、古気候学の発達のおかげで、氷河が成長を見せた時期に海水面が低下し、ベーリンジアが陸橋となっていたことがはっきりしてきた。これによると、陸橋の出現時期は7万5000年前から1万4000年前頃とされ、その間であれば、人類はいつでも北米大陸に渡れたことになる。ところが、渡った先の北米では、意外なことにアラスカよりむしろ南部で氷河が発達を遂げ、人類の南下を阻んでいたのである。この氷河が後退するのが最終氷期の末、1万4000年前以降とされている（小野 1992）。つまりこの頃にならないと、人類は北米南部にも南米にもたどり着けないことになる。しかし、これ以前に氷河が後退していた時期があったという考えや、海岸沿いに南下したなどの意見もあり、まだ結論は出ていない（関 2013）。

　いずれにせよ、この状況を背景に北米では、かつて古いとされていた遺跡が次々と姿を消していったのである。こうして北米で確認されている最古の文化は、今のところさかのぼったとしてもクローヴィス文化どまりということになる。1万1200年前から1万800年前頃に北米大陸南西部を中心に広がっていた採集狩猟民文化である。クローヴィスの人々は、柄や胴体の部分に溝を入れた、いわゆる有樋の尖頭器を製作している。しかしあまりにみごとな技術を見せるがゆえに、この文化が突如出現したとは考えられず、これに先立つ、すなわち先クローヴィス文化の存在を考える考古学者はあいかわらず多い。ここでとりあえず南米の状況をみてみよう。

第 2 節　南米最古の狩猟民と魚尾形尖頭器

　氷期の南米の環境を復元するような研究は、ほとんどが西側に走るアンデス山中に関するものである。最終氷期のアンデスは、今日5000mあたりにある雪線が1000mも降下したことが推測されている。こうした氷河の前進、拡大の時期はほぼ北アメリカと一致しているといわれる。2万年前頃から1万2000年前頃である。ペルーとボリビアの国境にまたがるティティカカ湖も1万2000年前頃より拡大する。一方で、現在、広大な面積を占めるアマゾン低地においては、熱帯雨林環境が縮小し、乾燥した地形が広がっていたことがよくいわれる。また海岸線では、氷河の発達によって海底、大陸棚が露出していた（米倉 1995）。

　こうした南米大陸でもクローヴィスに相当するような有樋尖頭器は発見されている。しかも最終氷期の末頃である。正確にいうならば、その尖頭器の形状はクローヴィスとは異なり、胴部に深い抉りを入れている。全体として魚に似ているため、通常魚尾形尖頭器と呼ばれる。年代的には北米のクローヴィス同様に、1万1000年前頃から1万年前頃までとされている。形態こそ多少異なるものの、同じ有樋尖頭器であるので、両者の直接的系統関係を主張する研究者もいるが、現状ではよくわからない。いずれにせよ、魚尾形尖頭器は、ベネズエラ、コロンビア、エクアドルの山岳地帯、ペルーの北海岸、ブラジル、ウルグアイ、アルゼンチン、チリなど南アメリカのほぼ全域から何らかの形で報告され、なかでも年代を決定するような資料は南米南部に限られている（関 1995）。

　南米で問題なのは、魚尾形尖頭器出現以前の文化の痕跡が、近年、かなり報告されている点にある（Bryan 1983）。北米では巷間を騒がせた先クローヴィス候補の遺跡は次々と淘汰され、今では一握りの遺跡にしか関心は向けられていない状況と比較してみると、南米はこれに逆行しているように見える。たとえばベネズエラのタイマ・タイマ（Taima-Taima）遺跡（Bryan 1973）、ブラジル東部高原のピアウイ（Piaui）州南に位置するペドラ・フラーダ（Pedra Furada）遺跡（Guidon and Delibrias 1986）、ペルー北海岸のワカ・プリエタ（Huaca Prieta）遺跡（Dillehay 2017）、チリの中央部に位置するモンテ・ベルデ（Monte Verde）遺跡（Dillehay 1989）のデータをよく見ると、いずれもが1万4000年前をさかのぼるような年代測定値が出ている。年代試料の汚染、層位や石器同定などの問題点を抱える事例が多いなかで（Haynes 1974；Lynch 1990)、モンテ・ベルデ遺跡については調査チーム外の研究者による検証が行われ、信頼性の高まりが見える。

第3節　パレオ・インディアンの生業像

　結局南米でも確実な証拠となると魚尾形尖頭器になってしまう。こうした道具を使い、氷河時代に生きていた人々のことをパレオ・インディアンと呼ぶが、ではいったい彼らはどのような生活を送っていたのであろうか。明確な証拠を持つこの時代の遺跡は、むしろ中央アンデス以外の地域で確認されている。

　チリの首都サンティアゴの南120kmの内陸部にタグワ・タグワ（Tagua Tagua）遺跡がある。ラウターロ・ヌーニェス（Lautaro

図10 南アメリカの初期人類の主な遺跡

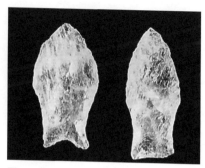

図11 魚尾形尖頭器（L. ヌーニェス博士提供）

Nuñez）率いる学際的チームが発掘調査を行い、魚尾形尖頭器、両面加工のスクレーパーなどの石器、それに南米ではめずらしいマストドンの牙を加工した道具が大量の絶滅大型動物の骨とともに出土している。こうしたデータは、ここがマストドンの屠殺址（キル・サイト）であったことを物語っている（Nuñez et al. 1992）。

　氷河時代に生息していた大型動物を狩猟していた痕跡は、最初のアメリカ人の旅路の終焉地である南アメリカ南端部でも発見されている。むしろ発掘による最も信頼性の高いデータが提出されているのは、この地域だけといっても過言ではない。先駆者としてはジュニアス・バード（Junius Bird）をあげることができる。1930年代、アメリカ自然史博物館の研究員として派遣された彼は、チリの国立自然史博物館との共同研究という形で、マゼラン海峡一帯の民族学的、考古学的調査を行った。チリ領パタゴニアのいくつかの洞窟を発掘したバードは、アルゼンチン国境に近いフェルズ洞窟（地主であったフェル氏の名からとった）の最下層からミロドン（Mylodon オオナマケモノの仲間）やウマ、ラクダ科動物グァナコ（guanaco）の骨などとともに精巧な作りの魚尾形尖頭器を発見している（Bird 1988）。バードは1969年から翌年にかけて再調査を試み、採集したサンプルから1万1000年前〜1万年前を示す年代測定値を得ている。

　近年、このバードのデータを裏付けるような発掘が、マガジャネス（Magallanes）地域（チリの極南部を指す、県や州にあたる行政区）で盛んに行われている。たとえば、フエゴ（Fuego）島内陸部のトレス・アローヨス（Tres Arroyos）遺跡、太平洋岸のウルティマ・エスペランサ（Ultima Esperanza）郡、クエバ・デル・メディオ（Cueva del Medio）では、魚尾形尖頭器がウマやミロドンの骨とともに出土し、同じような年代が出ている（Massone 1987；Nami 1987）。

　こうしてみると、パレオ・インディアンは大型動物を追って、南米大陸を走り回っていたような印象を受ける。アリゾナ大学のポール・マーティン（Paul Martin）は、こうした生業活動が大型動物を絶滅させたとまでいっている（Martin 1973）。氷期に生息していた大型動物の大半が後氷期に入るか入らないかの境あたりで絶滅を遂げているからである。しかし、本当にそうなのだろうか。大型動物は、日々の糧に困らぬほど周囲に生息し、その狩猟だけに依存していたのであろうか。

　パタゴニア地方のデータを基に、大型動物狩猟に依存したイメージに疑問を投げかけているのがメンゴーニ＝ゴニャロンスである。彼は、南部パタゴニアの遺跡から出土する動物遺骸のリストを作成し、鳥、小型動物など多様性に富んだ動物利用の実態を明らかにした。さらに推定される生息数から大型動物の経済的な地位は副次的であったことを示している（Mengoni Goñalons 1986）。主たる食糧源は野生のラクダ科動物であるグァナコと断定しているのである。

　同じようにグスタボ・ポリティス（Gustavo Politis）らは、パンパ東部の丘陵地に点在する最終氷期から後氷期の遺跡の出土獣骨に

図12　グァナコの群れ

注目し、動物のリストを作成している（Politis and Solemme 1990）。ここでも幅の広い動物利用が認められるのみならず、大型動物に関しては、逆に狩猟の対象であった証拠に乏しいことが述べられている。結局、ウマ、オオナマケモノ、巨大アルマジロといった大型動物は生活経済の上で二次的役割しか占めることはなかったというのである。

　これらの報告から考えると、パレオ・インディアンが大型動物を狩猟しながら生活をしていたことは確実にせよ、日々の生活がすべてこれによってまかなわれたと考えるのは極端な気がする。南米南端の事例が示すように、もっと小型の動物を狩猟していた可能性は十分にあるし、また現在までの調査ではあまり明確ではないが、多様な植物資源も利用していたことも否定できない。マーティンが考えるような大型動物一辺倒の生活ぶりは実態とずれているような気がする。おそらく、この点は中央アンデス地帯にもあてはまるであろう。

第3章　農耕と牧畜の発生

第1節　後氷期の自然環境と人類の適応

　南米全体の話から、中央アンデス地帯へと焦点を移そう。すでに
編年の節で述べたように、中央アンデス地帯の考古学では、後氷期
以降、土器が登場するまでの時代を先土器時代と呼ぶか、あるいは
石期と古期の名称でくくられる。後者の場合、石期とは、前1万
2000年頃から前5000年頃までを指し、古期はそれ以降、前1800年頃
までとされている。この石期と古期の区分は、簡単にいえば、採集
狩猟の時代と農耕牧畜の要素が加わる時代とを区別しようという考
え方にもとづいている。しかし、実際にはそれほど事態は単純では
ない。また古期の終わりについても、本書では、本章後段で述べる
ように、次に控える形成期の開始を祭祀建造物の出現におくことか
ら、前1800年頃ではなく、前3000年頃としておく。農耕と牧畜の起
源については後述するとして、まず石期や古期について、どのよう
な生業が復元でき、それがどのように変化していくのかを調べてみ
よう。

　今から1万年前頃、世界規模で気候変動が認められたことはよく
知られている。南米では、アンデス山脈の氷河は後退し、植生の限

26

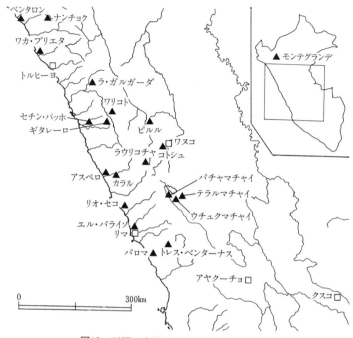

図13 石期、古期、形成期早期の主な遺跡

界線を押し上げたため、高度差に応じて分布を見せる植生帯も順次
上昇していった。また海水面も上昇し、海岸線の後退が見られた。
サバンナ的景観を示していたアマゾン低地が次第に湿潤化し、今日
のような姿をとるようになったのもこの頃である。人類は、こうし
た激変する自然環境の中で、どのような適応を迫られ、生存戦略を
選択していったのであろうか。

（1）山岳地帯での新たな適応

　石期に関する情報の大半は、最も高い居住地域であるプーナ地帯

の洞窟遺跡から得られている。絶滅した大型動物の骨の代わりに、鹿やラクダ科動物の骨が出土しているのである。また葉状、あるいは三角形の石製投槍用尖頭器が見つかっているし、皮剥や切断、穿孔用の加工具も出土するので、これらの動物を対象とした狩猟活動が想定できる。少し高度の下がったスニ地帯でも、プーナ同様に狩猟採集に基礎を置いた生活であったと考えられる。先土器時代を中心に研究を進めてきたトマス・リンチ（Thomas Lynch）は、こうした生業伝統を指して「中央アンデス先土器伝統」と名付けている（Lynch 1978）。

　リンチ自身は、ケチュア地帯のギタレーロ（Guitarrero）洞窟を発掘している（Lynch 1980）。ここでは、野生の植物資源のほか、鹿、ラクダ科動物、げっし類、鳥など幅広い食糧資源の遺残が確認されている。しかしそれ以上にこの洞窟遺跡の名を有名にしているのは、この時期早くもインゲンマメや根菜類などの栽培植物の痕跡が報告されている点であり、さらにすぐ下の植生区分帯ユンガで栽培したと考えられるルクマ（lúcuma）、パカイといった果物、トウガラシなどの遺残が確認されていることにある。しかし、高カロリーの食糧はまだ登場していないところから、食生活における栽培植物の役割は大したものではなかったろう。なお、インゲンマメやリマビーンズについては、リンチの報告後、年代測定にかけられ、さほど古いものではないことが判明し、リンチ自身もこれを認めている（Kaplan and Lynch 1998）。このサンプルだけの問題なのか、発掘全体が信頼に耐えうるものでないのかについては、今のところわかっていない。

　さて明確な乾季と雨季の区分を持つようになった山岳地帯で、人

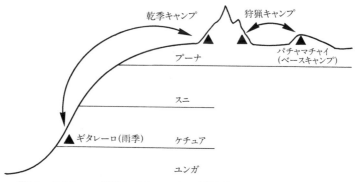

図14 ギタレーロ洞窟とパチャマチャイ洞窟をめぐる環境利用概念図

人は１年中同じ土地にとどまっていることができたのであろうか。たとえばギタレーロ洞窟の場合、洞窟内の堆積が少ないことや、乾季になると洞窟周辺では食糧が枯渇することなどから、１年を通して利用することはなかったと考えられている。では乾季には人々はどこへ行ったのであろうか。可能性としてあげられるのはプーナ地帯である。プーナは、乾季といえども植物資源を比較的保つことで知られている。ここをうまく利用すれば、食糧の枯渇からは逃れられるかもしれない。実際にプーナ周辺で季節的に利用したキャンプ・サイト（野営遺跡）が発見されていることもこれを裏付けるものである。結局、山岳地帯では、ユンガやケチュア地帯の雨季キャンプ、プーナ地帯の乾季キャンプといった季節移動型の生業形態が主であった可能性が高いのである。

　この場合、どの程度の集団規模で移動していたかについては、リチャード・マクニシュ（Richard MacNeish）らが興味深いモデルを提示している。ペルー南高地のアヤクーチョ（Ayacucho）盆地

周辺で網羅的な一般調査といくつかの発掘調査を行った結果、乾季
に分かれて自然資源を開発していた小集団が雨季になると合流し、
豊富な資源を獲得していたという点を明らかにしたのである。また
移動性が高い集団が農業を採用するにつれ、移動性を失っていくこ
とも指摘されている（MacNeish et al. 1980）。

　こうした山岳地帯内部の季節的移動が研究者の間で合意を得られ
る以前には、もう少しダイナミックな仮説が提唱されたこともあっ
た。山岳地帯と海岸地帯との間を往復するような季節移動である。
トランス・ヒューマンスという言葉を用いる場合もある。すでに述
べたように海岸と山との間で、雨季と乾季の循環が逆転しているこ
とに着目した説である。理論的には可能かもしれないが、このモデ
ルを検証するような考古学的証拠は今のところ報告されていない。

　ただし、長距離の交易はすでに存在した可能性はある。たとえば
中央アンデス地帯と中間領域との境にあたるエクアドル高地のチョ
ブシ（Chobshi）洞窟遺跡では、300km も北に位置する採石場から
入手したと考えられる黒曜石を使った石器が出土している。しかし
チョブシ洞窟の場合でも、海岸地帯との接触を物語るような証拠は
ない。

　一方で、山岳地帯の遺跡すべてを、季節的に上下移動した人類の
活動の痕跡としてとらえることに異議を唱えるものもいる。プーナ
地帯の資源が年間を通じて恒常的に利用できるならば、ここを根城
にし、定住的な生活を営む人々が存在したとしても問題ないという
仮説が提出されているのである。パチャマチャイ（Pachamachay）
洞窟を発掘したジョン・リック（John Rick）はこれを主張する一
人である。パチャマチャイ洞窟からはここより高度の低いスニ、ケ

チュア、ユンガといった地帯からの植物性資源が見あたらない。ま
たラクダ科動物の内臓を利用すれば、摂取すべきビタミン、ミネラ
ル分なども補強できることから、プーナにおける自給自足的生業体
系が復元できるというのである（Rick 1980）。傾聴すべき仮説だが、
プーナでも他の区分帯から遠ざかった場所で生じた特殊なケースか
もしれない。

　このように後氷期に入ってすぐのアンデス山岳地帯では、高度差
による資源分布の顕在化に応じるような形で、採集狩猟民が季節的
に上下移動していくパターンが主に認められたが、一部の地域では
プーナ地帯の野生動物資源を集中的に利用していくパターンも成立
したと考えられる。

（2）海岸地帯での適応形態

　山岳地帯ほどではないが、チャラ地帯にも人類は適応し始めてい
た。適応方法はさまざまであった。中央アンデス地帯の北端部にあ
たるアモタペ（Amotape 前9000～前6000年）は、この時期の遺跡
である。エクアドル海岸からペルー極北海岸にかけては、前3000年
頃までマングローブが生い茂る湿潤気候下にあったと考えられ、鹿
の骨とともに大量の海産物が出土する（Richardson 1992）。アモタ
ペの場合、定住ではなくキャンプ・サイトとみなされている。

　海岸適応は湿潤環境にとどまらなかった。乾燥砂漠地帯でも痕跡
は見られる。ペルー北海岸のワカ・プリエタ遺跡は、第3章で述べ
るように、ジュニアス・バード（Junius Bird）らが前2500年頃に
比定した遺跡だが、近年の再調査の結果、最終氷期の末期から、石
期、古期を経て形成期前期にいたる長期間の利用過程が明らかに

なってきた（Dillehay ed. 2017）。このうち、石期にあたるフェイズ1（前12200〜前5500年）の活動はさほど明確ではないが、海産資源への依存が報告されている。

　またペルー南海岸のリング（Ring）遺跡（前8500〜前5700年）からのデータも海産資源への依存を裏付けている。海辺近くで獲れる魚や貝のほか、海鳥や海獣の骨も見つかっているが、ここでは陸に生息する動物を利用した痕跡が見あたらない。相当程度、海産資源に依存していたということになるだろうか（Richardson 1992）。さらに南のチリの北海岸になると、チンチョーロ文化（前7000〜前1000年）の名で知られる数多くの遺跡が海辺に現れる（Arriaza 1995）。こうした中には定住を示すような家屋構造が報告されている場合もある。

　しかし、チャラ地帯への適応はもう少し多様であった。たとえば、ペルーの中央海岸を調査したエドワード・ラニング（Edward Lanning）は、遺跡の分布がいずれも河谷や季節的に現れる草原地帯ロマスに近い場所であることを指摘している。事実カタツムリやほ乳類の遺骸といったロマス資源のほか、水に近い河谷の利用を想像させるような栽培種のヒョウタンや野生種のカボチャといった植物遺残も見つかっている。また狩猟を示唆する石製の尖頭器のほか、挽き臼、磨石、磨砕用石臼、石杵などの植物加工用の道具が出土している。さらにやや離れてはいるものの、海の資源である貝、魚も報告されており、生業活動の広さを感じさせる（Lanning 1967）。

　さて、すでに述べてきたように、ロマスは季節的にしか形成されず、人々は乾季には移動せざるを得ない。この点については、これまで多くの研究者が移動先を想定し、山岳地帯、河谷、海辺という

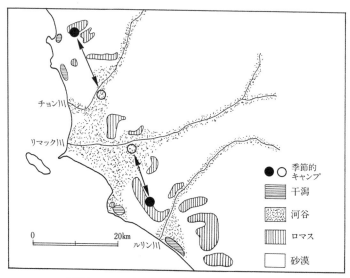

図15　ペルー中央海岸の環境利用（前5000年頃）

３カ所を候補としてあげてきた。山岳地帯への移動を想定するとい
うモデルは、季節のサイクルが海岸地帯と逆転している点に目をつ
けた点で興味深いが、すでに指摘したように、これを支持するよう
な考古学的データは提出されていない。また中央海岸ではこの時期
にあたる海辺の遺跡の報告はない。むしろ現実的な選択は、河谷か
もしれない。とはいえ河谷は現在でも利用価値が高く、耕地となっ
ているために遺跡を見つけることは困難である。いずれにせよ、雨
で潤う山岳地帯にわざわざ行かずとも、その水が流れ、水量を増す
河谷が大きな魅力となったことは十分に想定できる。

　このように、非常に漠然としているが、海岸地帯では、一部で海
産資源に依存した定住的な生活が展開した可能性があるが、ロマス

と河谷、あるいは海辺の間を季節ごとに移動していた生業パターンも復元できるのである。

これまで見てきたように、後氷期に入り、中央アンデス地帯では山岳地帯と海岸地帯で、それぞれ独自の季節的に移動する生業パターンが成立するのである。やがて時代が石期から古期（前5000〜前3000年頃）に移ると微妙な変化が生じ始める。そして古期の末には、この変化が大きなうねりとなってアンデス全体を揺り動かすのである。変化とは、山岳地帯でのラクダ科動物の牧畜化への動きであり、山岳、海岸両地帯を通じた農耕への比重の高まりであり、さらに海岸地帯での漁労定住の確立である。

（3）動物飼育の開始

今日、アンデス高地の風景にリャマ（llama）やアルパカ（alpaca）などのラクダ科動物の姿は不可欠となっている。飼育化された動物が少ないアメリカ大陸で、最も大型の家畜としてのラクダ科動物の存在意義は大きい。旧大陸の家畜との大きな違いは、乳を全く利用しない点かもしれない。代わりにその肉は重要なタンパク資源となり、毛は織物の材料として、また糞は燃料に用いられている。とくにリャマは荷駄用にも用いられている（稲村 1993）。

図16 アルパカの群れ

こうしたラクダ科動物の飼育化の過程は、正直にいうと曖昧なところが多く、

いつ頃、どのように始まったのかに答えを出すことは、かなり難しい。しかしながら、前6000年頃から、プーナ地帯で狩猟の対象が鹿からラクダ科動物に移っていったことは、いくつかの遺跡のデータから確認できる。ペルー北部高地のラウリコチャ（Lauricocha）遺跡では、Ⅰ期（前8000〜前6000年）に多く認められる鹿の骨が、Ⅱ期（前6000〜前3000年）で激減し、代わってラクダ科動物の骨が大半を占めるようになる（Cardich 1960）。また中央高地のウチュクマチャイ（Uchcumachay）洞窟より出土した獣骨を分析したジェーン・フィーラー（Jane Wheeler）らは、5期（前5500〜前4200年）でラクダ科動物の骨の相対量が増加することから、この時期を狩猟からセミドメスティケーション（半飼育）の段階と考えた（Wheeler et al. 1976）。さらに続く4期（前4200〜前2500年）でセミドメスティケーションから飼育化へと移行し、3期（前2500〜前1750年）で飼育化が確立したというモデルを提出している。しかしラクダ科動物の骨の相対量の増加だけで飼育化を語るのにはいささか心許ない。

　最近、ウチュクマチャイと同じフニン（Junín）高原に位置する別の遺跡で綿密な調査が行われているので触れておこう（Wheeler 1988）。テラルマチャイ（Telarmachay）という洞窟遺跡である。テラルマチャイでは最下層にあたるⅦ期（前7000〜前5200年）の層でもラクダ科動物の骨が6割以上を占めている（表1）。その意味ではいままでの2例とは違い、鹿からラクダ科動物へという狩猟対象の変化を劇的に語る事例とはいえない。しかしそれ以上に興味深いのは、Ｖ期下層1期（前4000〜前3500年）頃より未成熟獣が増加している点である。これがⅣ期（前3000〜前1800年）になると、ラクダ科動物の骨のじつに7割を未成熟獣が占めるようになる。これ

表 1　テラルマチャイ出土の獣骨分析

		ラクダ科動物				シカ科動物	同定した骨の合計
		成熟獣	若　獣	幼　獣	計	計	
IV期 B. C. 1800 ～ 2500/3000	点数	2485	1411	10528	14424 (88.64%)	1497 (9.20%)	16272 (100%)
	%	17.23	9.78	72.99	100	100	
V上層期 B. C. 2500/ 3000 ～ 3500	点数	1883	476	5061	7420 (86.01%)	1140 (13.21%)	8627 (100%)
	%	25.38	6.41	68.21	100	100	
V下層1期 B. C. 3500 ～ 4000	点数	3946	1214	6770	11930 (85.94%)	1787 (12.87%)	13882 (100%)
	%	33.07	10.18	56.75	100	100	
V下層2期 B. C. 4000 ～ 4800	点数	3041	1221	2323	6585 (81.69%)	1407 (17.45%)	8061 (100%)
	%	46.18	18.54	35.28	100	100	
VI期 B. C. 4800 ～ 5200	点数	307	89	226	622 (77.85%)	167 (20.90%)	799 (100%)
	%	49.36	14.31	36.33	100	100	
VII期 B. C. 5200 ～ 7000	点数	84	28	66	178 (64.73%)	94 (34.18%)	275 (100%)
	%	47.19	15.73	37.08	100	100	

（注）Wheeler（1988）を一部改変。ラクダ科動物、シカ科動物以外の獣骨を除いた。

ほど高い比率は、狩猟上の偶然の結果とは思えない。一般に、野生状態での新生獣の死亡率はさほど高くはないので、人間が動物をコントロールしようと囲いなどに集めた結果、病原菌が増殖し、死亡率が上昇したのであろう。その意味で、動物のコントロール、すなわち牧畜の成立が示唆されるのである。さらにテラルマチャイでは、未成熟獣が増加する時期からアルパカ的な門歯が出土することが確認されている。やはり牧畜の直接的な証拠といえよう。

　こうした獣骨の分析データとは裏腹に、考古学的データでは今のところ、あまり早い時期の飼育化を示すものはない。牧畜の痕跡と

してとりあえず思いつくのが、今日のアンデス牧畜民が使用しているような石積みの囲いである。昼間放牧していた家畜を夜間集めるためのやや大きめの囲いから、毛刈り、治療、儀礼、荷物の積み下ろしなどのために作られる小さな囲いまで、さまざまな大きさがある（稲村 1993）。この方面の考古学的研究はきわめて遅れているので断定はできないが、ペルー中央高地のフニン高原では、前2200〜前1500年頃になってようやく石積みの囲いが現れる（Rick 1980）。また牧畜化を示す間接的な証拠としては、石器の種類の変化があげられる。狩猟から牧畜へと変化するならば、それまでの狩猟用尖頭器の役割は減り、代わって毛や皮を剥ぎ、なめすような道具の増加が見込まれる。フニン高原のパチャマチャイ洞窟の場合、こうした石器の変化が明確化するのは、やはり前2200〜前1500年頃と考えられている。

　このように、まだまだデータは不足してはいるが、古期のはじめ頃よりラクダ科動物の飼育化が試みられ、少なくとも古期の末頃から次の形成期には完成をみたことがおぼろげながらわかる。

　では、ラクダ科動物の飼育化に起源地はどこなのであろうか。これまで述べてきたように、多くの証拠は中央アンデス中部高地から得られており、フニン高原付近で飼育化が完成したことは間違いなかろう。しかしながら、近年、フニン高原とは別に、南アンデス北部、具体的には、チリ北部からアルゼンチン北西部の山岳地帯も起源地の1つであるという説が有力になりつつある（Mengoni Goñalons 2008）。ただし、南アンデス北部では、リャマにあたる大型のラクダ科動物の飼育化だけが行われたようだ。

　いずれにしても、気に掛かるのが、なぜラクダ科動物への比重が

高まったのかである。これまで狩猟してきた鹿が減少したのか、それとも人口圧の結果、効率的な資源獲得の要請が高まったのかなどさまざまな原因が思いつくが、なわばりを持ち、群をなして生活する移動性の低いラクダ科動物の生態を人々が次第に熟知し、精通し始めたからという理由だけでは説明がつきそうもない。すでに見てきたように、ラクダ科動物を狩猟していたのは中央アンデス地帯や南アンデス北部の人々だけではないからである。

　前章でパレオ・インディアンのデータが蓄積されている南米南部のパンパ・パタゴニア地方を扱ったが、この地域では後氷期に入っても基本的には氷期と同じ類の狩猟生活が営まれていたことがわかっている。大型動物は絶滅するが、狩猟の対象の筆頭にあがるのは、常に野生のグァナコというラクダ科動物であった。たしかに狩猟というものは、生態環境の季節的変化、動物の生息密度、行動パターン、皮や肉の質、あるいは狩猟技術などの要因を絡めて論じなければならないが、パタゴニア地域に分布する後氷期の遺跡から出土する動物骨を分析すると、グァナコが依然として最も重要な狩猟対象であったことがうかがえる（Politis and Salemme 1990）。

　グァナコは、アマゾン地域を除けば、後氷期の南米大陸最大の陸上ほ乳類である。その生息密度は、1頭／5 haといわれ、単純に計算すれば、南米南東部のパンパだけでも数百万頭は生息できることになる。肉と脂肪、高い栄養価を示す骨髄はもちろん、皮は衣服やテントの覆いに利用できるし、骨はさまざまな道具の材料としても役立つ。またグァナコに加えて、パンパ鹿、アルマジロ、アメリカ・ダチョウも二次的な資源として狩猟されていたようだ。もちろん、後氷期以降、尖頭器など狩猟具の発達は見られたが、今日のチ

リやアルゼンチン南部のパタゴニア、パンパの内陸部では、基本的には氷期でみられたような狩猟がほぼ歴史時代まで続いたと考えられる。つまりここでは、中央アンデス地帯以上にラクダ科動物の生態を熟知するチャンスはあったはずだ。にもかかわらず飼育化は起こらず、もっと北の地域で完成されている。この謎は、おそらく牧畜だけを見ていても解明できない。地形、そして植物の栽培化、農業の成立の脈絡の中で見ていく必要があろう。

この点に触れる前に、もう1つの家畜であるクイ（cuy）を紹介しておこう。これは世界で唯一家畜化されたモルモットで、テンジクネズミの和名を持つ（Wing 1977）。妊娠期間は3カ月と短く、年に4度も出産することができる。現在のアンデス高地の家では、炉の付近で飼っているのをよく目にする。煮たり、揚げたり、シチューの中に入れて食するのがふつうだが、儀礼に供せられたり、呪医の道具として用いられるときもある。考古学上は、南高地のアヤクーチョ盆地で前4000年頃に登場したとされているが、飼育化されたクイの遺骸が大量に出土するようになるのは、形成期の初めからである。たとえば前2500年頃のコトシュ（Kotosh）遺跡の神殿で発見されているのもその一例といえよう。

（4）農耕の起源

今日、われわれが口にする野菜や果物のうちで、南アメリカ原産のものはかなりある。トマト、ジャガイモ、サツマイモ、インゲンマメ、トウガラシ、ピーナッツなど数えあげればきりがない。このほとんどがスペイン人によるアメリカ大陸征服後にヨーロッパ、そしてアジアにもたらされたものである。すでに述べてきたように、

表2　石期、古期（先土器時代）における栽培植物の
出現時期に関するペルー海岸、山岳地帯の比較

栽培植物	海岸	高地
Zea mays トウモロコシ	パレドーネス 　　　　（B. C. 4825-4554）	ギタレーロⅢ 　　　　（B. C. 5600-　？　） チウワ複合（アヤクーチョ） 　　　　（B. C. 4400-3100）
Phaseolus vulgaris インゲンマメ	アルト・サラベリ 　　　　（B. C. 2500-1800 ？）	ギタレーロⅡa　　＊1 　　　　（B. C. 8600-8000）
Phaseolus lunatus リマビーンズ	ワカ・プリエタ 　　　　（B. C. 4500-3300）	ギタレーロⅡc　　＊2 　　　　（B. C. 7400-6800）
Canavalia sp. ナタマメ	ワカ・プリエタ 　　　　（B. C. 2500-　？　）	カチ複合（アヤクーチョ） 　　　　（B. C. 3100-1750）
Lagenaria siceraria ヒョウタン	アレナル複合 　　　　（B. C. 7000-6000）	ピキ複合（アヤクーチョ） 　　　　（B. C. 5800-4400）
Cucurbita sp. カボチャ		ギタレーロⅡc 　　　　（B. C. 7400-6800）
C. ficifolia	エンカント複合 　　　　（B. C. 3600-2500）	
C. moschata	ワカ・プリエタ 　　　　（B. C. 2500-　？　）	エル・パルト相（ナンチョク） 　　　　（B. C. 11850-7850）
Canna sp. カンナ	パンパ複合 　　　　（B. C. 2500-　？　）	カチ複合（アヤクーチョ） 　　　　（B. C. 3100-1750）
Capsicum sp. トウガラシ	パレドーネス 　　　　（B. C. 8550-　？　）	ギタレーロⅡa 　　　　（B. C. 8600-8000）
Gossypium barbadense ワタ	パンパ複合 　　　　（B. C. 2500-　？　）	ラス・ピルカス複合後期 （ナンチョク） 　　　　（B. C. 6550-5850）
Lucuma bifera ルクマ	アルト・サラベリ 　　　　（B. C. 2500-1800 ？） タンク・サイト 　　　　（B. C. 2275-1900）	ギタレーロⅡc 　　　　（B. C. 7400-6800）
Inga sp. パカイ	パンパ複合 　　　　（B. C. 2500-　？　）	ラス・ピルカス複合後期 （ナンチョク） 　　　　（B. C. 7850-5850） ギタレーロⅡd 　　　　（B. C. 6800-6200）

（注）　空欄は、先土器時代の報告がないもの。栽培植物は、比較しうるものに限定。
＊1　後に、ギタレーロⅡdからのサンプルの値は4337 ± 55B. P. に修正された。
＊2　後に、ギタレーロⅡdからのサンプルの値は3495 ± 50B. P. に修正された。

アンデスで最古の栽培植物は、そのほとんどが後氷期に入って直後の山岳地帯で育てられた。表2にも見られるように、初めに登場するのは、トウガラシ、カボチャであり、ヒョウタン、ルクマやパカイなどの果実やワタなども前7000年頃には栽培化された。これに、カンナなどが加わるのが前5000年を過ぎた頃である。インゲンマメとリマビーンズ（菜豆）については、出土したギタレーロ洞窟の報告書において、共伴する炭化物や木製品の年代測定値をもとに古い値が与えられたが、その後、こうしたマメ類そのものを測定した値が発表され、比較的若い年代に修正された。

近年、ペルー北部高地、アンデス山脈の西側に位置し、太平洋に流れ込むサーニャ川にその中流部で流れ込むナンチョク川一帯の調査を実施したトム・ディルヘイらは、南米で最古級の栽培植物をいくつも報告している（Dillehay ed. 2011）。海抜500mから2600mの山岳部を含むナンチョク地域における人間の活動を、古い方から順にエル・パルト相（前11850〜前7850年）、ラス・ピルカス相（前7850〜前5850年）、ティエラ・ブランカ相（前5850〜前3050年）、先土器終末期（前3050〜前2550年）、草創期（前2550〜前1550年）に細分した。草創期を除けば、すべて先土器時代である。

このうちエル・パルト期よりすでにカボチャの種が出土している（Rossen 2011）。おそらく南米で最も古い。続くラス・ピルカス相においては植物遺存体が増加する。カボチャのほか、ピーナッツ、マメ、マニオク、パカイ、ワタ、コカ、キヌアに似た実などが検出された。このうち、マメ類とパカイは人の歯に固着した歯石のデンプン粒分析から同定され、ほかは遺存体そのものが出土している。アンデス最古級のデータである。いずれにしてもこれらの植物遺残

が出土する遺跡のほとんどは、季節的な利用しか認められていない
ものばかりである。移動性の高い採集狩猟生活を営みながら、片手
間にあるいは実験的に植物の栽培を行っていた人々の生活が想像で
きよう。

　実はこの生活様式にこそ植物の栽培化のメカニズムが潜んでいる
のかもしれない。トマス・リンチは、メソポタミア地域での植物の
栽培化を説明したケント・フラナリー（Kent Flannery）の理論を
アンデスに適用している（Lynch 1973）。フラナリーによれば、異
なる環境を開発する集団間の資源交換が、これまで適応しなかった
植物を最も生育に適した場所へ移動させ、自然淘汰の壁を取り除
き、自然条件下で不利なもの、しかし人間には魅力的なものを生き
残らせたのであるという。リンチは、アンデスの場合、交換ではな
く、環境条件の異なる土地への植物の移動が栽培植物としての潜在
的性質を開花させたと考えている。人間や動物によって種子が無意
識に運搬され、植物の成熟期の相違とそれを利用する人間の移動の
組み合わせの中で、無意識のうちに人間にとって有利な植物の選択
が行われたというのである。高度差によってさまざまな環境を見せ
るアンデス地帯では十分にありうる現象である。つまり移動性の高
い生活を営んでいたからこそ、植物の栽培化のきっかけを生みだ
し、植物の遺伝的変化にも気づいた可能性があるのだ。

　このような植物栽培のプロセスは、程度差はあろうがアンデスば
かりではなく中米のメソアメリカ地帯でも見られた。しかしアンデ
スの場合、高度差はメソアメリカ以上であり、とくに温暖なユンガ
地帯ばかりか高地の冷涼なプーナ地帯などを抱えていた点で大きく
異なっていた。植物の栽培化の過程でユンガ地帯やケチュア地帯の

重要性は多くの研究者に指摘されている（Onuki 1985）。

　たとえばケチュアやユンガの地帯では、インゲンマメ、リマビーンズ、ピーナッツ、さらにはグァバやルクマなどの果実が栽培化されている。また今日アンデスで欠かすことのできない穀類トウモロコシもこの区分帯で栽培されたのであろう。アンデスのトウモロコシの場合、中米起源の種とは別に栽培化されたという説が唱えられたこともあったが、現在では、中米より伝播したと考えられている。いずれにしても、その栽培種が現れるのが他の植物と比べるとかなり遅く、前4000年代からなのである。そしてその重要度を増すのは次の形成期に入ってからだ。

　これに対して中間領域のパナマやコロンビア、エクアドルの方がトウモロコシの出現時期は古く、前5000年頃から栽培されていた可能性が指摘されている（Pearsall 1978）。もっともこれらの仮説は植物遺残の発見を根拠にしているというよりも花粉分析や珪酸体分析によるところが大きく、資料不足は否めない。仮にその年代データが正しく、メソアメリカから伝播してきたとすれば、メソアメリカに近い中間領域が中央アンデスより古いデータを持っていたとしてもおかしくはない。ところが、中央アンデスよりも南の北西アルゼンチンで南米最古とも言えるような証拠が報告されている点はどう考えたらよいのであろうか（Pearsall 1994）。これが事実だとするならば、ペルー、すなわちアンデス領域を飛びこしてトウモロコシが伝わったことになる。海上の伝播ルートを想定している研究者もいるが、いまだに定説はない。いずれにせよ、中央アンデス地帯ではトウモロコシが食糧のレパートリーに加わるのが遅く、古期の間は、他の栽培植物に比べて急激に出土量が増えるといった傾向が

見あたらないことだけは事実である。

　メソアメリカとの大きな違いとして取り上げた冷涼な高地にも目を向けてみよう。現在、スニやプーナ地帯の一部では高タンパク質源として名高いアカザ科のキヌアのほかに数多くの根菜類が栽培されている。こうしたイモ類は早くから栽培化された可能性がある。ペルー北高地のギタレーロ洞窟の報告を振り返ると、オカやオユコのようなイモ類の遺残は、インゲンマメ、トウガラシなどとともに前8600〜前8000年頃の層から出土している。植物分析を担当したアール・スミス（Earle Smith）は、前8600年以降、紀元後にいたるまで、この遺跡を利用していた住民の食生活には大きな変化はなかったとしている。炭水化物はイモ類から、タンパク質はマメ類、ビタミンは果実やトウガラシ、カボチャなどから摂取したのであろう。こうした食生活のパターンは他の遺跡でも認められる（Smith 1980）。

　中部高地、海抜3950mに位置するトレス・ベンターナス（Tres Ventanas）洞窟では、前4050〜前3050年の層からサボテンの実、ヒョウタン、サツマイモ、クズイモが出土しているし、前8050年の年代が当てられている最下層ではジャガイモとオユコが発見されている（Engel 1970）。遺跡の立地条件を考えれば、イモ類が多いこともうなずける。

　中部高地、海抜4300mのプーナ地帯にあるパチャマチャイ洞窟ではアカザ科のキヌアやヒユ科ウワウトリ（アマランサス）などの雑穀類が報告されている。ここでは、予想に反して、ジャガイモ、オカ、オユコ、マシュア（mashua）などの根菜類はまったく出土していないが、アブラナ科の根茎であるマカ（maca）によく似たサ

ンプルが報告されている。同定された種子の中にも、根茎部が利用できるものも含まれているので、やはりイモ類は重要であったのであろう（Pearsall 1980）。

　このイモ類の重要性に注目した山本紀夫は、寒さに強い動植物の栽培化によって、ようやく人間は高地に定住できるようになったと考えている。たとえばアンデス原産のジャガイモの場合、地下茎であるために人間の目には触れにくく栽培化が難しいように思える。しかしジャガイモの野生種の中には雑草型のものが多く、人間の活動によって攪乱された生態の中で成育する性質を備えている。この人間による生態系の攪乱は、たとえば高地でラクダ科動物を飼育化しようとする試みと関係しているという。具体的には、大量の糞が堆積する動物の囲い場の建設などが生態系に影響を及ぼし、雑草型のジャガイモが生み出された可能性が指摘されている（山本 1993、2004）。ここにラクダ科動物と高地性植物のドメスティケーション（飼育・栽培）が同時並行的に押し進められた状況を見て取ることができる。前項でみてきた牧畜化との関係とはこのことである。南アンデス南部ではラクダ科動物が飼育化されず、中央アンデスではそれが可能であったのは、この寒冷地に適応した植物の栽培化が同時に行われたかどうかの違いにあるように思われる。ラクダ科動物が持つ潜在的な栄養分のみならず、食用植物の登場により、人々は寒冷な高地においても比較的安定した生活を営むことができるようになり、これがさらにラクダ科動物の飼育を推進するという相乗効果をもたらしたのであろう。

　一方で、近年唱えられるラクダ科動物の飼育化に関する複数起源地説の立場に立つならば（Mengoni Goñalons 2007）、中央アンデス

から離れた南アンデス北部における飼育化は、上述のモデルではうまく説明ができない。乾燥した高地で、ジャガイモに代わる別の植物が栽培化されたのか、あるいは全く別の飼育化の過程が存在したのか、今後検討していく必要があろう。

（5）漁労定住への道

　さて話をふたたび本筋に戻そう。古期に入って、中央アンデスの海岸部で漁労に依存した集団が定住し始める。こうした遺跡の中で最も綿密な調査が行われているペルー中央海岸のパロマ（Paloma）遺跡を例にとってみよう（Quilter 1989）。年代は前5700年から前3000年頃の遺跡である。15ha の調査地域の中で42の家屋と251体の埋葬が確認されている。出土する食料遺残のうちのじつに90％以上が海産資源であった。岩場や砂浜に隣接する海域で獲れる小魚が主であり、漁網が利用された可能性もある。またこうした魚の骨とともに塩が出土するため、保存の技術をすでに持っていたとも考えられる。貝も大量に出てくる。また頭骨の分析結果は、潜水夫特有の外耳道骨腫の痕を指摘しているので、潜水による貝等の採取が行われた可能性もある。しかしこれにはかなりの危険が伴ったことであろう。埋葬の中には、サメによって左足を食いちぎられた若者が含まれていたのである。

　海産資源の他には、ラクダ科動物、鹿、プーマ、クモザルなどの動物骨の他、若干の植物資源も出土している。クモザルは今日ペルー北西部やアマゾン地帯に、プーマもアンデス山中に生息している動物であるが、もしかすると当時は季節的に海岸に現れるロマス地帯に生息していたのかもしれない。いずれにせよ海産資源ほど重

要ではなかったろう。

　パロマ遺跡にはおそらく400以上もの家屋の跡が埋もれていると考えられるが、これは3000年あまりもの人間の利用の集積ととらえるべきであり、ある1つの時期をとれば、多くて10軒程度の家屋が存在したにすぎない。ここで発見された埋葬で目立つのは圧倒的に子供である。半分近くを占め、成人の遺体でも25歳から35歳の比較的若い個体が多い。竹に似たカーニャ・ブラバ（*Gynerium sagittatum*）で葺いた上部構造を持つ円錐台形の半地下式家屋の床下などに埋葬され、貝や骨製品、布の副葬品が添えられたものもあった。なかには身体に木製の杭を多数打ち込まれたものもあった。死者の復活を恐れたのであろうか。

　もちろんこうしたパロマ遺跡のデータから復元された生活のイメージは、すべての海岸地帯に適応できるとは限らない。同じ頃、ロマスや河谷を利用した移動性の高い集団はまだ活躍していたことがわかっている。

　もう1つ北海岸のワカ・プリエタ遺跡をとりあげておこう。石期の海岸適応が観察されたこの遺跡では、古期に入ると、パロマ遺跡同様に円形の住居が築かれた（Dillehay and Bonavia 2017）。フェイズ2（前5500〜前4500年）と名づけられた時期にあたり、パロマ遺跡よりも古い。サメや海鳥の遺存体が出土しており、周辺の資源を利用していたことは間違いない。パロマ遺跡との違いは、近くに土盛り（マウンド）が形成され、堅く締まった床面が検出されている点であろう。

　次のフェイズ3（前4500〜前3300年）になると、このマウンドの縁に擁壁代わりの円礫が並べられ、頂上部には円形半地下式広場が

設けられたという。調査者らは公共建造物の登場と捉えており、次節で扱う形成期早期の社会の先取りともいえる。しかし、遺構の層位的確認が不十分であり、今後の追加調査が待たれる。

　ディルヘイが、ワカ・プリエタ遺跡に先立って北部高地のナンチョク川流域で調査を行ったことはすでに述べた。なかでもティエラ・ブランカ相（前5850～前3050年）にあたるナンチョク霊園遺跡（海抜）において、長さ32m、幅22m の丘の上に石列を並べた建造物を発見している。石灰の塊も共伴していることから、儀礼空間であったと考えているようだ。しかし、ワカ・プリエタ遺跡やナンチョク霊園遺跡など大型の遺構に対する発掘手法に疑問が残るため、データの取り扱いは慎重にすべきと考える。大きな変化が現れるのは形成期を待たねばならない。

第2節　文明の形成

（1）編年の見直し

　さて採集狩猟と漁労、それに実験的ドメスティケーションが並存していた古期の小規模な社会は、前3000年頃に大きな転換を迎える。形成期と呼ばれる時期の開始である。最大の特徴は、山岳地帯でも海岸地帯でも定住が進み、祭祀建造物の建設が開始される点にある。しかしながら、こうした現象が考古学者によって押さえられたのは近年のことであり、それまでのアンデス考古学の編年では、形成期の開始を告げる基準を、農耕定住、神殿建設、土器製作に求め、前1800年頃に想定していた。本書の初版でもこれに倣っていた。

　定住や祭祀建造物の出現が前3000年にさかのぼるとすれば、かつ

ての形成期を定義づける基準は土器だけとなってしまう。形成期の特徴を果たして土器だけで語ることができるのかという疑問がわくのも自然であろう。にもかかわらず、土器製作の開始年代は、さほど揺れ動かなかったこともあり、いまだに編年上、形成期の位置を元のままに置く研究者が大半である。

　これに対して、近年、日本調査団は、土器以上に、社会発展における祭祀建造物の役割が重要であるという立場に立ち、形成期の開始時期をさかのぼらせるように提案している（大貫・加藤・関編2010）。詳しくは後段の説明に譲るが、そこには神殿の建設や更新、そしてそこで執り行われる祭祀を通じて、社会が動き、農耕などの生業面を逆に刺激するという、単なる編年の変更以上に斬新なアイデアが盛り込まれている。従来のように、農業生産性が高まり、余剰生産物が蓄積された後に、神殿建設に向けての投資が始まり、調理や祭祀用具としての土器製作も並行すると考える経済基盤重視型の文明形成論とは全く異なるシナリオといえよう。いずれにしても、この立場に立てば、形成期の開始は、土器ではなく、神殿が登場する時期に合わせる必要がでてくる。

　本書も、この新しい見方に立ち、形成期の開始をさかのぼらせた上で、その中を細分して話を進めたい。細分は、以下のように行う。

　　　形成期早期（前3000～前1800年）
　　　形成期前期（前1800～前1200年）
　　　形成期中期（前1200～前800年）
　　　形成期後期（前800～前250年）
　　　形成期末期（前250～後１年）

では、これにしたがって、社会変化の大きな流れを見ておこう。

（2）祭祀建造物の登場

すでに指摘したように、形成期早期、かつては古期末といわれた時期の成熟した社会の存在が認められたのは、さほど古いことではない。かつてペルーの考古学の父フーリオ・C・テーヨ（Julio C. Tello）は、アンデス文明の母胎は前1000年頃のチャビン文化にさかのぼると述べ、この考え方を踏襲する形で考古学的研究が進められた時期もあった。チャビンというのは、次章で詳述するように、中央アンデス地帯北部山中に位置する巨大な石造神殿チャビン・デ・ワンタル（Chavín de Huántar）の名から来ており、多数の石彫を有する。アンデス各地には、この石彫に似た図像が描かれた土器や壁画が広く分布し、テーヨはチャビン・デ・ワンタルが文化の発信基地であると考えた。したがってチャビン以前に神殿が建設されたとは考えにくい状況にあった。1940年代には、ジュニアス・バードがペルー北海岸のワカ・プリエタ（Huaca Prieta）遺跡を発掘し、土器が登場する前の海岸における定住生活を復元してはいたが、小さな漁村の跡にすぎず、装飾に満ちあふれたチャビンの祭祀構造物との間には大きな隔たりがあった（Bird 1948）。

こうした中でチャビン・デ・ワンタル以前の祭祀建造

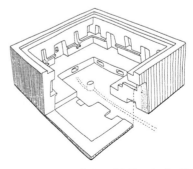

図17 コトシュ遺跡の「交差した手の神殿」（Izumi and Terada eds. 1972より）

物の存在を初めて証明したのは、日本の調査団であった。東京大学アンデス地帯学術調査団が、1960年に中央アンデス中北部、アンデス山脈の東斜面に位置するコトシュ遺跡で発掘調査を開始し、「交差した手の神殿」の名で知られる土器登場以前の公共建造物を確認したのである（Izumi and Terada eds. 1972）。建物はさほど大きくはなく、9.5m四方のほぼ正方形で、壁は石を芯にした泥壁であった。壁や床の表面には上塗りが施され、内壁には大小の壁がんが設けられていた。また内床の中央は一段低く、そのくぼみの中心には円形の炉が切られていた。床下には、炉から発した煙道が走り、部屋の外へと延びている。内壁の2つの壁がん直下には交差した腕のレリーフが見られた。左腕が右腕の上にくるものと、その逆とが1つずつである。

　「交差した手の神殿」がチャビン以前の時期に属することは、その発見前からわかってはいた。というのも、後に述べるが、非常に仕上げの良いチャビン・スタイルの土器を含む層がこのコトシュ遺跡でも確認され、しかもその層の下からは、別の種類の土器を大量に含む厚い堆積が構造物とともに発見されたからである。「交差した手の神殿」は層位的にこれよりさらに下に位置していた。しかしチャビン以前であることはわかっても、本当にこれが土器製作以前の時期に属するものなのかどうかについては、当初調査団員の間でもかなり議論されたという。この建物を埋めた土の中からは、土器のかけらが一片も発見されず、土器製作以前ともいえるし、祭祀空間ではよく行われる清掃の結果ともいえたからである。

　もう1つ問題が残っていた。それは「交差した手の神殿」が本当に祭祀建造物なのかどうかという点であった。小型とはいえ、壁や

床に上塗りを施し、またシンボルともいうべきレリーフを一対配しているのは、居住用の建物ではなさそうだ。しかし何といっても、興味深いのは建築の過程である。実は、何度かの発掘調査の結果、コトシュ遺跡に「交差した手の神殿」とよく似た建造物がいくつも見られ、しかもそれらが一定の場所に積み上げるようにして建設されていることがわかってきたのである。1つの構造物をそのまま、あるいは部分的に壊した上で、まるで封印するかのように、内部空間を大量の礫と土とで一気に埋め、その上に新たな、しかし基本的には同じ構造の建物を据えていた。ある一定期間ごとに建物を更新したことになり、後に日本調査団は「神殿更新」と名づけた（加藤・関編 1998）。住居としては実に無駄な作業であり、逆に言えば、これこそコトシュの建造物の祭祀性を示す特徴といえよう。

　やがて、コトシュ型建物は、コトシュ周辺ばかりでなく、ラ・ガルガーダ（La Galgada）、ワリコト（Huaricoto）、ピルル（Piruru）など、いくつかの遺跡でも確認されるようになる。ラ・ガルガーダ遺跡の場合、コトシュよりも規模が大きく、また壁がんなどの壁面装飾も複雑である（Grieder et al. 1988）。建物の更新はコトシュと同じだが、内部空間を墓として再利用する場合もあった。墓の副葬品には、貝製円盤、骨製ピンのほか、靱皮繊維やワタで編んだり、織ったりした袋が多数出土している。オレンジ、緑などの顔料も用いられ、人間、鳥、ヘビなどが表現された。またコトシュの場合、その建設の始まりは前2500年頃と推定されているが、ラ・ガルガーダなどでは、これよりも500年以上も古くさかのぼるとしている。リチャード・バーガー（Richard Burger）らはこうした独特の建造物とそれに関連した祭祀の広がりを「コトシュ宗教伝統」の名称で

まとめている（Burger and Salazar 1980）。

　このような初期の祭祀構造物を生み出したのは、どのような社会だったのだろうか。確かに建造物の更新にはある程度の労働力は必要であろうが、コトシュの場合などは建築規模が小さいため、さほど大きな社会でなくとも建設は可能だ。しかし、祭祀が生まれる背景には、どうしても農耕と定住の問題がでてくる。コトシュを発掘した大貫良夫によれば、証拠は希薄だが、暖かいユンガ地帯に遺跡が立地しているところから、生業に農業が組み込まれていた可能性があるという（Onuki 1982）。同じユンガ地帯に位置するラ・ガルガーダからは、食用カンナ、リマビーンズ、タチナタマメ、ジャックマメ、トウガラシ、ワタなどが出土していることはこの仮説の傍証となるかもしれない。このように形成期早期の中央アンデス山岳地帯では、農業の重要性を見落とすことはできないが、気をつけておかねばならないのは、過大評価をしてもいけない点であろう。農業の存在は否定できないにしても、余剰を産み出すほどの生産性を持ちえたかについては疑問符がついてしまう。保存状態の悪さを考慮したとしても、植物遺残の出土量はわずかであり、また貯蔵用の施設も見あたらない。むしろ、農業生産性の低さにもかかわらず、祭祀建造物が建てられた点に注目すべきなのであろう。

　一方で、形成期早期にすでに交易がかなり行われていた点は社会発展にとって重要な刺激となったように思われる。ラ・ガルガーダ遺跡は、調査者が指摘するように、交易の中継基地としての役割を担っていたせいか、遠隔地からもたらされたものがいくつか発見されている。たとえば、アマゾン起源のインコ類の羽根、エクアドル産のウミギクガイ製装飾品などである。ワリコト遺跡でも海産の貝

が発見されているし、予想以上にモノが動いている。形成期早期の社会はかなり成熟していたようにみえる。

　こうした流通物資の起源地の1つであるアマゾン側の考古学は著しく立ち後れている。2010年以降、ペルー人考古学者のキリーノ・オリベーラ（Quirino Olivera）が中心となって、ペルー北部、アンデス山脈の東斜面にあたるハエン地方で精力的な発掘調査が行われている（Olivera ed. 2014）。その結果、モンテグランデ（Montegrande）遺跡では、円礫をらせん状に積み上げた巨大な建造物、カスワル（Casual）遺跡やラス・フンタス（Las Juntas）遺跡では、多彩色の幾何学紋様の壁画で飾られた建造物が発見された。いずれも古期から形成期早期にあたるという。またアメリカ大陸最古のカカオの出土も報じられているが、層位や年代に関する情報がいまだ乏しいため、今後の報告を待ちたい。いずれにしても、これまでアンデスの山や海岸を中心に形成期社会を論じてきたことに対する警鐘を鳴らす報告である。

（3）祭祀構造物を生み出した漁労定住生活

　山岳地帯でコトシュ宗教伝統が開花していた頃、海岸地帯（チャラ）でも祭祀建造物が次々と建設されていた。すでに古期の初め頃より、中央アンデスや中間領域、南アンデス地帯では、海産物に依存するような生業形態が成立し、半定住的な生活を送っていたことはすでに指摘してきた。これが強化されたのが形成期早期なのである。この時期、これまで季節的にしか利用されていなかった海辺でも漁村といえるような遺跡が多数現れる。たしかにワカ・プリエタはその1つとされてきたが、かなりの規模の建築を伴うものも登場

54

図18　ワカ・プリエタ出土の
　　　ヒョウタン製容器
　　　（Bird 1963より）

する。北海岸、ランバイェケ（Lamba-yeque）谷のベンタロン（Ventarrón）遺跡や中央海岸、チヨン（Chillón）谷のエル・パライソ（El Paraíso）遺跡、チャンカイ（Chancay）谷に位置するリオ・セコ（Río Seco）遺跡、スーペ（Supe）谷のアスペロ（Aspero）遺跡やカラル（Caral）遺跡などである。

　これまで何度かとりあげてきたワカ・プリエタのデータは、当時の漁民の豊かな生活を提示してくれる（Bird et al. 1985）。北海岸のチカマ（Chicama）谷河口に位置する高さ12mのマウンドは、前5500年頃より形成期にかけて利用した人々の生活の痕跡の重なりであった。最初の調査者であるバードは、前2500年頃の層で河原石を積み上げて壁とした半地下式の住居や女性の埋葬を発見した。副葬品として綿の小さな袋と装飾の施された2つのヒョウタン製容器が出土した。後で触れるが、ヒョウタンの文様は北隣エクアドル海岸地帯で製作された南米最古のバルディビア式土器のものとよく似ている。墓以外も含めて、こうしたヒョウタンの断片は全部で1000以上も取り上げられ、うち13点には装飾の跡が認められている。

　ワカ・プリエタの調査を有名にしたのは、織物の発見であろう。靭皮繊維やワタを素材に用いてもじり編み、輪編み、平織りの技術が駆使された。とくにもじり編みで人物、カニ、コンドル、ヘビなどの図案を浮き出させることに成功している。こうした織物の技術は生業の場でも活かされた。さまざまな大きさのワタ製漁網が発見

され、その端にはヒョウタンの浮きがつけられていたのである。

　このように、バードは、ワカ・プリエタを漁民の住居址と位置づけたが、再調査したディルヘイらは、すでに述べたように、円形の半地下式広場の存在から、前4500年には祭祀建造物として機能していたと考えている（Dillehay ed. 2017）。以下に述べる公共建造物の出現が前3000年あたりであるのと比べると、1500年以上も古い。形成期に登場する祭祀建造物の祖型であった可能性もあり、今後の追加調査を待ちたい。

　同じ北海岸のランバイェケ谷におけるベンタロン遺跡の報告も興味深い（Alva ed. 2013）。海岸線より内陸に22km 入った河川沿いに位置する。おおよそ6 ha ほどの広がりを持つ。ここでは、露頭の上に日干しレンガを積み上げて基壇がまず築かれた。その後、建築技法を変えながら、少なくとも4回にわたる改築が行われた。その過程で、基壇上部には炉を伴う方形の部屋が設けられた。最初の建築相では、部屋の内壁にフクロネズミのレリーフが、そして2番目の建築層では、網猟で捕らえたかに見えるシカの彩色画が描かれた。最初の建築層の年代測定値は、前2300〜前2000年を示しており、カラルやセチン・バッホほどではないにせよ、形成期早期の神殿であることは間違いない。コンゴウインコやオマキザルの埋葬が検出されている。また魚介類やマメ科のアルガロボ、ヒョウタン、カボチャ、若干のトウモロコシ、インゲンマメ、アボカド、果実のルクマやパカイが出土しており、農耕に従事していたことは間違いない。

　アスペロ遺跡には、一度に建設されたものかどうかは不明ではあるが、17もの大小のマウンドがある。調査者ロバート・フェルドマン（Robert Feldman）はワカ・デ・ロス・サクリフィシオス（Huaca

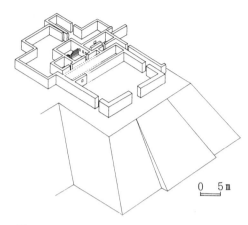

0 5m

図19 アスペロ遺跡のワカ・デ・ロス・イドロス
（Feldman 1985より）

de los Sacrificios 犠牲の神殿の意）とワカ・デ・ロス・イドロス（Huaca de los Idolos 偶像の神殿の意）の2つのマウンドを発掘調査している。ここでは石を芯にした泥壁で作られた部屋状構造物が、いったん埋められ、その上に新たな部屋が作られるといった更新過程が確認されている。そのため現在見られるマウンドの形態は最終段階のものとなる（Feldman 1992）。

　イドロスの頂上部には、いくつか部屋構造が設けられ、内部の部屋へのアクセスは限られていた。壁がんとベンチを設けた中央の部屋には奉納用の穴が1つ開けられ、そこに13体もの焼いていない男女の土偶が埋められていた。女性土偶は足を折って座り、頭にはターバン状の帽子を被り、腰にはスカートを巻き、首や腕には飾りを着けていた。男性土偶は立像であった。一方でサクリフィシオスの発掘では、生後2カ月ほどの幼児の埋葬が発見されている。マットにくるまれ、遺体の上には、石製の臼が逆さまに置かれていた。頭には貝と骨のビーズがかぶせられていた。こうした建築の特徴や遺物は、ある種の祭祀活動の証拠として解釈されている。

　遺跡の立地から推測するなら、漁労による定住生活、そして安定

した資源を背景に誕生した、祭祀構造物を抱える社会という図式になろうか。エドワード・モーズリー（Edward Moseley）はこうした漁労定住がアンデス文明の成立過程において重要な役割を果たしたと考えている。採集狩猟段階を終えた人類は、次に農耕定住へと推移していくというのがこれまでの文明史観であったのが、漁労定住という別の段階を設ける考え方である（Moseley 1975）。たしかに形成期早期の中央アンデス地帯では、海岸線に遺跡が集中し公共建造物も建設される。しかもこうした遺跡から出土する遺残は貝や魚の骨など圧倒的に海産資源が多く、また漁網も出る。その意味で漁労定住を文明形成過程の中に組み込むことに異論はない。しかし内陸部や山岳地帯の役割が軽減されるのは問題であろう。海辺の遺跡とはいえ、ヒョウタン、ワタ、グァバ、トウガラシ、マメ類などの栽培植物の遺残はかなり報告されている。これらを海辺で栽培したと考えるのは非現実的である。雨の降らない海岸地帯では、水が利用しやすい河谷が唯一の栽培地なのである。

　実はこの河谷地域でも公共建造物は建設されている。同じスーペ谷のカラル遺跡である。近年、その調査結果が注目を浴び、2009年にユネスコの世界文化遺産にも登録された。遺跡は、海岸線より内陸に25kmほど入った海抜350mの河川沿いに位置する。全体で66haの範囲に、30以上の祭祀建造物が立ち並び、周囲に多数の住居も築かれた（Shady and Leyva eds. 2003）。遺跡の南西側には、カラル最大の円形広場複合が見られ、ペリカンやコンドルの骨に彫刻を施した32本の笛が出土している。儀礼空間と見て間違いない。また北東側にある中央神殿は、自然の丘を利用し、高さは20mにも達する。その基部には直径36.5mの円形半地下式広場が隣接す

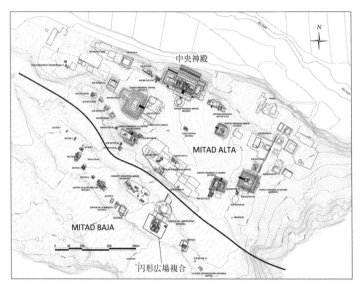

図20 カラル遺跡の平面図 (Shady and Leyva eds. 2003より)

る。こうした建物は、イグサで編まれた目の粗い網袋に詰めた石を
積み上げて築かれた。

　カラルからはヒョウタン、インゲンマメ、ワタ、サツマイモ、ト
ウガラシ、マメ科のパカイ、食用カンナ、果実のルクマなどが出土
しているので、農業に従事していたことは確かだが、大量の魚貝類
が出土するので、海産資源への依存の方が大きかったのであろう。
さらにはアマゾンやエクアドル地域からの移入品も発見され、長距
離交易が行われていた可能性もある。また、大型建造物の計画的配
置とそれに必要な労働力、神殿周辺に見られる住居のつくりに差異
が認められることなどから、調査者であるルトゥ・シャディ（Ruth
Shady）は、カラルを階層化が進んだ都市国家として捉えている。

前3000年から前2000年頃の年代があてられている。

　カラル自体も大きいが、それ以上に驚かされるのは、ここが当時のスーペ谷における唯一の遺跡ではない点である。スーペ谷の中流域から下流域にかけて、同時代の遺跡が連続して分布し、規模はカラルほどではないにせよ、ピラミッド型の祭祀建造物が多数建設された。シャディによれば、先のアスペロもこの一部だという。仮にこれらが同時に機能していたとするならば、形成期早期のスーペ谷の社会の規模は、後述する形成期中期や後期の社会より大きなものであった可能性すらある。当初は、アンデス文明史におけるカラルの位置づけを留保する研究者が多かったが、近年同種の遺跡が別の谷でも発見されていることから考えて（Chu 2019）、形成期早期と見て間違いはなかろう。ただし、経済的基盤に関する議論や都市かどうかの判断は、もう少しデータの蓄積を待ちたい。

　いずれにしても、カラルなどの遺跡で調査が進行するにつれて、研究者が形成期早期の社会に関心を向けるようになったことは事実である。スーペ谷の南のチャンカイ谷、また北に位置するパティビルカ谷やフォルタレッサ谷でも同じような大型の祭祀建造物が報告されている。

　スーペ谷より北に160km ほど離れたカスマ谷でも、近年カラル以上に古い祭祀建造物が発見された。海岸線より15km 内陸に入った河川流域に位置するセチン・バッホと呼ばれる遺跡である（Fuchs et al. 2009）。円形と方形の半地下式広場が繰り返し築かれたことが報告されている。年代は前3600年から前3000年にあてられている。評価が定まっていないワカ・プリエタ遺跡やナンチョク地域の建造物を除き、明確な祭祀建造物としてはアンデス文明最古であろ

図21 セチン・バッホ遺跡。円形広場が繰り返し築かれた（セチン・バッホ考古学調査団提供）

う。

　中央海岸のエル・パライソは、海辺より内陸に 2 km ほど入った河沿いに位置する遺跡の 1 つである（Engel 1966）。面積は58ha ほどで、次の形成期で一般的となるU字型の建物の配置をとる。中央の建物とその脇に控える両袖の建物に囲まれた広場だけでも 7 ha あり、袖の建物の長さは400mにも及ぶ。ここからは、魚貝類、トド、鹿の遺骸が出土しているほか、ワタ、ヒョウタン、果実のグァバやルクマ、マメ類、食用カンナも認められる。立地から考えると、漁労以上に植物栽培に向いているように思われる。エル・パライソの他にも、形成期早期には河川中流域での遺跡が増加するという。こうした傾向は、形成期前期以降にさらに強まるのだが、これはとりもなおさず農業の重要性が増したことを意味する。すでに表 2 で確認してきたように、栽培植物の出現時期は明らかに山岳地帯で早く海岸地帯で遅い。この点は、農業として定着するまで長い時間が必要であった山岳地帯に比べ、海岸地帯では形成期の初めにかなり完成された形で、しかも急激に山より導入されたことを物語っている。

　このように形成期早期の海岸地帯では、たしかに安定した海産資源に依存した定住村落が成立し、なかには祭祀建造物を建設するほどの成熟した社会が出現したのだが、同時に河川流域には農業を営

む別の集団が現れ、農作物を漁村に供給していた。もっとも農業に依存する集団が栽培していた植物のメニューを見ると、それだけで食生活が維持できるような安定した高カロリー食糧は見あたらず、余剰生産物の存在も疑問視される。ワタなどは、漁網や糸に、またヒョウタンは浮きに用いられた。つまり河谷の集団といえども、食糧として海産物が重要であったことには変わりなく、その意味で2つの集団は互いに依存していたことになる。もちろん河谷の集団が自ら漁労に従事する場合もあったろうし、漁労集団が片手間に農耕に従事するケースもあったろう。しかし最終的には、この2つの集団は分化を遂げ、互いの物資の交換を行うようになる。こうした経済的な交換システムが成立したのが形成期早期であり、後に見るように形成期前期以降でもこのシステムは一部継続する。そしてこの海岸地帯のシステムを実現させたのは長い実験期からようやく定住農耕へと変貌を遂げ、祭祀活動を活発にした山岳地帯との経済的、社会的交流なのである。

　さて形成期の初めに現れる祭祀構造物の形状はさまざまである。海岸部では、基壇状構造物に階段を備えるものが多いが、北海岸のベンタロンと中央海岸のカラルとでは、装飾など細部の違いがかなりある。これにコトシュ宗教伝統に属する宗教伝統が併存する。またカラル遺跡では、この両者の要素が併存するなど、地域的多様性が目立つ。しかしながら、暖流産の貝やアマゾン地域の動物などの出土報告をみれば、それぞれの地域は決して閉鎖的であったわけではなく、とくに儀礼に関わる物資をめぐる地域間交流は活発であったと考えられる。

　祭祀構造物の大きさについても、コトシュのように比較的小規模

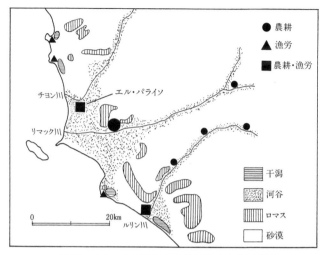

図22　ペルー中央海岸の環境利用（形成期早期）

な集団によって建設できるものと、カラルやエル・パライソのよう
にかなりの労働力を必要とするものまでさまざまである。巨大な建
造物の場合、労働力をコントロールする必要があるし、こと神殿の
ような性格を持つのならば、統率する神官階級の存在が示唆される
が、この時期の遺跡からは、はっきりとした証拠は出てこない。た
とえば階級差の存在は、考古学的には埋葬における死者の扱い方
や、副葬品の量や質から推測できるのだが、この点は形成期の後半
に比べると希薄といわざるをえない。ただし、古期の住居が円形家
屋であったのに対して、形成期初頭には家屋がやや大きな方形構造
をとることに注目し、建物の空間の利用の仕方に変化が生じている
と読みとる研究者もいる（Malpass and Stothert 1992）。すなわち
家屋の利用単位が、小規模な核家族から拡大家族へと変化したと

解釈し、確実に社会組織が拡大を遂げていると考えるわけだ。しかし形成期早期の社会を首長などリーダーを戴くまでの複雑な政体としてとらえるにはまだ証拠が不十分であるといわざるをえない。この例外といえばカラル遺跡であり、今後報告されるデータ次第で形成期早期の社会のイメージも変わる可能性がある。

第4章　祭祀建造物の巨大化

第1節　土器の登場

（1）中央アンデス最古の土器

　中央アンデス地帯、すなわち今日のペルーやボリビアの一部の地域において土器が登場するのはおよそ前1800年頃の形成期前期といわれている。こうした形成期初期に現れる土器についてのデータはペルーでも限られている。

　まず初期の土器は大きく2つのグループに分けられる。コトシュを中心とする中央高地からアンデスの東斜面、あるいは低地に見られる土器のグループと北部高地や海岸で発見される土器のグループである。コトシュ遺跡では、「コトシュ宗教伝統」が途絶えた後、別の建築物が建てられ、そこから初めて土器が登場する（Izumi and Terada 1972）。コトシュ・ワイラヒルカ（Kotosh-Wairajirca）期と呼ばれる時期である。出来のよい赤色の酸化焼成と、暗褐色や黒色の還元焼成の土器が焼かれ、器形としては、無頸壺、器壁の内湾した半球鉢、三角鉢などがつくられた。無頸壺というのは、かなり大きな卵型の胴部を持ち、すぼまった上部を水平方向に切ったかのような注口を備える、まさに頸部を持たぬ壺である。土器の発生

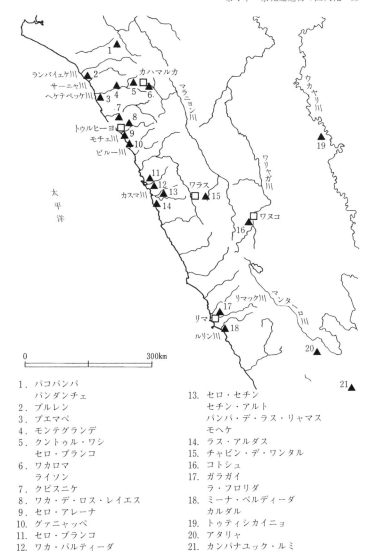

図23　形成期前・中・後期の主な遺跡

1. パコパンパ
　　パンダンチェ
2. プルレン
3. プエマペ
4. モンテグランデ
5. クントゥル・ワシ
　　セロ・ブランコ
6. ワカロマ
　　ライソン
7. クピスニケ
8. ワカ・デ・ロス・レイエス
9. セロ・アレーナ
10. グアニャッペ
11. セロ・ブランコ
12. ワカ・パルティーダ

13. セロ・セチン
　　セチン・アルト
　　パンパ・デ・ラス・リャマス
　　モヘケ
14. ラス・アルダス
15. チャビン・デ・ワンタル
16. コトシュ
17. ガラガイ
　　ラ・フロリダ
18. ミーナ・ペルディーダ
　　カルダル
19. トゥティシカイニョ
20. アタリャ
21. カンパナユック・ルミ

図24　コトシュ・ワイラヒルカ
　　　期の無頸壺　東京大学ア
　　　ンデス調査団提供

から形成期を通じて中央アンデスで
広く普及した。こうしたワイラヒル
カ期の壺の口縁近くや鉢の器壁に
は、曲線や直線を組み合わせた幾何
学文様が刻線で描かれ、刻線で区画
された部分には焼成後、顔料が充填
されている。鉢の表面整形はみごと
である。同じような土器は、コト
シュの東側、さらにアマゾン上流低

地に位置するトゥティシカイニョ（Tutishcainyo）遺跡の前期トゥ
ティシカイニョ期の層から出土している（Lathrap 1970）。

　一方、北部の高地や海岸ではもう１つ別の系統の粗製土器が焼か
れていた。一般に日常生活で煮炊き用に使われたといわれている。
高地ではケチュア地帯のパンダンチェ（Pandanche）遺跡、ワカロ
マ（Huacaloma）遺跡、セロ・ブランコ（Cerro Blanco）遺跡、ユ
ンガ地帯に位置するモンテグランデ（Montegrande）遺跡、海岸で
は、プエマペ（Puémape）遺跡、グラマロテ（Gramalote）遺跡な
どから出土する。前期グァニャッペ（Guañape）様式の土器もこの
グループに入る。一例として充実した資料を持つワカロマ遺跡の土
器をとりあげてみよう。

　ワカロマ遺跡は、1979年より、10年５期にわたる長期間の調査が
東京大学アンデス調査団の手によって行われた遺跡である（Terada
and Onuki 1982, 1985など）。筆者もそのうち３期、発掘に従事する
機会を得た。遺跡は、首都リマの北方約850km、海抜2750mのカハ
マルカ（Cajamarca）盆地に位置する。２つの小高い丘によって構成

され、高さは12m、
基底部の総面積は、
約1万m²にも及ぶ。
一見して自然の丘の
ように見えるその形
状もすべて人為的な
活動の結果、形成さ
れたことがわかって
いる。このうち形成

図25　前期ワカロマ期の小部屋群

期にあたる時期（相）を古い方から前期ワカロマ期（前1500～前
1000年）、後期ワカロマ期（前1000～前550年）、ＥＬ期（前550～前
250年）、ライソン期（前250～前50年）と名づけた。土を盛って、
土留め壁で支えた基壇を作り上げたのは、後期ワカロマ期であり、
今日目にすることができるマウンドの景観の基礎を築いた。その1
つ前の時期が、中央アンデス地帯でも最古の部類に属する土器が出
土する前期ワカロマ期であり、その主な建築物は、後の時期の巨大
な建物の下に埋もれていることになる。

　1988年、筆者は偶然にも前期ワカロマ期の建築群に遭遇した。そ
れまで前期ワカロマ期の建築は、マウンドの中心部直下から発見さ
れていた。そのほとんどが長方形の独立した部屋であり、壁と床に
は上塗りが施され、床中央部に円形の炉が切られているものもあっ
た。小型であることから住居と考えるのが妥当であろう。しかし、
壁には壁がんが設けられ、狭い部屋ながらも地炉が多数切られてい
た。また厚い灰層を敷いては、新たな床を張り替え、炉を更新して
いることも確認された。また炉についても、2つ並び、片方だけが

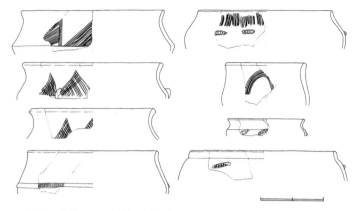

図26　前期ワカロマ期の土器（Terada and Onuki eds. 1982より）

焼けているものが見つかっている。こうした状況から、規模は小さいとはいえ、居住以外の機能を担っていたこともうかがえる。

　これらの建築に伴う土器のタイプ、器形、装飾のバリエーションは少なく、彩色を伴わない粗製の壺が主に出土する。無頸壺、半球形、それに外反鉢が主な器形としてあげられる。これらの土器の器壁には、櫛目文、刻線文、中空の藁のような道具でつけた刺突文、ボタン状、帯状あるいは縄目状のアップリケなどが見られた。さらに粗製の土器が圧倒的多数を占める中で、彩色磨研が施された長頸壺や短頸壺も数点確認されている。こうした前期ワカロマ期の土器は、パンダンチェ遺跡やモンテグランデ遺跡から出土する土器と、器形や装飾の面で高い共通性を示している（Kaulicke 1981；Ulbert 1994）。

（2）土器と起源と祭祀活動

　ではこれら初期の土器はどのような機能を担っていたのであろうか。もちろん、水などの液体や食物などを一時的、あるいは長期的に保存していたと考えるのはごく自然である。しかしそのためだけならば、実は土器の登場以前に別の材料を用いた器がすでに存在していた。ワカ・プリエタで見てきたヒョウタンである。ヒョウタンと土器の決定的な違いは、火を使用することができるかどうかにある。ヒョウタンのような有機物は焼け焦げてしまうため、火にかけることはできない。その点、土器は問題がない。この点に注目すると食物の調理法の変化との関係が思いつく。海産物などは乾燥させればある程度保存できるし、調理も直接火にかけることが可能であった。ところが、形成期早期にはトウモロコシや根菜類のように、ゆでたり、煮たりする必要のある栽培植物が急増するため土器のような容器が必要となったという仮説である（Richardson 1994）。説得力があるが、後で述べるように、南米における土器の起源は栽培植物の大起源地である中央アンデス地帯ではなく北隣の中間領域やアマゾン領域であり、そこでは海や川の資源に依存しながら土器製作を開始した様子がうかがえるので、このモデルを全面的に支持することはできない。

　煮炊き等の日常的使用のほかに別の用途はなかろうか。実はコトシュ遺跡にしてもワカロマ遺跡にしても、すでに何らかの形で祭祀活動が営まれた証拠があり、それを反映した構造物とともに土器が出土しているのである。また、最近ではグラマロテ遺跡において、一辺が 8 m の半地下式広場を囲むように小部屋が連なる建物が報告されている。土器とともに、海鳥やサメの歯を使った飾りが多数

出土しており、漁民が築いた祭祀構造物であろう（Prieto 2018）。

　こうした祭祀建造物で執り行われた儀礼行為についてはいまだに不明な点が多いが、形成期早期の祭祀センターの1つであるラ・ガルガーダ遺跡を発掘したテレンス・グリーダー（Terence Grieder）らは興味深い推測を行っている（Grieder and Bueno Mendoza 1985）。この時期の祭祀建造物は比較的小型であり、儀礼は閉じられた部屋の空間内で行われたと考えられる。また床には炉が切られ、火が使用された証拠がある。とくにラ・ガルガーダ遺跡の炉からはトウガラシが発見されている。狭い空間でこのトウガラシを燃やし、煙が充満すれば儀礼参加者は涙を流す。この儀礼的行為は雨を乞うという類感呪術として解釈できるというのである。農業の進展と祭祀の発展とを関連させた見方である。

　ワカロマの場合、トウガラシは発見されていないが、小型の部屋構造と多数の炉の存在は、類似した儀礼が行われたことを示唆しているのかもしれない。問題は、祭祀の空間と日常生活の空間との峻別が存在したのかどうかという点にあるような気がする。前期ワカロマ期の建築は、以下に見ていくような巨大な基壇を抱える公共建造物とは異なり、どれが公共でどれが居住用建築なのかが分化していない。おそらくこうした状況の中では、祭祀と日常活動が重複していたのではなかろうか。その意味で土器の機能自体を保存や煮炊き用に限定することには躊躇せざるをえない。

　しかし注意しなくてはならないのが、ユンガ地帯に位置するモンテグランデ遺跡の存在であろう（Tellenbach 1986）。ワカロマの位置するカハマルカ盆地から海岸に向かって下りていくヘケテペッケ（Jequetepeque）谷の中流域にあるモンテグランデは、まさに祭祀

センターと呼ぶにふさわしく、階段を有する基壇状構造物と方形の広場を中心に、周囲に一般の住居を配していた。基壇の一部には壁がんが設けられていた。神殿を中心にしてまとまっていた村落共同体、あるいは複数の共同体の集合の跡を見ることができるのである。前期ワカロマとほぼ同時期に機能していたと考えられている。ここでは祭祀空間と居住空間との区別が明確である。また近年、モンテグランデ付近には、多数の祭祀センターが築かれていたこともわかってきた（鶴見 2009）。ケチュア地帯のカハマルカ盆地には、いまのところワカロマ以外目立った遺跡はないので、地域によって社会の成熟度に相当差があったと思われる。

（3）南米最古の土器と系統関係

　さて中央アンデス地帯は数多くの栽培植物の起源地であり、金属器や織物も南米で最も古い歴史を持つ。こうしたことから、ほとんどの物質文化の起源を中央アンデス地域に求めてしまいがちだが、こと土器の古さに関しては、アマゾン領域のブラジル、中間領域のエクアドルやコロンビアに大きく水を開けられている。これらは前3000年以上にさかのぼり、新大陸最古の土器といわれている。これに対して、中央アンデス地帯の土器は古いものでもせいぜい前1800年頃が限度である。まだまだ未発掘の遺跡が多いとはいえ、北部アンデス地帯の先行性は覆るものではないだろう。したがって中央アンデス地帯の土器は、東方または北方から直接、あるいは技術や製作にまつわる概念が間接的に伝播してきてはじめて成立したと考えられている。

　ブラジル東部、アマゾン川下流域に位置するタペリーニャ（Ta-

図27 バルディビア様式の土器

perinha）貝塚では、前5600年にさかのぼるアメリカ大陸最古の粗製土器が出土している（Roosevelt 1995）。砂状の胎土を持ち、表面には刻線や刺突文が見られる。当時、マニオクはまだ栽培化されていなかったので、魚貝類の煮炊きに使用されたと考えられている。

　カリブ海に面した湿地に立つ、コロンビアの貝塚遺跡プエルト・オルミーガ（Puerto Hormiga）からは、植物繊維や砂を胎土に混ぜ、刻線文、刺突文、指圧文、ロッカー・スタンピング（rocker stamping）などを駆使した土器が発見されている（Reichel-Dolmatoff 1965）。ロッカー・スタンピングとは、器面が乾かぬうちに貝などの道具を使って、ジグザグ文様などを描く技法を指す言葉で、形成期の中央アンデス地帯でもよく使われた。さてプエルト・オルミーガの年代は前2500年から前3000年頃といわれる。器形はそのほとんどが、口を閉じた半球形の無頸壺である。また最近、マグダレーナ（Magdalena）川下流域のサン・ハシント（San Jacinto）遺跡から前4000年にさかのぼる遺跡が発見されている。やはり土器は無頸壺と小さな鉢で構成されていた（Oyuela-Caycedo 1996）。

　一方で、エクアドルではバルディビア（Valdivia）土器が最古の土器複合の代表として以前から知られている。およそ前4000年頃から前2500年頃の比較的長い期間が想定されている（Marcos 1986）。この文化の起源については日本の北九州の縄文前期から中期にかけ

ての土器との類似性から環太平洋接触説を唱える研究者もいるが（Meggers et al. 1965）、遅れているバルディビア文化の精査を先に進めるべきであろう。さてバルディビア末期の土器は、比較的焼きのよい灰色か褐色の地に刻線文、削り取り、刺突文、ロッカー・スタンピング、アップリケなどの装飾を施したものが多い。器形は、半球形の椀や皿、外反鉢、広口壺、短頸壺などが認められる。

　アマゾンの土器は、比較検討するほど情報が多くないので、考察を省くとして、中央アンデスに近いコロンビアとエクアドルの土器を比較してみよう。2つの地域の土器は相当異なった特徴を有していることに気づく。器形でみると、コロンビアの初期の土器は無頸壺を中心としている点で、半球椀や外反鉢を主たる器形に持つエクアドルと対照的である。これを先に述べた中央アンデス地帯の初期の土器と比べてみると実に興味深い。そこで特徴的だったのは無頸壺であり、その意味でコロンビアの土器伝統と関連しているように見える。一方でワカロマなどペルー北部で特徴的だった外反鉢はコロンビアにはなく、むしろバルディビアに代表されるエクアドル海岸系統のように思える。

　このように中央アンデス地帯の土器が北部アンデスの影響下に成立したことは漠然と察せられる。この場合、両地域を結ぶ交流の回路はどこに想定できるのであろうか。エクアドルのバルディビア文化は主に海岸地帯で発達したが、隣接するペルー極北海岸地帯には、初期の土器がわずかしか認められていない。パンダンチェやワカロマ遺跡の位置から判断すると、アンデス山脈沿いのルートが考えられるのである。一方で、無頸壺の起源地ともいえるコロンビアとの交流は、直接的というよりも、アンデス山脈の東斜面を経由し

ていたのではないだろうか。このルートは、装飾や整形の点で中央アンデス北部のグループと顕著な違いを見せるコトシュの土器成立にも重要な役割を果たしたに違いない。

　アンデス山脈の東側といえば、近年、エクアドルのアンデス山脈東斜面を南北に走るチンチペ川流域の調査が進み、前2500年頃に築かれたサンタ・アナ＝ラ・フロリダ（Santa Ana-La Florida）遺跡において直径が30m を超える円形半地下式広場やらせん状構造を持つ基壇が発見されている（Valdez 2019）。これまで大型の祭祀建造物が見つかっていなかった地域であり、先にあげたペルーのハエン地方のモンテグランデ遺跡などとともに、アマゾン上流域の古代のイメージを書き換える報告である。サンタ・アナ＝ラ・フロリダ遺跡で発見された墓には、緑色の石のビーズや装飾品、石製容器のほか、土器が副葬されていた。年代は前2500年頃とされており、バルディビア文化よりは若く、チョレーラ文化並行期であろうか。興味深いのは、この土器が、ペルー北海岸で長期にわたって継承される鐙形と呼ばれる壺とよく似ている点である。胴部は人面で象られ、ウミギクガイの表面を思わせる突起で装飾されている。ペルーにおける最古の土器群には鐙形は見あたらず、その登場は前1200年頃を待たねばならない。エクアドルで登場してから1300年以上もペルー側に南下してこなかったことになる。やはりエクアドルとペルーの国境地域の研究が進展しないとこの謎は解けない。

第2節　祭祀建造物の巨大化

　土器の登場とともに、祭祀構造物の数と規模が拡大する。またそ

の立地にも変化が見られた。海岸地帯ではこれまで多かった海辺の
漁村やセンターは次第に減少し、河谷の中流域に祭祀センターが建
設されるのである。また山岳地帯ではケチュア地帯に巨大な祭祀セ
ンターが建設される。編年的には形成期中期とか草創期と呼ばれる
時期に当たり、中央アンデスの考古学でも最も調査が集中している
時期なのであるが、建築や土器の多様性が高く、まとめることがき
わめて難しい。とりあえず地域ごとに説明することにしよう。

（1）北海岸クピスニケの登場

　このうち、北海岸で開花したものをクピスニケ（Cupisnique）文
化と呼ぶことが多い。クピスニケとは、元来鐙形土器を主体とした
土器様式を指す名称として、ペルーの考古学者ラルコ・オイレ
（Larco Hoyle）によって定義された概念である。黒色、褐色の還元
焼成土器が多く、人間や動物の抽象化した
図像が描かれた（Larco 1941）。鐙形土器
とは、注口は 1 つだが、頭部が二股に分か
れ、乗馬用の鞍の鐙に似ているところから
名付けられたもので、とくに中央海岸北部
のカスマ（Casma）谷から北海岸のランバ
イェケ（Lambayeque）谷までの範囲で頻
出する。しかし、クピスニケ文化が、これ
らの複数の谷間を支配下に治めた政治的統
合体と考えない方がよい。同じ鐙形土器で
も、よく見ると谷間ごとにスタイルに変化
が認められるし、以下に述べるように祭祀

図28　クピスニケ様式の
鐙形土器（クントゥ
ル・ワシ遺跡出土）
クントゥル・ワシ
調査団提供

図29 ワカ・デ・ロス・レイエスのレリーフ

建造物の形もまちまちだからである。その意味では文化と称することにためらいを見せる研究者も多い。

クピスニケは盗掘品の多さもあって土器については有名だが、こと建築になると綿密な調査がなされた遺跡はほとんどない。ペルー第二の都市として知られるトルヒーヨ（Trujillo）市は、モチェ（Moche）谷の河口に位置する。この谷の中流域には、クピスニケ文化の代表的祭祀センターであるワカ・デ・ロス・レイエス（Huaca de los Rayes 王の神殿の意）遺跡がある。基本的にはUの字に配置された基壇と方形の広場の組み合わせからなり、通算7回程度の改修や更新のプロセスを経て、最終的には東西160m、南北130mの大きさを有するようになる（Conklin 1985）。列柱が並ぶ建物の一部は漆喰のレリーフで飾られていた。レリーフでは、牙をむきだした巨大なジャガー的動物の顔や、足は猛禽類的特徴を持ちながらヘビのベルトを締めて立つ人間的像などが表現された。

サーニャ（Zaña）谷河口近くのプルレン（Purulén）遺跡も発掘された数少ない遺跡の1つであり、長方形の基壇が2段重なった構造が明らかにされている。ワカ・デ・ロス・レイエスとは明らかに形状を異にする。幅の狭い方が正面であり、中央には階段が設けられ、基壇にあがると半地下式の部屋やさらに上の小基壇へと導く階段が現れる。プルレン一帯には、こうした基壇が数えられるだけで

も15基集中しているという（Alva 1988）。

（2）北高地の祭祀センター

　ワカロマでは、最古の土器を伴う建築群が巨大な祭祀建造物の下に埋まってしまう。後期ワカロマ期と呼ばれ、何度かの修復や更新の結果、最終的には119m×108m、高さ4m以上の大基壇が造られる（Matsumoto 1993）。この上に少なくとも2段の小基壇が配置された。西面に幅11mの正面階段を持ち、北側の壁面には、基壇内を回廊のように潜りながら上部へと達する副次的な階段も設けられていた。西側の正面は広場に面し、広場の西と南には別のマウンドが見られる。これらのマウンドはほとんど調査されていないが、ワカロマと同時期に機能していた可能性はある。

　さてこの時期のワカロマの建造物は、多色の壁画で彩られていた。壁際には後の時代の破壊行為によって生じた堆積があり、崩れ落ちた上部構造の断片が見つかっている。その中には幾何学文様のほか、ジャガーやヘビ、猛禽類が描かれた壁画片が含まれていた。少なくとも基壇頂上部には、彩色の施された部屋構造が立ち並んでいたのだろう。さてワカロマ遺跡の周囲では、多数の小部屋状構造物が見つかっており、住居の可能性がある。このように見れば、ワカロマは形成期社会において村落共同体の中心に据えられた祭祀センターとなろう。

　ワカロマがカハマルカ盆地で祭祀センターとして機能していた頃、盆地を見下ろす山の頂上にも大きな建造物が建てられた。そのうちの1つ、ライソン（Layzón）遺跡が調査されている。ライソン遺跡は、海抜3200mの山頂に位置し、中心的な部分は、200m×

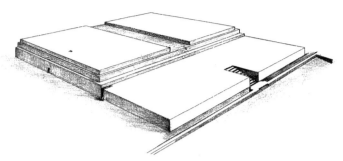

図30　ワカロマ遺跡復元図

150mの範囲に広がる。1982年に東京大学の調査団が行った発掘では、後期ワカロマ期と形成期末期にあたるライソン期の2時期の建設の重なりが認められた（Terada and Onuki 1985）。後期ワカロマ期では、凝灰岩の岩盤を削って少なくとも6つの基壇が作られた。基壇間は、やはり岩盤を削ってできた階段によって結ばれている。後のライソン期の建築活動によって破壊された部分が多かったが、線刻の痕跡を残す壁も見つかっている。仮にワカロマが集落の中心に置かれた祭祀センターだとすれば、周辺に住居を伴わないライソン遺跡は、別の機能、すなわち盆地底部の祭祀センター群を統合するような役割を担っていた可能性がある。

　さて後期ワカロマ期の土器には壁画で表現された図像とよく似たものが認められる。とくに鉢の外壁に刻線で幾何学文様、あるいは動物の図案を彫り込み、区画された部分を未成形のまま粗い面として残し、焼成後に赤、黄、白、橙、緑などの顔料を充填する方法が採用された。こうした土器を製作した地域は北高地一帯に広がり、海岸地帯の黒色磨研を主とするクピスニケ様式と際だった対照を示す。なかでもワカロマ以上に大きな規模を誇るのがパコパンパ遺跡

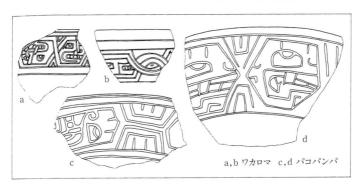

図31　ワカロマ遺跡、パコパンパ遺跡出土の土器　ジャガー的図像が見える

である。3段の巨大なテラスからなり、ワカロマとは異なり、方形の半地下式広場や数多くの石彫を持つ（Rosas and Shady 1970）。近年の調査の結果、ワカロマによく似た土器は、パコパンパ遺跡でも前半にあたる形成期中期の層（Ⅰ期）から出土していることが再確認された（関 2010）。

　すなわち形成期の中央アンデス北部は、クピスニケ様式の土器を保有する集団とワカロマ様式を持つ集団とが並存していたと考えられる。しかしそれぞれのグループが政治的、あるいは宗教的に統合されていたかというと疑問である。微妙ではあるが、同じグループであるワカロマとパコパンパとの間さえ図像表現に違いが認められるし、祭祀建造物の配置や構造も異なる。かなり抽象的な観念のレベルでの共通性があったものの、社会的統合が見られたのはせいぜい1つの盆地程度の範囲内であろう（関 1990）。こうした祭祀センターを核とする地域共同体が、ゆるやかな宗教的、経済的関係を保っていたのであり、この関係の一環として、山岳地帯と海岸地帯との間には密接な交流があった。

（3）海岸と山との交流

　海岸の文化と山の文化のせめぎ合いが見られるのが、ちょうど中間に位置するクントゥル・ワシ遺跡である。海抜2200m、アンデス山脈の西斜面のケチュア地帯に位置する巨大な祭祀センターである。少なくとも4段のテラスより構成され、最も上のテラスには140×160m、高さ8.5mの主基壇がそびえる。テラス間や主基壇には階段が設けられている。主基壇の上には、多数の建造物や小基壇が存在する。

　1988年より行われた東京大学調査団による発掘調査の結果、形成期にあたる4つの時期（相）の建築の重なり合いが確認された（Onuki 1995；加藤 2010）。このうち最も古い時期にあたるのは、イドロ期（前950〜前800年）と呼ばれ、先の土器様式でいえば後期ワカロマ期にあたる。山の文化圏に含まれていたのである。ところが、次のクントゥル・ワシ期（前800〜前550年）になると、土器はクピスニケ様式が目立つようになる。海岸の文化の拡大と受け取ることができよう。新たな祭祀建造物の建設も進み、方形半地下式広場をU字形に囲むように3つの小基壇が配置された。このU字形建築群の背後には山岳地帯では珍しい円形半地下式広場が造られている。扇状階段も備わっていた。クントゥル・ワシ期の建物が建設される際には、イドロ期の建物はすべて破壊され、埋められてしまった。とくにほぼ中央に位置するイドロ期の小基壇に断面がブーツ型の穴を掘り、金製品を含む副葬品を添えた墓を4基作った後、さらに大きな新基壇で覆いつくしている。新たな神殿を造る際の儀礼的埋葬と考えられる。

　金製品は北海岸で出土しているこの時期の金製品とよく似た図像

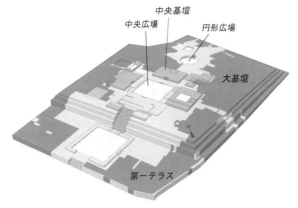

中央基壇

中央広場

円形広場

大基壇

第一テラス

図32　クントゥル・ワシ遺跡　クントゥル・ワシ期の建築復元図
　　　　クントゥル・ワシ調査団提供

（ジャガー・ヘビ・猛禽類）と技術を示している。基本的には、た
たいて延ばす打ち出し技法を用いているが、溶接や接合の技術も形
成期には完成されたようにみえる。いずれにせよ、こうした金製品
や土器は、海抜2000m以上の高地でありながら、海岸の文化を強く
感じさせる。墓の被葬者の中に、ダイバーなどの潜水に従事する者
がよく罹る耳骨の変形疾病である外耳道骨腫が見られ、また４基の
墓とは同時に作られた別の墓（第５号墓）からは海獣骨を用いた円
盤も出土しているからだ。さらに海岸地帯といっても、遠くエクア
ドルとの長距離交易の証拠もある。ウミギクガイの装飾品、祭祀用
楽器としてのカブトソデガイの存在は、かつての土器成立頃に存在
した交流回路がそのまま存続していたことを推測させるものである。
　先にあげたパコパンパ遺跡でも、近年の調査の結果、後半にあた
る時期（Ⅱ期）に、クントゥル・ワシ遺跡によく似た形の祭祀建造
物が建てられたことが判明している。一辺が30mの方形半地下式広

図33　クントゥル・ワシ遺跡　第1号墓出土状況
　　　手前にはカブトソデガイが3点見える
　　　クントゥル・ワシ調査団提供

場の三方を囲むように小基壇が配置され、中央に位置する小基壇の床下から金製品を副葬した墓が発見されている（関 2010）。墓からは、ウグイスガイ科の貝を材料としたビーズ玉が大量に出土しており、やはり海岸地帯との関係が示唆される。

（4）形成期の祭祀建築

　中央海岸の建築を概観する前に、ここでひとまず整理しておきたい。形成期中期から後期にかけての祭祀構造物は、その規模の点で早期のものをはるかに上回る。しかしある種の特徴は継続している。建物の更新である。早期のコトシュ遺跡では、祭祀空間が土や石で埋められた後、その上にわざわざ同じ建物を建てている。こうした儀礼的更新過程は「神殿埋葬」といわれたこともある（泉・松沢 1967：Shimada 1981）。形成期中期に入って登場する祭祀構造物もやはり何らかの形で更新されていることはすでに述べた。たとえばワカロマ遺跡では後期ワカロマ期で少なくとも3回の更新がみられた。この更新過程こそが、祭祀を継続させ、社会統合を定期的に確認し合う作業であったとみることは問題がなかろう。しかし中期に入ると更新の質的変化が生じたように思われる。簡単にいえば反

復性から拡張性への転換となろうか。

　コトシュの場合、小型の部屋を何度も埋め、ほぼ同じ大きさの構造を繰り返し建てている。その意味で反復的ともいえる。結果として、時間が経てば、次第に建物は高くなり、全体規模は多少増すであろうが、それほど目立つものではない。ところが、形成期中期に入って祭祀構造物で開始された更新方法は、単なる反復ではなく、明らかに拡張を意図したものであった。たとえばワカロマの場合、三段の基壇構造を芯にして再び同じ三段の基壇構造を作りあげているが、少なくとも最下段は幅を４ｍ以上ものばし、高さも若干嵩上げしている。またワカ・デ・ロス・レイエスの場合では、オリジナルの建築が最終的には10倍になっている（Conklin 1985）。もちろん反復性が失われたといっているのではない。拡大する祭祀空間の中で、依然として同じような祭祀小空間が建設され続けた可能性はある。しかし、もはや反復の結果として拡大があるのではなく、拡大更新にこそ意味があったものと思われる。

　これはおそらく祭祀儀礼の変化とも結びついているのであろう。建築学的観点からすれば、形成期早期においては、祭祀活動が小規模であり、コトシュのような部屋構造の内部での儀礼が主体であったのが、中期に入り、社会の発展とともに儀礼空間が外部にも放たれ、数多くの一般の人々が参加できるような基壇型の構造で儀礼が行われるようになったと推測できるのである。たしかに基壇の上部には閉鎖的空間が設けられ、限られた集団による祭祀が執り行われた可能性は高いが、基壇建築の外壁を飾るレリーフの登場などは、誰でも見ることができたはずである。これは土器の特徴からも読みとれる。祭祀構造物の壁面装飾と同じ図像が土器にも描かれ、これ

が祭祀構造物のみならず、周辺の居住地と推定される地区からも同じように出土するのである。祭祀建造物とその外部空間とが連続していることを意味している。こうした内部から外部へ解き放たれた儀礼の変化と反復から拡張へのプロセスとは一致している。農耕の発生同様に、儀礼的反復の過程で生じた刺激が増幅され、同じ反復でも拡張を伴うように変化していったのであろう。

　また北部山地から海岸地帯に流れるヘケテペケ川の中流域を調査する鶴見英成は、祭祀建造物を一定間隔で移転していくという神殿更新の別の形態を捉えることに成功している（鶴見 2009）。

　いずれにせよ核となる建造物の建設、反復的かつ拡張的更新、そして移転型の更新では常に労働力の確保が問題となってくる。後で触れる中央海岸のカルダル遺跡の場合、調査者バーガー夫妻は、1年に2カ月間だけ働いたとしたら、最終的な形になるまでには200年かかったと試算している。こうした労働に際して、ある程度の統率力は必要だったにちがいない。ワカロマ遺跡の更新過程では、基壇の土台部分に作業の分担を意図したかのように見える仕切壁が確認されている。祭祀を支える人々の単なる協同労働というよりも、作業を計画し、指示していく集団の存在が示唆される。

　問題は、こうした神殿の更新が、どのような経済状況で展開されたかである。従来の文明観では、巨大な建造物の出現は、背景に農業の発達による余剰生産物やその制御の存在が前提とされてきた。ところが、アンデスの形成期の場合、ワカロマにしてもクントゥル・ワシにしても集約農業に関わる大規模灌漑施設や余剰生産物を貯蔵するための施設も見つかっていない。要するに、農業生産性が高いとはいえない時代に、社会構成員の自主的な協同労働によって

祭祀建造物が建設され、更新され続けていたのである。

　その意味で、形成期の社会では、祭祀建造物の建設や更新、そしてそこで執り行われる祭祀を通じて、社会が動き、農耕などの生業面を逆に刺激していった過程が復元できるのである。反復的更新から拡張的更新への変化や、労働を司る集団の発生は、この過程で生じたのであろう。すでに述べたように、これは日本調査団が提示した「神殿更新説」である（加藤・関編 1998, 大貫・加藤・関 2010）。

　他方、クントゥル・ワシ遺跡やパコパンパ遺跡から報告された豊かな副葬品を伴う墓は、「神殿更新説」では解釈しがたい社会発展も同時に存在したことを示唆するものである。こうした墓の存在からは、神官等のエリートの発生が推測される。クントゥル・ワシやパコパンパの食糧生産に関する経済的基盤は、神殿更新を行っていたワカロマなどとあまり変わりがなかったと考えられるので、エリートの存在基盤は、ワカロマなどで乏しかった奢侈品などの長距離交易のコントロールやパコパンパで認めるような金属器の生産や流通に求められるかもしれない。このように形成期社会は、決して一枚岩ではなく、地域ごとに異なる社会変化が見られたのである。

（5）中央海岸の祭祀センター

　さて中央海岸の建築にもかなり多様性が認められる。北海岸以上に巨大な祭祀建造物が造られているにもかかわらず、クピスニケ様式のような出来映えのみごとな装飾土器が少ない。1969年に東京大学調査団が発掘したラス・アルダス（Las Haldas）遺跡は、カスマ（Casma）谷から南へ30kmほどいった海辺にある（松沢 1974）。

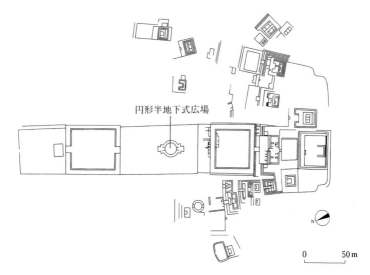

円形半地下式広場

図34 ラス・アルダス遺跡平面図

海側の端に最も高い基壇を設け、そこから内陸側に5段のテラスが
延び、方形の広場や円形の半地下式広場が組み込まれた。円形半地
下式広場には2つの扇形の階段が備え付けられていた。このように
全体としては南北に細長い建物配置といえる。仮にこれを縦列型構
造と名づけておこう。縦列型の配置は、形成期最大のピラミッド状
基壇を抱えていることで有名なセチン・アルト（Sechín Alto）遺
跡でも確認されている（S. Pozorski and T. Pozorski 1987）。高さ
35m、大きさは200m×250mもある大基壇から北東方向に4つの方
形広場を連続して配し、これに円形半地下広場を3つも組み合わせ
ている。遺跡の範囲は幅400m、長さ1500mにも及ぶ。中央基壇の
脇には小基壇が配置されているためU字形構造ともいえる。

　カスマ谷からは別の形態を持つ祭祀センターが報告されている。

セロ・セチン（Cerro Sechín）遺跡は、セチン・アルトよりはずっと規模は小さいが、壁面装飾には目を見張るものがある。4回ほどの改築が行われたことがわかっている（Samaniego et al. 1985）。最も古い建物は、円錐形の日干しレンガを積み上げて作ったもので、34m四方の大きさを持つ。中央の部屋の入り口脇の壁には、ジャガーらしき動物が赤、黒、ピンクなど多色で描かれていた。やがてこうした建物は、新たな石像建造物によって完全に埋められてしまう。一辺が約52mの空間に拡大され、外壁には棍棒を握る戦士の像と切り刻まれた身体の一部や、裸の人物が浅浮き彫りで繰り返し表現された。この方形の基壇構造物の両脇と背後には、U字の配置をとる別の基壇群が存在し、先の石彫の壁との間に回廊的空間を生みだしている。

　セチン・アルトを調査しているポズルスキー夫妻は、同じカスマ谷のパンパ・デ・ラス・リャマス（Pampa de las Llamas リャマの平原の意、ワカＡとも呼ばれる）とモヘケ（Moxeque）という遺跡群も調査し、この2つの建物が同じ時期に存在しながら、聖と俗という異なる機能を持っていたという仮説を示している（S. Pozorski and T. Pozorski 1986）。前者は、基壇を中心に方形広場や小さな円形広場を抱える小ぶりの縦列型配置をとる。基壇上部は、仕切壁によって数多くの部屋状空間に分割されており、しかも部屋へのアクセスが限定されている点、内部空間からクイなどの動物骨が出土している点などから、貯蔵的役割を担った、いわば世俗的空間であると推測されている。これに対してモヘケは宗教的役割を持っていたという。モヘケ遺跡は、かつてペルー考古学の父テーヨも調査している。隅丸方形の基壇状の建造物であり、ワカ・デ・ロス・レ

イエスのような巨大な彩色レリーフが発見されている。祭祀空間としての根拠は主としてこの装飾の存在にもとづいている。

　カスマ谷のすぐ北に位置するネペーニャ谷の下流域には、ペルー考古学の父と呼ばれたフーリオ・C・テーヨが発掘したセロ・ブランコ（Cerro Blanco）遺跡がある。芝田幸一郎は、この遺跡を再調査し、形成期中期から後期にあたる大型の祭祀建造物を確認している（芝田 2017）。中央の広場を囲むように3方向に基壇が配置され、カスマ谷の遺跡の配置とも異なる。テーヨの時代、カイマンワニらしき姿を表した多彩色のレリーフが発見されているが、これは形成期後期にあたると考えられている。

　芝田は、同じネペーニャ谷の川をはさんだ対岸に位置するワカ・パルティーダ遺跡も調査している。少なくとも、形成期後期では、

図35　ワカ・パルティーダ遺跡で出土したジャガーを象った漆喰レリーフ壁（芝田幸一郎氏提供）

石積みの擁壁で支えられた3段の基壇より構成され、上2段の基壇上には小部屋が築かれていた。2段目の基壇を支える擁壁からは、高さ3m、幅4mもの巨大なジャガーのレリーフが見つかっている。保存状態は良好であり、近年における最大の考古学的発見と称えられた。このほか、最上段の部屋の外壁も手足にかぎ爪が生え、背中から翼を生やした人物のレリーフ像で飾られていた。

　セロ・ブランコとワカ・パルティーダという形態の異なる祭祀建

造物が同時期に、しかもきわめて近い場所に築かれ、利用されていた点は、カスマ谷同様に、異なる世界観を持つ集団が併存していたことを示唆するものである。

図36　U字形配置を示すカルダル遺跡（Richard Burger 氏提供）

　もう少し南下し、ペルーの首都リマ市に近づくと、U字型配置の建造物が多くなる。ラ・フロリダ（La Florida）遺跡やガラガイ（Garagay）遺跡、また南隣の谷であるルリン（Lurín）谷では、カルダル（Cardal）遺跡やミーナ・ペルディーダ（Mina Perdida）遺跡が調査されている（Burger and Salazar 1991）。ルリン谷では、この他に少なくとも４つの祭祀センターが確認されており、マンチャイ（Manchay）文化の名で総称されている（Burger and Salazar 2008）。マンチャイ文化の場合、同じU字型でも、袖部分の基壇が非常に長く、また非対称な外観を示すことが多い点で他地域のものとは異なる。ガラガイ遺跡やカルダル遺跡の外壁の一部は、ジャガー的要素を見せる多色のレリーフで飾り立てられていた（Ravines and Isbell 1975）。

　さらに南に目を向けると、形成期の研究で等閑視されてきた高地のアヤクーチョ地方で、近年、松本雄一らがカンパナユック・ルミ（Campanayuq Rumi）遺跡を調査し、成果を上げている（Matsumoto and Cavero 2009）。遺跡は、海抜3600m の高地に位置し、その利

用は、形成期中期にあたるⅠ期（前1000〜前700年）と、形成期後期にあたるⅡ期（前700〜前500年）とに細分される。一辺が25mの方形半地下式広場の３方を囲むよう基壇が立ち並ぶ建築配置は、Ⅰ期にさかのぼり、これまで見てきた祭祀建造物と遜色のない規模である。興味深いのは、Ⅰ期には、南海岸や高地などさまざまな地域との交流を示す遺物が出土するのに対して、Ⅱ期になると形成期後期の大遺跡チャビン・デ・ワンタル遺跡との関係を示す証拠が増える点である。チャビン・デ・ワンタルで報告されるような建物内部を走る回廊も見つかっている。これについては後段で再び触れることにする。

　こうしてみると、形成期に建設された祭祀センターは、その建築様式や要素の点でかなりの多様性を示し、また出土する土器にも地域色が認められる。建築の要素としてあげられるのは、テラス、基壇、U字型配置、方形半地下式広場、円形半地下式広場であり、これらを単独、あるいは複数組み合わせてできたのがこの時期の祭祀センターなのである。テラスは山岳地帯の遺跡で一般的であり、また基壇は海岸、山を問わずよく見られるが、U字型の配置になると海岸地帯に多く存在し、円形半地下式広場も中央海岸から北海岸南部を中心とした分布が見られる。しかし祭祀構造物の時代的前後関係は、いまだに確定されたわけではなく、系統関係を論じるには依然として資料が不足している。

　後で述べるモチェ、ワリ、インカなどさまざまな文化の拡大の足取りを追うと、政治的、社会的統合の証として必ずある種の建築構造、工芸品の反復が認められる。強制にせよ、影響にせよ、ある文化の支配下に入ったときに現れる特色なのであろう。その意味で、

これほどの多様性を見せる建築と工芸品の存在は、形成期の社会自体に地域色が強かったことを示しているのである。

（6）遺跡の立地と形成期の食糧基盤

　ではこうした祭祀センターを支えていた食糧基盤はどのようなものであったのだろうか。すぐに気づくのは、これまで取り上げてきた祭祀センターの位置が、形成期早期とは若干異なっている点である。山岳地帯では、形成期早期同様、ケチュアやユンガといった農耕や居住に適した環境にセンターが立地しているため、農耕への依存が確立したことがわかる。しかし海岸では、それまで祭祀構造物が建設されていた海辺沿いよりも、やや内陸の河川流域が選ばれているように見える。これも農耕への依存を物語るものであるが、はたしてかつて盛んであった漁労活動は放棄されてしまったのだろうか。

　北海岸の遺跡をみてみよう。先述したようにモチェ谷の河口にはグラマロテ遺跡がある（S. Pozorski 1979）。貝類の遺残が50％以上を占めるところをみると、漁業に相当依存していたことが推測されるが、植物遺残も報告されている。その60％がカボチャであり、果実のルクマやアボカド、トウガラシ、ピーナッツがこれに続く。グラマロテは海辺の遺跡であるから、栽培植物は他の地域から供給を受けていた可能性が高い。この点で中流域に存在したクピスニケの祭祀センターであるワカ・デ・ロス・レイエスが注目される。双方の遺跡の年代測定値を考慮すると、少なくとも前1500年から前1000年の間は、ともに利用されていたことが推定されている。残念ながらワカ・デ・ロス・レイエスからは植物遺残がほとんど確認されて

いないが、内陸に位置するにもかかわらず、貝類が食糧の50％以上を占めている点は興味深い。鹿やラクダ科動物などの陸上動物も出土しているが、タンパク質源は明らかに海産資源ということになる。調査者は海辺のグラマロテがその供給先であり、逆にグラマロテで認められる栽培植物はワカ・デ・ロス・レイエスから入手したものと考えている。

　同じ状況は中央海岸北部のカスマ谷のパンパ・デ・ラス・リャマス遺跡でも確認されている。根栽類を含む多数の栽培植物が出土しているが、タンパク質源としては、圧倒的に海産物であるという。ある意味では、形成期早期にすでに成立していた海辺と内陸部との経済的依存関係と同じものが見られるわけだが、決定的な違いは、モチェ谷の事例に代表されるように、形成期中期の場合、巨大な祭祀センターが建設されるのは海辺ではなく、内陸部なのである。これは農耕の重要性が増し、大規模な灌漑施設を伴わずとも、耕地に水を引くことができる河川中流域が注目されたからである。平坦な下流平野に出る前の傾斜地を流れる勢いのある水を利用したかったのであろう。

　ただ注意すべきは、先述したワカ・デ・ロス・レイエスのように内陸の大規模な祭祀建造物を築いた集団が、海産物を入手する先の集団をあたかも支配下に置いていたかの印象は避けるべきであろう。近年グラマロテ遺跡を集中発掘しているガブリエル・プリエト（Gabriel Prieto）によれば、出土した祭祀建造物の形状や儀礼関連の遺物などの特徴から、内陸部の巨大な祭祀建造物を築いた集団とは異なる世界観を持つ集団であったことが明らかになっている（Prieto 2018）。

さてこれまでの形成期の遺跡の報告を見ると、圧倒的に中央アンデス北部が多いことに気づく。とくに北海岸、中央海岸には、規模の大きな祭祀構造物が建設された。この原因はどこにあるのだろうか。これは自然環境に関係している。海岸地帯の河川流域に広がる平野は、明らかに北海岸の方が広い。この環境は農作物の増産にも影響したであろう。形成期以降、栽培植物の急激な増加は、「神殿更新」という原動力に基づくにせよ、おそらく耕地の拡大と関係しており、これを可能にしたのが河川からの水の利用である。明確な形での灌漑の証拠は、形成期には希薄だが、祭祀センターが河川中流域に位置するのも、水の勢いを利用しやすい場所を選んだからであろう。河川の水を利用し、より広い平野を掌握していく過程こそ、祭祀センターの拡大と並行しており、その際、食糧の確保として海産物が存在したのである。その意味で、より高い潜在性を有する中央海岸や北海岸が、形成期における文化発展の中心的地位を占めていたことは決して不思議ではないのである。

第3節　チャビン現象とその衰退

（1）チャビン論争

　チャビン・デ・ワンタル遺跡が記録の上ではじめて現れるのは、16世紀半ばであり、訪問したのは、『インカ帝国史』を著した著名なペドロ・シエサ・デ・レオン（Pedro Cieza de León）であった。彼がこの地を訪れた当時、チャビン・デ・ワンタルはすでに神殿としての機能を失ってから1500年以上も経っていたが、村人達はここで儀礼を行い、また神殿の建設に係わる伝承を語ったという（Cieza

de León 1986 [1553]）。ペルー考古学史上、はじめての調査者はフー
リオ・C・テーヨであった。1919年に発掘を行っているが、1945年
に起きた地滑りによってふたたび埋もれてしまう。その後もペルー
を代表する考古学者ルイス・G・ルンブレラス（Luis G. Lumbre-
ras）とエルナン・アマット（Hernán Amat）が調査しており、チャ
ビン・デ・ワンタルは、つねに形成期文化の研究において関心の的
となってきた。

　というのもテーヨは、この遺跡を調査し、さらにペルー各地に広
がる他の形成期の遺跡から出土する土器や石鉢、石彫、織物などの
表現された図像を概観する過程で、アンデス文明の起源に関する1
つの仮説を提出したからである（Tello 1921）。当時、後の章で触
れるナスカ、あるいはモチェといった文化の存在がおぼろげながら
知られるようになり、しかもそうした文化がインカ帝国期には、す
でに姿を消していたこともわかっていた。しかしテーヨにしてみれ
ば、これらの文化がアンデス文明の起源を担う文化とは思えず、さ
らに古い文化の存在を確信していたようだ。彼が注目したのはペ
ルー・アンデスの東斜面地帯であり、その地域の踏査によってチャ
ビン・デ・ワンタルやコトシュの重要性を認識し、この地域にこそ
アンデス文明の起源が見いだせるとしたのである。さらに、アンデ
ス東部の熱帯低地から発した文化、あるいは集団がチャビンを経
て、ペルーばかりか、エクアドル南部、ボリビア、アルゼンチン北
部にいたる広大な範囲に広がったと考え、「チャビン・ホライズン」
の存在を主張したのである。彼に追随する研究者は跡を絶たず、
チャビンを宗教的な帝国、軍事的組織までも有する政治的集団とみ
なす者も出てきた（S. Pozorski 1987）。

　図像学的研究もこれに沿って行われてきた。チャビン・デ・ワンタル遺跡から報告されている石彫の図像表現方法が、時間的に変化を見せているという前提で時代順に並べ、さらにこれを基準にして各地の図像の年代を決定していくという方法が採られたのである（Rowe 1967；Roe 1974）。

　こうした研究動向に、早くから疑問を投げかけたのは、クピスニケ研究で著名なラルコ・オイレであった。彼はテーヨとは異なり、むしろ土器にせよ建築にせよ地域的多様性が見られる点に注目し、チャビン・デ・ワンタルはこれらが後に集大成されたと考えた（Larco Hoyle 1946）。なかでもクピスニケ様式はチャビン様式よりも古く、むしろ起源は海岸地帯にあると主張したのである。前節までに触れてきた形成期の遺跡の多様性、年代の古さに関する最近の研究成果は、ラルコ・オイレの立場により近い状況にある。このうちチャビン・デ・ワンタルの年代についての研究はリチャード・バーガー（Richard Burger）によるところが大きい。遺跡の概要を説明しながら年代について考えてみたい。

（2）チャビン・デ・ワンタルの謎

　チャビン・デ・ワンタルは、アマゾン川の支流モスナ（Mosna）川とワチャクサ（Huachecsa）川との合流点に位置する遺跡である。海抜3150mの高地（ケチュア地帯）にあり、アクセスは容易ではない。200m×200mの範囲に石造建築が配置されている。一般に建築は旧神殿と新神殿とに分けられることが多いが、建設過程について詳しくわかっているわけではない。とりあえず旧神殿から見ることにしよう（Burger 1992）。主要な基壇はU字型の配置をとり、三方

を囲まれた空間には、円形の半地下式広場が設けられている。直径21mの円形半地下式広場の両端には、扇状の階段が据え付けられ、内壁は方形や長方形のパネル状に加工された石でできている。このパネルには、人間とジャガー、猛禽類を組み合わせた神的存在などの浅浮き彫りの図像が見える。広場を囲むようにそびえる基壇は、細長い切石を積み上げて造られ、高いところでは16mもある。壁面上部には、3m間隔で、ジャガーの顔を丸彫りしたほぞ付の頭像が差し込まれていた。さらに基壇内部や広場の下には、無数の回廊や換気ダクト、排水溝が走っている。正面の基壇中央に設けられた階

段を上り、基壇内部に入ると、やがて2つの回廊が交差する場所にたどり着く。まさにその交差点に高さ4.53mもの石像が現れる。槍に似ていることからランソン像（Lanzón スペイン語で槍の意）と呼ばれる。ランソン像の髪の毛はヘビ、顔はジャガー、全体は人間の形をしている。右手を上げ、左手はぶらりと下げている。手には長く伸びた爪が生えている。この石像は、おそらく重要な信仰対象であったのだろう。

　円形半地下式広場の外側には地下室が造られていた。北側のものは「オフレンダス回廊」（Galería de las Ofrendas 奉納品の回廊の意）と呼ばれ、その名の通り800点に及ぶ完形土器が発見されている。内部は9つの小部屋に仕切られ、土器のほかに女

図37　ランソン像展開図
　　　（Burger 1992より）

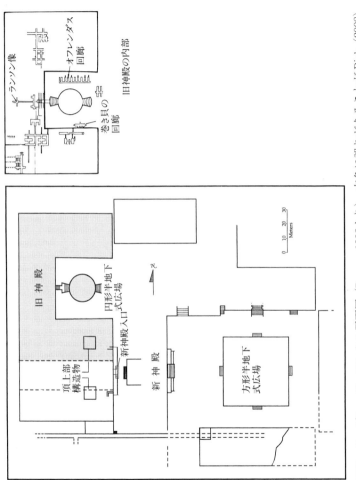

図38　チャビン・デ・ワンタル平面図（Burger 1992より）。方角に誤りがあることが Rick (2008) によって指摘されている。

図39 チャビン・デ・ワンタル新神殿入口

性の埋葬、リャマや
シカなどの獣骨や貝
が出土している。南
側の地下室は、そこ
から海産のカブトソ
デガイが発見されて
いるので「巻き貝の
回廊」（Galería de
los Caracoles）と名づけられている。

　さて旧神殿の南側には新神殿が控える。基壇自体は、旧神殿の南
の袖部分の拡張とも見えるため、こちらの方が新しいと判断されて
きた。近年の調査によれば、拡張部と考えられてきた建物の一部は、
旧神殿以上に古くからあったというデータも出ている（Rick 2008）
が、建築の特徴をわかりやすく記述するため、ここでは旧来の見方
を前提に話を進めたい。新神殿の正面には、2本の円柱が両脇に据
えられた入口があり、円柱の上にはまぐさ石が渡されている。入口
を通り抜けると、左右（南北）1本ずつ階段が外壁に沿って斜めに
設置され、これを使って基壇上部に上がれるようになっていた。円
柱には、ワシとタカ、まぐさ石にも同じ猛禽類の姿が線刻で描かれ
ている。新神殿の正面には広場が設けられ、広場の南北には別の基
壇が造られていた。ここでもU字型の配置が見られるわけだ。広場
の中央は一段低く、一辺が50mの半地下式広場となっている。新神
殿の内部や広場の下には、やはり回廊や換気ダクト、あるいは水路
が配備されている。

　方形半地下式広場の近くから、「テーヨのオベリスク」（Obelisco

de Tello) というみごとな石彫が発見されている。高さ2.5mほど
の角柱で、カイマン・ワニの雌雄各一体の側面が彫り込まれてい
る。雄は地下界の神的存在を表現し、地下茎を利用する植物が図像
の脇役を演じているのに対して、雌の方は天界の神的存在を表現し
ているという。地上で実を結ぶ植物が図像的要素として添えられて
いるのである。

　このほか、「ライモンディの石碑」と呼ばれる石彫も発見されて
いる。高さ2m、幅74cmの石版に描かれている像は、正面を向い
て立ち、両手に笏のようなものを握っている。このことから「杖の
神」ともいわれる。もちろん他にも石彫は数多く確認されているが、
「ランソン」や「テーヨのオベリスク」、「ライモンディの石碑」は、
その形状と大きさが特殊であり、崇拝対象として特別の意味と役割
が与えられていたのであろう。「テーヨのオベリスク」や「ライモ
ンディの石碑」は、チャビン・デ・ワンタルの中でも新しいとされ
る新神殿付近から出土したこともあって、ランソン像が崇拝対象と
して廃れた後に取って代わったものという捉え方をすることが多
い。しかし、すでに述べたように、新神殿そのものがチャビンでも
本当に後の時期に属するものかを含めて建築の編年を十分に検討す
る必要がある。

　いずれにしても、儀礼においては、これらの石柱状の神像が大き
な役割を果たしていたことは想像に難くない。石柱と農耕儀礼の関
係は植民地時代の文献でもしばしば言及される（Duviols 1979）。
天界と地下界を結ぶものとして地上に据えられ、雨をもたらす天
と、植物に恵みを与える大地、すなわち地下界とを媒介する役割を
果たしたというのである。実際に、ランソン像の先端は上の階の回

図40　テーヨのオベリスク展開図
　　　A：雄　B：雌のカイマン
　　　ワニ（Rowe 1967より）

図41　ライモンディの石碑
　　　（Rowe 1967より）

廊床面にまで達しているため、ここより液体を流した儀礼が行われたと考えることもできる。この行為が灌漑、水などを喚起させ、豊作、豊穣性を祈願したという推測もさほど現実離れしているようには思えない（友枝・藤井　1992）。

　旧神殿の円形半地下式広場に飾られた石の彫刻を見ると、幻覚剤として今日でも利用されることの多いサン・ペドロというサボテン

を見ることができ
る。チャビン・
デ・ワンタルで行
われていた儀礼で
も幻覚剤が重要な
役割を果たしてい
たのかもしれな
い。さらに図像を
追ってみると、ア
マゾン地帯に生息
するジャガーやカ
イマン・ワニ、ワ
シ（アマゾン生息
タイプ）、海岸地

図42　サン・ペドロを握るジャガー＝人間（旧神殿
　　　円形半地下式広場）

帯のサン・ペドロなどペルー各地からの要素を見出すことができ
る。また詳しくは触れなかったが、「オフレンダス回廊」出土の土
器の中にはペルー北高地の様式や北海岸のクピスニケ様式のものが
目につく（Lumbreras 1993）。エクアドル産の貝が発見されている
ことについてはすでに触れた通りである。

　建築で言えば、海岸地帯で頻繁に見られるＵ字型の建物の配置が
採用されているし、方形半地下式広場、それに中央海岸で特徴的だっ
た円形半地下式広場もある。その意味でほとんどといってよいほど
の中央アンデス各地の要素がここに集結しているのである。した
がって形成期の文化的特徴の起源地かあるいは集大成された場所と
考えることは不思議ではない。このいずれかについては年代が鍵を

握っている。

　リチャード・バーガーは、この神殿群については手をつけなかったが、すぐそばのチャビン・デ・ワンタル村を発掘し、編年を確立し、これを神殿群の建築過程に適用している。バーガーによれば、ウラバリウ（Urabarriu 前1000〜前500年）、チャキナニ（Chakinani 前500〜前400年）、ハナバリウ（Janabarriu 前400〜前200年）の3相に細分できるという。旧神殿の建設は最古のウラバリウ相に当たり、この時期の人々は農耕や牧畜はもちろんだが、多少鹿やラクダ科動物の狩猟にも従事した。神殿周辺には500人程度の人しか住んでいなかった。続くチャキナニ相では、ようやく農耕、牧畜への比重が高まり、灌漑設備も建設された。人口も1000人に達する。また貝や黒曜石など長距離交易を物語るような証拠が増加する。これはラクダ科動物の飼育化の完成により、駄獣としてリャマを利用し始めたことと関連している。そして最後のハナバリウ相で旧神殿は拡張され、新神殿が成立する。チャビンをとりまく社会も拡大する。人口は2000人から3000人となり、農業や長距離交易が強化されていく（Burger 1988, 1992）。

　こうしたバーガーの描くシナリオは、チャビン・デ・ワンタル一遺跡の問題にとどまらず、中央アンデス全体を視野に入れている点で興味深い。それはかつて、テーヨラが唱えた「チャビン・ホライズン」の考え方に似ている。バーガーは、ハナバリウ相のときに「チャビン信仰」が各地に広まったと考えている。この時期、前章でとりあげたような海岸の祭祀センターは、ほとんど放棄される。この原因については、寒冷化やエル・ニーニョ現象による海産資源の枯渇、津波など、さまざまな説が取りざたされている（R. Bird

1987）。いずれにせよ、代わって山岳地帯でいくつかの祭祀センターが繁栄を迎える。チャビン・デ・ワンタルもこれまでの祭祀センターが保有していた建築、図像的要素を複数抱え、宗教体系の再編成を図ったのかもしれない。新たな宗教的イデオロギーのメッカとなったチャビンは、これまで各地と結んでいたチャンネルを通じて、「チャビン信仰」を逆に発信していったというのである。それが証拠には、中央アンデス各地で、この時期にあたる遺跡から、ハナバリウ的土器が出土する。そしてこれは具体的な政治組織による領土拡大のような形態をとったのではない。むしろ巡礼型の信仰に通じるところがあるという。バーガーの頭には、インカ時代まで中央海岸で栄えていた有名な巡礼地パチャカマックを中心に築きあげられていた信仰体系があった。それ自体も決して証明されているわけではないが、アフリカの民族誌データをもとに解析できるとする。これによれば、信仰体系には、地域に固有な政治システムや領土の範囲を越えて広がる「リージョナル・カルト」と地域に密着した「ローカル・カルト」とがある。両者は相反するというよりも共存しうる。巡礼地パチャカマックでいえば、地方には末社のような施設を持ち、本社パチャカマックより神官を派遣するなどして宗教的コントロールを行っていたと考えるわけだ。その意味でチャビン・デ・ワンタルは「リージョナル・カルト」の中心だったという。

　バーガーの考え方は「チャビン」以前の文化の存在を認めている点でテーヨらの考え方とは大きく異なるし、信仰の伝播システムを考えている点で興味深い。しかし各地の遺跡から出土するハナバリウ的と称される土器の年代は、決してハナバリウ相とは一致しているとはいえない。とはいえ豊富な海岸の炭素14年代測定値からすれ

ば、形成期も後期に入ると、何らかの理由で海岸地帯の祭祀セン
ターがこぞって放棄され、山岳地帯に新たなセンターが誕生した点
は間違いない（Onuki 1993）。チャビン信仰が広まったかどうかは
ともかく、気候変動とチャビンの繁栄は密接に結びついているので
ある。

　さらに、近年、こうしたバーガーの見方とは異なる視点を出して
いるのがジョン・リック（John Rick）である。彼は、チャビン・
デ・ワンタルの祭祀建造物そのものの調査を2000年代に入って開始
し、新たな解釈を打ち出そうとしている（Rick 2005, 2008）。現在
までのところ、建築の時間的変遷に焦点を当てた報告に限定されて
はいるが、その根幹は、バーガーが提示した若い年代を否定し、祭
祀建造物の建設開始時期を前1200年までさかのぼらせることにあ
る。これだと、アンデス各地で報告されている形成期中期の遺跡と
同時期になってくる。また図像を分析することで、社会的差異のな
い頃から、やがて集団内で共有されていた信仰を利用する形で、
リーダーが権力を握っていくまでの過程を読みとっている。

　チャビン・デ・ワンタル石の彫刻には、幻覚剤として今日でも利
用されることの多いサン・ペドロというサボテンやウミギクガイ、
そしてカブトソデガイの図像を見ることができる。これらの幻覚剤
や貝、そして楽器を用いた儀礼は、現在でもアンデス各地から報告
され、呪医、呪術者、民間治療師などと称する特定の能力を有した
人々が、霊的な存在の力を借りながら、患者の治療などさまざまな
目的に幻覚剤や儀礼用具を使用することが知られている。いわば、
アンデス地帯ではかなり普遍的な儀礼がチャビン信仰の基盤であっ
たと考えるのである。

　リックは、この見方をさらに進め、チャビン・デ・ワンタル遺跡には、ジャガー、ヘビ、猛禽類を組み合わせた図像が溢れていることに結びつける。確かにこうした属性だけならば、チャビン・デ・ワンタルが成立する以前の遺跡でも描かれてきた。重要なのは、チャビン・デ・ワンタルでは、半獣半人像として、人間の姿を組み合わせることで、特定の人間の儀礼を司る能力、変身する能力を強調するようになった点である。図像を通じて、リーダー個人の能力を強調し、可視化し、社会的差異を正当化させたという考えである。しかもこうした半獣半人像にともなうのが、先に挙げた汎アンデス的祭祀用具だったという。

　共同性や普遍性という平等的な社会の中で生み出され、維持されてきた観念や儀礼を、逆に社会的差異化を生み出す装置に変えたのがチャビン・デ・ワンタルであると考えるわけだ。そして、チャビン・デ・ワンタルの最盛期を前900〜前780年頃にあてた。リックは、チャビン・デ・ワンタルを唯一の中心とは考えず、数多くの祭祀センターの1つとみなした点でバーガーの考えとは異なるが、チャビン・デ・ワンタルには、アンデス各地から祭祀に関わる人々が集い、回廊内外で儀礼を行い、習得した上で、戻っていったと考えた。チャビン・デ・ワンタルを訓練センターのように考えている点で、チャビン中心主義と言われても仕方がない。

　現在のところ、こうしたバーガー、リックによる解釈のいずれが正しいと判断できる状況にはなく、さらなるデータの蓄積が必要だが、こと年代に関しては、リックのように古く考えた方が、他の遺跡のデータとの整合性が高いように思われる。

　実際に、編年の問題で劣勢を強いられるバーガーは、最近、絶対

年代を再考する論を発表した（Burger 2019）。当初示した年代は未補正であったとし、測定試料を新たに加えた上で、日本調査団が提示してきた年代観に近い値に修正したのである。ウラバリウ（前950～前800年）、チャキナニ（前800～前700年）、ハナバリウ（前700～前400年）がそれらであり、「チャビン・カルト」が拡大するハナバリウ相にいたっては、300年もさかのぼらせた。

　仮に、この年代を受け入れるとすると、バーガーの「チャビン・カルト」の拡大説は復活する。各地でハナバリウ的土器が出土する遺跡が、チャビン遺跡のハナバリウ期と年代的に接近するからである。現在、バーガーの弟子にあたる研究者らは、中部高地や南部高地のチャビン関連遺跡で発掘し、「チャビン・カルト」の範囲の確定に精力を注いでいる。そこでは、地下回廊という、チャビン遺跡に特徴的な建築構造など、「チャビン・カルト」拡大を支持するような証拠が相次いで見つかっている。

　またバーガーらは、遠隔地の遺跡とチャビン遺跡とを結びつけるため、威信財、稀少財の流通に関心を示す。科学分析により、カンパナユック・ルミ遺跡が位置するアヤクーチョ地方、あるいはアレキパ地方などの南部高地に黒曜石の産地が集中すること、アンデス各地の形成期遺跡から出土する黒曜石は、ほぼこの地域に由来することを報告している。さらに各地で出土する辰砂についても、中部高地のワンカベリカ地方に産地があり、近接するアタリャ（Atalla）こそ採取集団が残した遺跡であると論じた（Burger and Matos 2002；Burger and Glascock 2009；Matsumoto et al. 2018；Cooke et al. 2013）。長距離交易で流通する威信財、希少財の産地を押さえた集団は、チャビン遺跡の影響、あるいは強い結びつきがあったこと

を証明しようというのである。

　このようにバーガーの「チャビン・カルト」の拡大説は、以前よりも実体化していることは認めざるを得ない。しかしながら、日本調査団が長年蓄積してきた北高地の遺跡群との差異はあいかわらず顕著である。今のところ、ペルー北部と、それ以南の地域では、地域間の交流の強度が異なっていたと考える方がよいだろう。

第 4 節　神殿の崩壊

（1）建築上の変化

　形成期も末頃になると、社会全体が大きく揺れてくる。山岳地帯、海岸地帯を問わず、これまで社会統合の中心的な役割を果たしてきた祭祀センターが放棄されたり、祭祀区間が生活空間へと変化していく。この過程を、カハマルカ盆地を例に見てみよう。

　巨大なワカロマの祭祀空間の大半は放棄され、ごく一部の空間を利用した、短期的な利用が認められる。これはワカロマでも古い方から数えて 3 つ目の時期である E L 期にあたる。野外空間に一定の間隔で方形の炉が切られていることから、非日常的な性格を帯びた構造であることが想定されているが、データが乏しく全貌はつかめていない。E L 期に続いて現れるのはライソン期である。ワカロマは祭祀的性格を失い、日常的な居住空間へと変化する。代わって、祭祀的役割は、この時期の名称の起源ともなったライソン遺跡が担うことになる。

　ライソン遺跡についてはすでに触れたが、盆地を見下ろす山頂にある。この時期、後期ワカロマ期の建築は破壊され、石積みの基壇

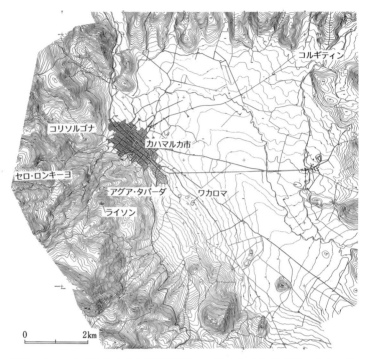

図43　カハマルカ盆地の主な形成期遺跡　コリソルゴナ、アグア・タパーダ、
セロ・ロンキーヨはライソン遺跡とともに形成期末期の山上遺跡

建築に変貌を遂げる。さらに建築の中心軸も変化する。後期ワカロ
マ期の建築の中心軸は、盆地底部へと下りていく道を意識して東西
方向に据えられた。これがライソン期に入って南北方向に変わる。
遺跡の南側には古くから海岸地帯へとつながる道が走っていること
から推測するならば、盆地外部を意識した造りといえよう。この時
期の他の遺跡もライソン同様に盆地の南側の尾根に集中するように
なる。人々の関心が盆地内部の統合から外部との関係へと変化した

ことを物語っている。地域共同体の外部を意識した建築の配置は、なにもカハマルカ盆地に限って見られるわけではない。

　たとえば海岸地帯では、城塞型の遺跡が見晴らしのよい山上や、隣接する谷と連絡をするような場所に築かれるようになる。集団間の闘争、戦争が示唆されるが、具体的な武具などの出土はあまりない。むしろ以前にも増して地域的なまとまりが強くなり、社会的な再編成が行われた時期なのであろう。それ以前には緊張関係はあまりなく、共同体外部とは交易、交流など緩やかなつながりであったため、祭祀センターは盆地内部の社会統合に専念すればよかったのである。

（2）生業体系の転換

　こうした社会統合のあり方の変化は、生業の変化と密接に結びついている。ワカロマやライソンのあるカハマルカ盆地では、後期ワカロマ期からライソン期にかけて、出土する動物骨に大きな変化が認められる。これまで圧倒的多数を占めていたシカの骨が激減し、代わってラクダ科動物の骨が急増する。これはシカを対象とした狩猟から、ラクダ科動物の飼育へと生業の一部が変わったからである。動物骨ばかりではない。遺跡の分布も以前に増して標高の高い場所へと広がる。一般にラクダ科動物の飼育には、高所の草原地帯が飼育に適しているとされていることと関係がありそうである。

　またトウモロコシに代表される農業の確立もこの変化の要因の一つであろう。ワカロマではライソン期になるとトウモロコシの遺残がはじめて出土する。カハマルカ盆地はおよそ標高2800m前後であるから、トウモロコシの栽培には適した土地である。またトウモロ

コシの利用の増加は土器の形態的変化にも関係しているように見える。それまで圧倒的な頻度を誇っていた無頸壺がライソン期で全く姿を消し、代わって短頸壺や広口壺が増加する。ではこの土器の変化がどうしてトウモロコシの利用と結びつくのであろうか。

　これには、やや時代は下るが、中部高地のマンターロ盆地で、トウモロコシの利用変化を追究したクリスティン・ハストーフ（Christine Hastorf）の研究が参考になる。マンターロ盆地の先史時代はワクラプッキオ（後450〜後900年）、ワンカⅠ（後900〜後1300年）、ワンカⅡ（後1300〜後1430年）、ワンカⅢ（後1430〜後1532年）の４相に分けられ、とくにワンカⅢ以降でトウモロコシの利用が高まることが指摘されている。この前兆はワンカⅡ期でも認められる。チチャに用いられる大粒のトウモロコシが目につくようになり、大型の広口壺や短頸壺も増加する。とくに器は現在の民族誌データからすれば地酒チチャ（chicha）を製造する過程で、茹でたり、発酵、貯蔵用の器として用いられているものに近い。また大型の平らな石板バタン（batán）と、磨砕具であるマノ（mano）の増加は、チチャ製造過程でトウモロコシをつぶす機会が増えたと解釈されている（Hastorf 1993）。

　時代はさかのぼるとはいえ、形成期のカハマルカ盆地でも同様の変化が起きた可能性はある。広口の壺と細口の短頸壺がライソン期で増加し、トウモロコシの遺残がライソン期ではじめて確認されているからである。マンターロの事例を援用するならば、やや大胆かもしれないがチチャ製造の普及に伴う変化となる。

　もちろん容器の変化傾向は、あくまでトウモロコシ利用についての状況証拠でしかない。ところが最近、骨の組織に蓄積されたタン

パク質（コラーゲン）の炭素と窒素の安定同位体の量を測定することで、生前の食生活を復元しようという手法が開発されてきた（赤澤・南川 1980）。炭素でいうならば、安定同位体 C^{13} は物質によってその含有率が異なることが知られ、トウモロコシなどの特殊な光合成を行う C^4 植物は、他の大部分の C^3 植物よりも C^{13} を多く含む。このように食品はそれぞれ特定の同位対比をもち、摂取率の違いが人間の体の一部である骨に記録されているのである。出土人骨のコラーゲンを調べれば、植物の摂取割合が出てくる。いいかえればトウモロコシへの依存度も読みとれる可能性があることになる。

　この方法を用いた研究が、ペルーの先史時代に応用されている例はすでにある。ジョナサン・エリクソン（Jonathon Ericson）らは、北海岸のビルー谷の墓地遺跡の表面に散らばる人骨を採取し、分析にかけている。それによれば、トウモロコシなどの C^4 植物は、形成期末から地方発展期にあたるプエルト・モーリン期（前200〜後150年）よりその利用が認められ、その後、利用頻度は徐々に高まる。初期には全食糧の10〜20％にすぎなかったのが、後900〜1100年の頃には、40〜70％にまで数値が上がるという（Ericson et al. 1989）。

　バーガーらも同じような分析を北高地のチャビン・デ・ワンタル村の遺跡とワリコト遺跡から出土した人骨を使って行っている。それによれば、析出された C^{13} の量は少なく、トウモロコシに代表される C^4 植物の食糧に占める割合は20％前後である。バーガーらは、この作物がチチャという形を通じた象徴的な役割しか果たさなかったと考えている（Burger and Van der Merwe 1990）。

　カハマルカ盆地の事例に戻ることにしよう。ワカロマ遺跡やクントゥル・ワシ遺跡から出土した人骨をサンプルに選んだ安定同位体

分析が米田穣によって行われている（関・米田 2004）。それによれば、形成期後期から末期にかけて C^4 植物への依存度がやや高まるということが確認されている。これを土器の形態の変化と結びつけて考えると、カハマルカ盆地において、形成期末にチチャの消費量が高まるという仮説を若干補強できそうだ（Seki 1993）。

これまでトウモロコシを単なる食糧としてではなく、酒として見るのになぜ固執してきたかを話していない。後で詳しく述べるが、インカの地方政策において、労役に奉仕した人々にチチャを振る舞い、互酬的な関係を築きあげながら支配を広げていったことが考えられている。宴を設け、緊張関係を和らげ、政治的な結束を固めていったのである。規模は小さくとも、形成期末は、まさに隣接の共同体との間ではじめて緊張関係が表出した時期であり、そのためにも解決法の１つとしての儀礼的、政治的な饗宴が必要だったのではないか。インカに先立つこと2000年も前にチチャが政治的な役割を担って登場していたと考えるのは大胆なようにも思えるが、最近の考古学的資料は、カハマルカのみならず、形成期から地方発展期初期にかけてチチャがすでに製造されていたことを示唆している。

以上、カハマルカ盆地を一例に検討を重ねたが、少なくとも北高地においては、ラクダ科動物の飼育やトウモロコシ農耕は形成期末期にならないと確立せず、こうした新たな生業体系の導入が従来の祭祀センター主導の社会統合と齟齬をきたし始めていったことが予想される。おそらくこうした農耕＝牧畜システムは、人々を以前にも増して土地に執着させ、より地域性を強める動きを促し、その結果、祭祀とは別の統合原理の発生へとつながっていったものと思われる。

（3）海岸地帯の変貌

　ペルー中央海岸北部カスマ谷に位置するチャンキーヨ遺跡は、前320～前200年にあたる、形成期後期から末期にかけての遺跡である。谷底を見下ろす尾根の上にあり、三重の周壁のうち、外側の2つの壁の高さは、いずれも8m、厚さは6.5mもある。周壁の入口を入ってすぐの正面には障壁が設けられ、出入りが統御されている。最も内側を走る周壁内部には、2つの円形構造物と7部屋からなる方形の構造物が認められる。部屋状構造物には中庭（パティオ）が設けられ、浅浮き彫りで、擬人化された鳥ともクモとも判別できそうな存在の正面向きの顔が描かれていた。中庭に面した小基壇上には角柱の列が見られ、その表面も多彩色のレリーフや彩色画で飾られていたようだ。またチャンキーヨ遺跡に近い尾根には、太陽の運行を観測するために13の搭状構造物が築かれており、先述した部屋状構造物は、この天体観測に基づき季節的な祭祀が執り行われた場所であったと考えられている（Ghezzi and Ruggles 2007）。

　こうした祭祀性がうかがわれる一方で、戦士を象った土偶が発見されている（Ghezzi 2006）。また隣接する空間や斜面で大量の河原石が見つかっており、採取地は2kmも離

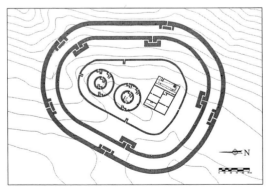

図44　チャンキーヨ遺跡の平面図（Ghezzi 2006より）

れた河川流域であること、石の大きさがそろっていること、石を山積みした場所があること、さらには、石製棍棒頭が発見されていることなどから、投石や対面での戦いが行われた可能性が指摘されている。形成期を特徴付ける祭祀空間が、闘争の対象となり、防御施設が必要となった事例である。もはや祭祀だけでの社会統合は難しくなったのであろう。

北海岸で、形成期末期にあたる文化はサリナール（Salinar 前200〜前50年）と呼ばれる。北はラ・レチェ（La Leche）川から南はネペーニャ（Nepeña）川にいたる広い範囲に土器が分布している。なかでもビルー（Virú）谷の場合、小村や山上の要塞が多く、谷の中流域から上流域にかけての立地が目につく。広大な海岸平野への入口に居を構えることで、灌漑の水を制御したとも考えられる。

しかし下流域にも遺跡はある。モチェ谷に位置するセロ・アレーナ（Cerro Arena）遺跡は、サリナール期の最もよく調査された遺跡である。小高い岩山を中心に、2 km²にわたって広がる遺跡であり、単独の粗雑な作りの部屋から洗練された20部屋の構造物まで、大小200あまりの建造物が確認されている（Brennan 1980）。なかでも作りが丁寧な部屋があった。平石を縦長に据え、その両側に小さな切石を並べていく建築技法がとられた。これはまさにカハマルカ盆地のライソン期建築の特徴である。またこの部屋からは、ライソン様式の彩色土器が出土している。他の日常土器においては、ライソンとサリナール間で類似性は乏しいことから、交易品か奢侈品として持ち込まれたのであろう。調査者は、この部屋空間をエリート階層に所属すると考えている。山岳地帯で権力を掌握し始めたライソン政体の権威を利用したのかもしれない。いずれにせよ山と海

岸の文化の交流を物語る証拠である。

　島田泉は、一般にサリナール文化の遺跡が河川中、上流域に集中している点や、セロ・アレーナ遺跡のデータをもとに、この文化の起源を山岳地帯に求めている（Shimada 1994）。たしかに、一部のエリートによる奢侈品の独占といった、政治的な権力の存在を暗示させるような証拠があるにもかかわらず、海岸地帯には記念碑的な建造物は見あたらない。反対に山岳地帯では、ライソン文化に属する巨大な建造物が数多く建設されている。山岳地帯により成熟した社会があり、サリナール文化の起源となったと考えたとしても、さほど不自然ではない。しかし現実には、サリナール文化の土器とライソン文化の土器とでは、器形や装飾の違いは無視できないほど大きい。両文化は互いに密接に結びついていたにせよ、個別に発展過程を追うべきであろう。

　ヘケテペッケ河口付近に位置するプエマペ遺跡では、サリナール文化に属する埋葬が多数発見されている（Elera 1993）。こうした埋葬は、クピスニケ様式の土器を共伴する埋葬や基壇建築よりも層位的に上に位置し、埋葬に伴う海産物の種類と量においても、両者にはっきりとした違いが出ている。クピスニケでは寒流の貝が、サリナールでは暖流産の貝が多いというのである。現在の遺跡の立地と海流の状態からすれば、サリナール文化の時期に、大きな環境変化が起きたと解釈できる。これはおそらくエル・ニーニョ現象による赤道海流の急激な南下であろう。

　だとするならば、形成期末に生じた大規模な社会変化は、この気候変動とも結びついていた可能性がある。中央アンデス全体に広がる地域間の緊張は、エル・ニーニョ現象などによる気候変動によっ

て枯渇する海産資源、ならびに農作物への各共同体の反応であった
のかもしれない。おそらくこうした状況に対応できなかった祭祀セ
ンターは信頼を失い、新たな統合原理が必要になったのであろう。
奢侈品の交易に関心を持つ、より世俗的な権力者としてのエリート
階層もこうした中で生まれたのではなかろうか。

第5章　多様な地方文化の時代

第1節　モチェ王国の勃興

　形成期が終わると、中央アンデス地帯の各地方では、地域ごとにまとまりをもった文化が興る。その統合単位も複数の河川や盆地を横断する規模にまで拡大した。中央海岸でいえばリマ（Lima）文化、また北高地でもカハマルカ（Cajamarca）やレクワイ（Recuay）といった文化がこれにあたるが、データの充実さからいえば、なんといっても北海岸のモチェ（Moche）と南海岸のナスカ（Nazca）文化に焦点をあてざるをえない。なお南高地のティワナク（Tiwana-ku）文化もあるが、次のワリ（Wari）期との関連が強いのでその解説は次章に回すことにする。まずモチェを例にとって、形成期から次の地方発展期（前期中間期）への移行期から眺めてみよう。

（1）モチェの前身

　モチェ、あるいはモチーカ（Mochica）と呼ばれる文化の起源はまだはっきりと解明されていない。形成期末のサリナールに続いて登場するのはガジナソ（Gallinazo）文化（前50〜後300年）である。ビルー谷で最初に発見された文化であり、続くモチェ文化が広がる

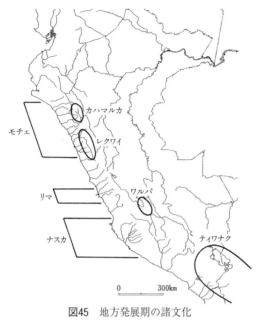

図45　地方発展期の諸文化

まで続いたと考えられてきた。ガジナソ土器の分布範囲は、先のサリナールと重なるが、それ以上に北の方へと展開を見せた可能性がある。

ビルー谷のワカ・ガジナソ（Huaca Gallinazo）遺跡を発掘したダンカン・ストロング（Duncan Strong）とクリフォード・エバンズ（Clifford Evans）は、ガジナソ文化に特有の双注口土器や壺の頸部に人面を配した象形壺、そしてネガティブ塗彩技法を用いた土器が、サリナール文化の層の上から出土することをはっきりと確認している（Strong and Evans 1952）。ネガティブ技法というのは、染色でいうろうけつ染めに似ている。文様を描きたい部分に蠟などを張り付け、そのまま顔料を溶いたスリップ液に浸け、乾かした後に窯に入れる。すると蠟部分が溶け、スリップの付着していない地の部分が文様として浮き出てくるのである。ガジナソ文化ではこの技法を用い、オレンジと黒の対照性を利用して幾何学文様が数多く描かれた。

ストングらの
主張に対して島田
は別の可能性を示
している。ガジナ
ソ文化とモチェ文
化の並存である。
島田は、自身の研

図46 ワカ・デル・ソル遺跡（Luis Jaime Castillo 氏提供）

究対象地域であるラ・レチェ谷での調査によって、ガジナソが想像
以上に長く続いたことをつかみ、最終的には、モチェどころかその
後のシカン（ランバイェケ）文化の頃まで存在したと述べている
（Shimada 1994）。異なる民族集団としてモチェやシカンの集団の
中に統合されながらも、そのアイデンティティを維持したと考えた
わけだ。近年では、北海岸の別の谷間でもガジナソとモチェが共存
していたというデータが増えている。いずれにしても、このモデル
はモチェの支配体制と関係しているので、後で再び取り上げること
にしよう。

さて存続時期はともかくも、ガジナソ文化では巨大な灌漑水路が
整備され、村には日干しレンガでできたテラス状の公共建造物が建
てられた。太目の植物の茎などの耐久性の乏しい建材が用いられた
一般住居との違いは歴然としている。こうした大型建造物の出現背
景には、社会の階層化、協同労働の存在などを想定する研究者もい
る（Moseley 1992）。土器製作で型を使い始めたことも重要な点で
ある。じつは以下の説明で明らかになるのだが、モチェ文化の要素
のほとんどがこのガジナソ文化で出現しているのである。

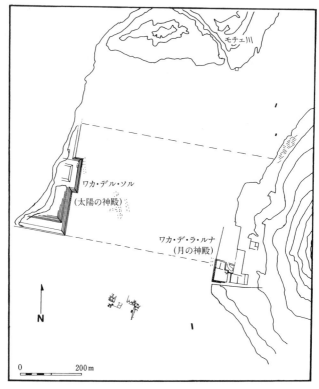

図47 ワカ・デル・ソルとワカ・デ・ラ・ルナ平面図
（T. Topic 1982より）

（2）太陽と月の神殿──モチェの都

　モチェという名称は、最初にこの文化が確認された谷間の名から
来ている。しかし、その由来があながち的外れとは言えないのは、
実際にモチェ文化の中心とされる構造物、空間がこのモチェ谷に存
在していることからもわかる。河口からやや内陸に入ったところに
セロ・ブランコ（Cerro Blanco）と呼ばれる低い山がある。その麓

にモチェ時代の巨大な建物である太陽の神殿（ワカ・デル・ソル）と月の神殿（ワカ・デ・ラ・ルナ）がそびえ立つ。遺跡の分布域は1km²におよび、この中に500m離れて2つのピラミッド型構造物が対峙する。このうち太陽の神殿ワカ・デル・ソルは、長さ

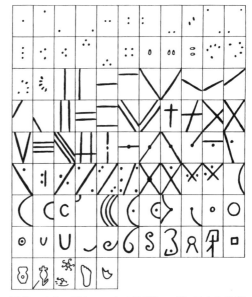

図48　ワカ・デル・ソルの日干レンガに見られる印
（Hastings and Moseley 1975より）

342m、幅159m、かつては高さが40mあったと推定されている。アメリカ大陸最大の建物である。頂上部に上るために幅6mのスロープが90mも延びていた。今日、建物の半分以上が失われているのは、1610年、盗掘を目的とするスペイン人の組織がモチェ川の流れを意図的に変え、削り取ったからであるといわれている。

　全部でおよそ1億4300万個の日干しレンガが用いられたと推測されているが、よく見ると、一部の日干しレンガには印が認められる。手や足の押し型から円や直線などさまざまな図案が見られ、その種類は100以上に及ぶという。おそらく村などの製造地域を区別する目的で描かれたもので、支配地域に対する労働税の強要を示唆する

ものかもしれない（Hastings and Moseley 1975）。また切り取られた断面の観察からすると、ワカ・デル・ソルの建物は8つの建築時期に分けられ、その建設開始は、後100年頃と考えられる。最終的に頂上部に墓が設けられた後に放棄される。

　一方、月の神殿ワカ・デ・ラ・ルナはこれとは異なる機能を持っていた。95mの長さ、幅は85m、高さは20mほどの大きさである。建築時期は、ソルよりも早かったようで、内部にガジナソ文化の証拠も見つかっている。大きな違いは、ルナが、広場を介してつながる3つの基壇よりなり、かつては高い外壁で囲まれていた点であろう。また頂上部の壁には多彩の壁画やレリーフが描かれた。盾や棍棒の擬人化した図像に加えて、最近ではジャガーや戦士のモチーフも発見されている。こうした要素が太陽の神殿では見あたらないことから、月の神殿は神々のパンテオンが表出される宗教的、儀礼的空間として機能し、太陽の神殿は世俗的側面を担っていたことが推測されている（Moseley 1992）。

　また長らくワカ・デ・ラ・ルナ、ソルの両遺跡の調査を率いてきたサンティアゴ・ウセダ（Santiago Uceda）は、ワカ・デ・ラ・ルナとワカ・デル・ソルの関係は、時代によって異なっていたと考えた（Uceda 2010）。後100～後600年では、ワカ・デル・ソルは現在よりもずっと規模が小さく、中心はワカ・デ・ラ・ルナにあり、先述した多彩色レリーフで飾られた南側の旧神殿にエリートが居を構え、儀礼を司っていた。

　ところが、後段でも取り上げるが、後600年頃に発生した度重なるエル・ニーニョ現象を境に、新たなエリートが登場し、旧神殿は放棄され、代わって北側の新神殿に儀礼空間が移る。その頃に、よ

うやくワカ・デル・ソルは現在のような規模を誇るようになったという。建築の重層構造を長期にわたって解明してきたウセダのデータは、最も信頼度が高い。それだけに、2018年に若くして急逝したことは惜しまれる。

（3）モチェの編年

　さて、南北600kmにわたる広がりを見せるモチェ王国の支配体制はどのようなものであったのだろうか。戦闘場面に反映されるように、モチェ谷から始まり、隣接する谷間を次々と軍事的に征服し、版図を拡大していったのであろうか。この点を考えるにあたって、重要な点は、モチェ文化の編年である。エリート達が保有した土器が版図の拡大に応じて広がると仮定するならば、土器の編年を確立し、各地域から出土する土器を体系的にまとめることで、版図拡大の過程は復元可能となるはずだ。

　モチェ文化の編年は、現在でも50年近く前にラルコ・オイレが提示した鐙形土器の形態分類に頼ることが多い。ラルコは、注口の形や、頸部の形態や湾曲などによって、5つに分け、これが時代差を表すと考えた（Larco 1948）。時間の経過とともに器が高くなること、鐙部分の張り出しが増すこと、図49に示したように、折り返し

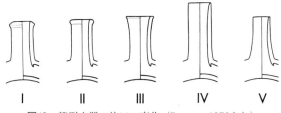

図49　鐙形土器の注口の変化（Donnan 1976より）

のある注口が、やや開口気味のものを経て、すぼまっていくことなどが傾向として認められる。さらにモチェ I、II 期の土器のモチーフには、形成期のクピスニケ様式の影響が見られる点も特徴である。なかでもモチェ III 期の土器は、最も広い範囲で発見される。おそらくモチェ最盛期、拡大期にあたるものと思われる。人面土器もこの頃多く作られた。また V 期の土器では、複雑なモチーフが空間恐怖症とでもいえるほど隙間なく描写されている。絶対年代についても定説はないが、ここではとりあえずモチェ I 期を紀元前後から後200年、II 期を後200～後300年、III 期を後300～後450年、IV 期を後450～後550年、最後の V 期を後550～後700年としておく（Shimada 1994）。近年では、こうした土器に基づく編年は、モチェ文化が広がったすべての谷にあてはまるものではないとして、前期、中期、後期の3時期でまとめようという傾向が強いが、その場合であっても、ラルコの編年はある程度考慮されている（Bawden 1996; Castillo and Quilter 2010）。

ラルコが取り上げたのは、モチェ谷とチカマ谷から出土した土器であり、モチェ谷には、例の太陽と月の神殿がモチェ文化初期から存在したわけだから、単純に、モチェ谷を中心とする政体が南北に拡大していく過程が長い間論じられてきた。しかしながら、こうしたシナリオに矛盾するデータもある。以前からよく指摘されてきたのがビクス（Vicús）との関係である。ビクス地方はエクアドルの国境に近い、現在のピウラ県の内陸部に位置する。日干しレンガのピラミッド状構造物が立ち並ぶが、それ以上に有名なのが墓である。さまざまな技術を駆使した金属製品のほか、精巧な作りの土器が出土しており、なかにはモチェ I 期に分類されるものもあった。

モチェからあまりに離れているため、その編年上の位置づけは難しい（Kaulicke 1992）。また最近では、モチェ谷よりも北に位置するヘケテペケ谷河口のラ・ミーナ（La Mina）遺跡からも同様にモチェⅠ期の土器を副葬品として供えたエリート階級の墓が発見されている（Narváez 1994）。この土器はビクスの土器と区別しがたいほど似ている。さらに決定的な発見は、ランバイェケ地方のシパン（Si-pán）遺跡の墓であった（Alva 1988）。

（4）シパン王の墓と金属技術の開花

　シパン遺跡を有名にしたのは、20世紀最大といわれる量と質を誇る副葬品を伴った墓の発見であろう。日干しレンガを積み上げて築きあげた2つの巨大なピラミッド型神殿であるワカ・ラハーダ（Hu-aca Rajada）に隣接する小基壇で墓は見つかった。1987年、警察の通報を受けて駆けつけた地元のブルーニング博物館長（当時）ワルテル・アルバ（Walter Alva）は、盗掘者から押収された金属製品の精巧さに驚き、緊急発掘を決意する。盗掘者との銃撃戦を何度か経験しながらも調査を続け、ついに1988年「シパン王」の墓を発見したのである。この墓は、基壇の最後の改築の際に設けられたと考えられ、丁寧なつくりの墓室を持っていた。墓室は、海岸地帯に繁茂するアルガロボという木をわたして封印してあった。墓室の一辺は約4mもあり、この中から9つの埋葬が発見された。ことに中央に安置された木棺に収められた遺体は、頭飾り、頭帯、衣装、杖、鼻飾り、象眼された耳飾り、首飾りなどいずれも金や銀で作られた装飾品で幾重にも飾り立てられ、数万点もの貝製ビーズを用いた胸飾りや羽毛の扇も添えられていた。その量もさることながら、さま

ざまな技法を駆使した芸術性の高い作品ばかりであった。

　やや話はずれるが、シパンの墓の発見は、モチェの地方支配の実態解明への突破口を切り開いただけでなく、その夥しい量の金属製品の出土により、これまで曖昧であった製作技術の発展過程が明らかになりつつある。これによれば、砒素青銅を除いてほとんどの合金や金属製作にまつわる技術がモチェの時代には出そろっていたことがわかってきたし、このなかには、鋳造、鑞鋳造、焼き鈍しの他、溶接、かすがいなどの接合技術も含まれていた。また形成期のように宗教的な、あるいは一部のエリートだけが使う祭具ばかりでなく、武具や農具などの生活用具も製作された。

　さらにモチェの冶金職人が生み出した最もすぐれた技術はメッキ処理であった。この技術がシパンの金属製品に適用されているかどうかはわからないが、一般論として紹介しよう。メッキとは、銀や銅を混ぜた合金であるトゥンバガ（tumbaga）を薄く板にしてたたき続け、熱しては表面にできる酸化した皮膜を腐った尿や植物の樹液でぬぐい取ることで、表層だけ金の純度を高めるという方法である。もう一つ電気化学処理も行われたといわれている。これは金や銀を強い酸性の液体や塩や硝酸カリ、苛性カリといった腐食性の液体の中に入れて溶かす。ここに銅製品を入れると、陰極として働き、表面に金や銀が付着してメッキ加工ができるのである。ビクス地方のロマ・ネグラ（Loma Negra）出土の金属製品に多く見受けられる。さらにもう一つのメッキ方法は、本体の上に金の薄板を乗せて、その上から熱を加えながら、たたくことで、合体、溶接させる方法である（Lechtman 1984）。このように高度な技術を身につけた鍛冶屋集団は、すでにモチェで成立していたとみてよい。

　さて話をシパンの墓に戻そう。「シパン王」の発見後も、基壇か
らは次々と墓が発見され、ことに最も古い建築相で発見された「古
シパン王」の墓には、「シパン王」以上に夥しい量の金属製品が納
められていた（Alva 1990）。こうしたシパンの墓の層位的位置づけ
は、基壇が何度かの建築の更新を受けていることもあり、解明は容
易ではないが、後100年から後300年頃までこの地方を支配していた
支配者階級の人物の墓ではないかと考えられている。時期としては
モチェⅠ〜Ⅲ期、すなわち前期から中期前葉にあたる。モチェ谷よ
りはるかに北のランバイェケ地方で、モチェ文化が想像以上に古い
歴史を持つことがわかってきたのである。なお、2002年にこれらの
出土品を展示する国立シパン王墓博物館が開館した。

（5）モチェの支配体制再考

　シパンの発見は、モチェ谷で太陽と月の神殿が機能し始めた頃、
すでに北の谷間で別の権力が発生していたことを意味する。ラルコ
による編年体系の見直しを促すようなデータのように見えるが、む
しろ事態は逆で、いままでの編年を積極的に支持する形で別の論理
が求められたのである。モチェ谷やチカマ（Chicama）谷を挟んで、
同じような伝統を持つ南北２つの政体が並立していたという島田泉
の仮説がその１つである（Shimada 1994）。

　簡単にまとめてみよう。まずモチェⅠ、Ⅱ期（前期）においては、
モチェ谷ではたしかに太陽の神殿や月の神殿の建設が開始され、そ
の意味では強力な祭祀・行政センターが出来上がりつつあったが、
これと並行する形で、ランバイェケ地方でも別の政体が勃興してい
た。ただし、両者は共通の観念や工芸技術を持ち、お互い密接に関

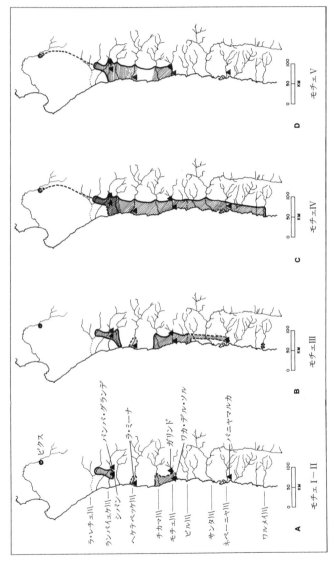

図50 モチェの支配領域の時代変遷 (Shimada 1994を一部改変)

係しながら発展を遂げたという。各谷間の支配者、王同士の親族、姻戚関係も存在したかもしれない。最北部のビクスは、飛び地と考えるよりも、ビクス独自の地方政体がモチェの工芸品などを入手することで政治体制を固めようとした表れであると解釈できる。ビクスは、暖流産の貝を供給する北のエクアドルと、高い金属加工技術や鉱山を抱える南のモチェとの中間に位置する媒介者として存在意義があったというのである。ビクスはこの後も媒介者としての立場を十二分に発揮していく。

　やがて、モチェⅢ期（中期前葉）になり、太陽と月の神殿は巨大化し、従来も確認されていた領域の拡張が始まる。モチェ・チカマの政体は、南の谷間を次々と勢力下に置き、一方のランバイェケ谷を中心に構える北の政体は、これまで勢力の及んでいなかった下流域にまで進出する。こうした北海岸の南と北とで別々の、しかし文化的には共通要素の多い政体が並存したという仮説は、遺跡の分布、拡大の過程、遺物の出土状況を考えたときに受け入れやすい。たとえば、モチェⅢ様式の土器が南北両地域で出土はするが、人面土器については南の政体の支配下に集中している点がその１つである。また南の拡大地域では各谷間の中流域に遺跡が限定され、この分布傾向は北の政体による支配地域では認められない。比較的速い

図51　人面土器　東京大学アンデス調査団提供

速度での南下を可能にするために、広大な砂漠を控える下流域よりも、南北の移動が容易な中流域が選ばれたというのである。

さらに、こうした拡大過程の相違は、既存の文化との関係でも垣間見ることができる。たとえば南の政体下のビルー谷ではガジナソ文化が否定され、モチェ文化を強要するパターンが一般的であったことがストロングらによって考古学的に確認されている。ところが、すでに述べてきたように、北の政体の支配下にあったランバイェケ地方では、むしろ共存していた可能性がある。この共存状態が島田が主張するように、モチェの末期、さらにシカンまでという長きにわたるものであったかは別にしても、南と北とで先住集団との関係に大きな違いがあったことは十分にうかがえる。

やがてモチェⅣ期（中期後葉）を迎えると、南の政体は支配の強化を進め、農業の生産性を高めるため、また海産資源の獲得をも目指して谷の下流域に進出する。と同時にどうやら北の政体を支配下に治めたようだ。これは、この時期に土器製作において南北の違いが見あたらない点、これまで北の政体で中心的な役割を担ってきたセンターが放棄され、新たな建物が造られている点、北の政体を特徴づけるシンボルが工芸品や建築に欠けている点などから判断される。

こうした島田のシナリオに対して、ガース・ボードンは、南と北の状況を区別し、南の政体がⅢ期、Ⅳ期（ボードンでは中期）で拡張した点では意見を同じくするが、北では、島田が考えるようなⅣ期での統合はなく、常に谷間ごとの独立した政体が存在し続けたと主張している（Bawden 1996）。南との類似性は、支配原理に組みこまれた人身供犠的祭祀であり、これを土着のエリートが北に特徴

的な金属器という媒体で表象したと考えた。

　ボードンの見方は、近年強く支持されるようになっている。ルイス・ハイメ・カスティーヨ（Luis Jaime Castillo）は、ヘケテペケ川下流域におけるガジナソ期からモチェ期にわたる利用の変遷を復元している（Castillo 2010）。それによれば、ガジナソ期では、ヘケテペケ川河口を中心にした耕地利用であったのが、モチェ期に入ると灌漑水路が整備され、まず南岸部分が開発され、IV期（中期後葉）には北岸にまで高地が広がる。各水路沿いには、エリートの拠点が築かれ、エリート同士が対立していたことが、防御施設の存在からうかがわれるという。しかし、こうした緊張関係にありながらも、埋葬儀礼などを介して、エリート集団間で世界観は共有されていた。サン・ホセ・デ・モロ（San José de Moro）遺跡で発見される女性の宗教的職能者の埋葬は、各地の集団がイデオロギー面で統合されていた証であるという。北のモチェは、谷間ごとに独立していただけでなく、谷間内部もモザイク状であったのであろう。

　さらに、近年では、モチェによる征服が定説となっていた南の政体においても、ビルーなどの一部の谷間で、モチェの征服後にもガジナソ文化が存在したことが指摘されている。まるで後のインカのように、モチェの支配は間接的であり、集団の統合は、ガジナソのエリートに託されていたという（Millaire 2010）。こうしてみると、モチェは統合された国家ではなく、「北海岸の政治経済や社会関係を再編した宗教システム」と考えるべきという主張すら説得力が出てくる（Quilter and Koons 2012）。いずれにせよ、これまでのモチェ像を根底から揺さぶるものであることは確かである。

　付け加えておくと、モチェは後のワリやインカのように異なる生

態環境ゾーンへの進出はしなかった。当時山岳地帯にはカハマルカとレクワイという2つの政体が存在していた。詳しく調査されてはいないが、いずれの場合も、中間地帯である谷間の利用をめぐってモチェとのせめぎあいはとくになかったようだ。たとえばモチェのⅢ期以降、支配下に置かれた中央海岸北部のネペーニャ（Nepeña）谷では、上流域のレクワイの遺跡に囲まれるようにしてモチェの遺跡が存在するし、モチェが支配権を握っていた中流域にはレクワイの墓地が作られている。両者の間には闘争よりも平和的棲み分けの論理が働いていたのかもしれない。文化的交流自体も思ったほど認められない。レクワイに特徴的な図像がモチェで採用されたり、カハマルカの土器が海岸で若干出土している程度であり、山ではモチェの土器はほとんど報告されていないのである。

（6）モチェの芸術と図像

　モチェの人々の関心事は、ときには写実的な、ときには象徴的な図像で表現された。モチェの工芸品は盗掘品とはいえ大量に存在し、分析対象には事欠かない。このため、モチェの図像研究は、アンデス考古学の中でも独立した一分野となっているほどである。朝顔形大鉢や象形壺、そしてなにより型入れ技法によって大量に生産された鐙形土器が図像の舞台を提供している。クリーム地に赤色顔料で丹念に図像が描かれる場合もあれば、手づくねで3次元的に表現する方法も用いられた。しかし大量に見つかる平面的描写は、モチーフに多様性があるように見えるが、じつは意外にその種類は少ない。規格化されているといってもよい。

　モチェの図像研究の第一人者であるクリストファー・ドナン

図52　献呈のテーマ（Donnan 1976より）

（Christopher Donnan）は、これらの図像を象徴的なコミュニケーションの手段であると考えた。キリストやアーサー王の伝承のように、モチェのテーマは、口頭で、あるいは土器などの媒体によって繰り返し伝えられたというのである。一定の法則にもとづく言語、文章の集合によって物語が語られるように、図像に登場する要素は、他の要素との組み合わせによって1つのテーマを視覚的に表現するというのである。モチェでは、動物、人間、その混合した姿、神的存在がこれらの要素にあたり、表現に多少の違いがあるものの何度となく同じテーマが描かれる（Donnan 1976）。

　「献呈のテーマ」はドナンが指摘する代表的な例である。ごてごてとした飾りを身につけた戦士＝神官に対して杯が献呈されている。そばに描かれた捕虜の首を切り裂く別の人物（動物）が手にする容器の存在から、献呈された杯の中身は捕虜の血であることが推測できる。たしかにこのテーマは、土器にも壁画にもよく見られる。モチェ社会においては、こうした儀礼や神話が共通認識として通用していたのかもしれない。

　このほかでも戦士＝神官の姿は図像として目立つ。戦闘の場面、裸にされた捕虜、鳥についばまれる捕虜など、モチェの図像解釈で

有名なゲルト・クッチャー（Gerdt Kutscher）をして、「モチェの
集団内での闘争こそ、谷間をまたぐ強力な権力の不在を証明するも
の」と言わしめたほどである（Kutscher 1955）。この言葉にみられ
るように、モチェの図像における戦闘場面は、これまで現実の戦闘
場面を表現したものとしてとらえられ、軍事的方法による支配領域
の拡大の根拠にもされてきた。しかし島田が指摘するように、戦闘
場面を細線で描いた土器は、モチェIV期からV期にかけて多く、支
配領域を拡大したIII期からIV期との間に時間的ギャップが存在する
（Shimada 1994）。

　こうした戦闘の有無について、近年、興味深い報告がなされてい
る（Verano 2001）。月の神殿の儀礼空間からおよそ70体の人骨が
出土しているのである。すべて青年から成人の男性であった。なか
には、骨折した後に治癒した痕跡をもつものなどが見つかってお
り、過去において戦争に従事した者であることがうかがわれる。

　またこれらの骨は切断されており、埋葬されたのではなく、人身
供犠に捧げられたと考えられる。切断のほかにも、頭骨には陥没痕、
頸骨前面には切断痕というよりも、放血のためにつけられた傷跡が
確認されているからである。図52に見られる放血儀礼とも一致する
痕跡である。このほか、月の神殿の別の場所からではあるが、木製
の杯や櫂の形をした木器が、月の神殿の別の場所から出土してお
り、いずれからも人間の血液の反応が検出されている。杯には図像
に示されたように血が注がれ、櫂は頭部を殴打するために用いられ
たと推測されている。こうしたことから、実際に戦闘、そして捕虜
の供犠が行われたことはまちがいなかろう。

　しかし、このことは征服戦争があったこととは同義ではない。先

述の人身供犠牲は
エル・ニーニョ現
象による豪雨の前
後に執り行われて
いることがわかっ
ている。すなわち
戦闘と捕虜の供犠
は、天候に左右さ
れやすい農業と関

図53　ワカ・デ・ラ・ルナ遺跡の壁面に描かれた戦士
　　　（左）と裸にされた捕虜（右）

連した儀礼行為なのである。その意味で、戦闘は、儀礼的な性格が
濃く、またエリート間に限定されたと考えるべきであろう。

　実際に、モチェの庶民レベルの墓からは、戦争で傷ついた被葬者
が発見されることはなく、土器に描かれた戦闘場面では、華麗な戦
闘装束をまとった人物が一対一で戦う姿がほとんどであり、集団戦
は見あたらない。またその装束も似たものが多く、同一集団内部で
の行為とも読める。

　エリート間の儀礼的戦闘という考え方は、人物象形土器の図像の
分析結果とも一致する（Donnan 2001）。モチェの中核地であるモ
チェ谷を中心にその南北に隣接するビルー谷、チカマ谷で製作され
た象形土器のなかには、華麗な装飾品で身を飾り立てた戦士やエ
リートの姿を表現した作品とともに、その同じ人物が裸にされ、装
飾品を取り除かれたばかりでなく、首に縄を巻かれた姿を象ったも
のがある。戦闘に従事し、負けたエリートが捕虜扱いとなり、供犠
に供せられたことを記憶する目的で製作されたといえよう。

　アン・マリー・ホッケンヘムも、モチェの土器に描かれた戦闘を

儀礼的なものと考える研究者の一人である（Hocquenghem 1987）。
彼女は征服後スペイン人達が残した記録や人類学者が記した民族誌
に注目し、この戦争が、少なくともインカ時代から知られ、今日で
もエクアドルやペルー高地で行われている祭祀に似ている点を指摘
する。相対する「半族」の青年エリート同士の間で毎年必ず行われ、
農作物の豊穣祈願、成年式、また集団間の緊張や差異を解消する目
的があるという。1つの社会が一対の集団よりなり、それぞれの集
団が婚姻の単位（外婚単位）として相手の集団との間で婚姻関係を
結ぶことがある。こうした集団、単位を半族という。もちろんイン
カあるいは今日山岳地帯で一般的に認められるこうした双分組織が
モチェ繁栄当時の海岸地帯にあったかなど検証すべき点は多々あ
り、また1000年以上も隔たった事例を直接適用することの是非は問
われてしかるべきだが、傾聴に値する論である。

　またホッケンヘムは、モチェの図像が、現世、神話的世界、死者
の世界という3つの異なる世界を描いていると考えた。たとえば戦
闘の場面でも、現実の人間同士の戦いと神の世界での戦いとが別々
の土器に描かれていることがある。先の解説を加えれば、2つの世
界での儀礼的な戦闘場面を描いているわけだが、同時にこの儀礼の
起源神話が表現されているというのである（Hocquenghem 1987）。

　ならば、神話的世界で登場する神々の体系はどのようなもので
あったのだろうか。かつてラルコ・オイレ（1946）は、半神半人の
神的存在をまとめて「アイ・アパエク」（Ai-apaec）と名づけ、そ
の後もさまざまな研究者が神々の分類を試みている。ユーリー・ベ
リョースキン（Yuri Berezkin）の研究によれば、ヘビの帯をつけ
たA、B、Cの3神に「光芒を発する神」と女神1柱を加えた計5

柱がモチェの主神
であるという。

　とくに「光芒を
発する神」は、そ
の名の通り、頭や
頭飾りから光芒を
発しているように
見え、モチェの
神々のパンテオン
の中でも最高位に

図54　「光芒を発する神」を表した土器
（Berezkin 1980より）

位置したと考えられている（Berezkin 1980）。しかしそれもⅣ期限
りのことであり、モチェ最後のⅤ期になると、とたんに出現頻度が
減り、しかもその描写が葦舟による航海のモチーフに限定される。
この航海は、豊漁を願う儀礼であるという解釈や、月の船に乗り死
後の世界へ旅立つ死者に係わる儀礼的描写という説がある。いずれ
にせよパンテオンの再編成が行われたのであろう。実際に海に関す
るテーマはⅤ期で急増するという。

　もちろんベリョースキンが用いた資料の大半は盗掘品であり、情
報には限りがあるが、こうした5柱の神の役割や重要性が時間的に
変化するという指摘は重要である。この他にも埋葬のテーマが急増
することもⅤ期の特色である。こうした図像上の変化について、島
田は現実の社会変化と相呼応しているとみている（Shimada 1994）。
後で述べるが、ちょうどⅣ期からⅤ期にかけては、モチェ社会内部
で大変動が生じ、南の政体は放棄され、北のランバイェケ谷に1つ
の中心地が形成される。さらに海に係わる気候変動も起きる。こう

した一致は決して偶然ではあるまい。

（7）政治組織と図像

　これまで問題にしてきたように、図像はあるときは現実の儀礼を表し、あるときは神話を思い起こさせ、あるときは神々の栄枯盛衰の足取りを読みとる材料を提供するものである。ではこの図像を用いてどこまでモチェの現実の社会を復元できるのであろうか。

　モチェのエリート、あるいは王達が、自らの出自などに関わる神話や物語を有することで、一般民衆との差異を明確化していったという解釈がある。そしてそこに描かれるごてごてとした頭飾り、衣装などによって飾り立てられた戦士＝神官は現実に存在したという。もしこれが正しければ、衣装や装飾品によって、登場人物の役割や地位の違いを表現することになる。実はシパン遺跡のデータは、この仮説の検証に一役買っている。

　図52は有名な「献呈のテーマ」を表現したものである。上段に注目すると、人物の大きさに違いがあることにすぐ気づく。一般に大きく描かれているものほど衣装は複雑であり、献呈を受ける側であることが多い。「シパン王」の埋葬からは、この図の杯を受ける人物とほとんど変わらぬ衣装と装飾品が出土している。残りの登場人物を見ると、もう少し小さく描かれる人物と、右端にさらに小さく描かれる捕われの人物とが確認できる。捕虜が奴隷のように社会階層の底辺を構成していたかどうかは定かではない。しかし少なくとも神官＝戦士に係わる2つの階層の存在は見て取れる。これに一般の農民、漁民、職人などを加えるならば、モチェ社会は少なくとも3つの階層より出来上がっていたことが推察されよう。

こうした階層構造を持っていたモチェ社会を王国と呼べるだろうか。これまで研究者の多くが肯定的な見解を出しているのに対して、島田は懐疑的な意見を表明している（Shimada 1994）。ただしモチェⅣ期までという限定つきではあるが。というのも、すでに述べてきたように、モチェの拡大は、かつて考えられてきたものとは異なり、南北別々の政体による拡張というシナリオが論理的だという。この南北では、土器の特徴（たとえば人面土器の頻度など）からみても多少の違いがある。神話的世界においても5柱の神の並立状況があることはすでに指摘した。確固とした王権の成立とその軍事的拡大を示すとされてきた戦闘場面の表現も、拡大の完成したⅣ、Ⅴ期に多く、またこの戦闘が儀礼に係わるという説も紹介した。しかも支配下とされる各谷間に存在したモチェのセンターは、決してモチェ谷の太陽と月の神殿のコピーではなく多様性が見られるという。さらになんといっても王国ならば経済システムの整備が不可欠であるのだが、余剰物資、再分配用物資の保管場所としての倉庫が見あたらない。以上の点から、モチェⅣ期までは少なくとも、権力の統一は見られず、王国というよりも首長国連合と考えるべきというのである。これがⅤ期に入ると、上記の条件を満たす証拠が当時の中心地であったパンパ・グランデ（Pampa Grande）からも発見され、王権の成立を考えてもよいという。図像の上でも神々のパンテオンの整理が行われたとも考えられる。もっとも近年は、モチェは最後まで地域の独立性が高く、国家として統合された時期はなかったという考えが強くなっている。

　何をもって国家、あるいは王国とするのかという定義は、最近のアンデスのデータを見ればわかるように非常に難しい。ある意味で

われわれは世界のどこにも存在していないような政体とその発展過程を追っているからである。今のところ、こうした言葉の定義や適応を具体的に行うほど資料は多くないことから、国家の定義を行うことは避け、漠然と使用していくことしかできまい。

（8）モチェ谷のセンターの変貌

さて V 期におけるモチェ社会は大きく変貌する。まずは伝統的見方を示しておく。これまで多くの研究者が語ってきたのは、モチェ谷の太陽と月の神殿が放棄されるという点である。V 期にあたる墓は発見されず、また建築材である日干しレンガの分類から判断しても、太陽と月の神殿の最後の改修と拡張は IV 期の末から V 期の初めにかけてであることを根拠にしている。この代わりに登場するのがガリンド（Galindo）遺跡である。ガリンド遺跡は同じモチェ谷の中流部に 6 km^2 にわたって広がる都市遺跡である（Bawden 1982, 1996）。しかしここには、太陽、月のピラミッドのような大型建造物は存在しない。モチェ V 期に突如として出現するのは、ガリンドばかりではなかった。かつて北の政体の中心地であったランバイェケ地方でもパンパ・グランデの建築群が完成する。4.5km^2 に及ぶ範囲には、太陽の神殿に匹敵するような高さ55mの巨大なピラミッドであるワカ・フォルタレッサ（Huaca Fortaleza）が築かれ、周囲には耕地や住居、そして行政機構の存在を示唆するような多様かつ複雑な構造物が配置された（Shimada 1994）。その規模と複雑さの点を考慮すると、モチェ社会の中心がモチェ谷からパンパ・グランデに移ったとする見方が最もわかりやすく、島田もこのシナリオに沿って、モチェの中心が太陽と月の神殿からパンパ・グランデに

移るまでの漸次段階としてガリンドが利用された可能性を示唆している。

　ところが、こうした見方に意義を唱える研究者が近年増えてきている。理由の一つは、ガリンド遺跡を調査したボードンが以前から主張しているように、北と南の政体は常に別々の歴史を築いてきたという見方が強くなってきたからである。この場合、Ｖ期（ボードンのいう後期）における社会や環境変動に対してそれぞれ別々の対応がとられたとしてもおかしくはなく、南の政体の場合、従来の人身供犠を柱とする伝統的支配原理を捨て去り、新たな要素を組み込んだセンターを築いたと考えることができる（Bawden 1996）。社会変動や環境変動については次の項で扱う。

　実際に、ガリンド遺跡では、それまでのモチェ関連遺跡ならば必ず中心に据えられていた大規模な基壇建造物が、規模を縮小した上で周辺部に追いやられ、新しい要素としてエリートの住居空間を囲み、庶民の空間と完全に分離させるための周壁が登場する。またエリート空間には、埋葬マウンドが築かれるなど、モチェというより、第7章で論じる後代のチムー王国の建築的特徴が認められ、新たな支配原理の模索がなされたことが読み取れよう。

　一方で、パンパ・グランデに代表される北の政体では、中心に巨大な基壇建造物が据えられるなど、従来のモチェと似たような支配原理が採用されたようだ（Shimada 1994）。大基壇に隣接した空間は壁で囲まれ、金属や土器を製作する工房を包摂したようだが、ガリンドのように庶民の住居空間を周辺部に隔離するような構造は見られない。

　Ｖ期における地域ごとの変化は、もう1つヘケテペッケ谷の下流

域で追うことができる。長年、サン・ホセ・デ・モロ（San José de Moro）遺跡で調査を行ってきたルイス・ハイメ・カスティーヨと先に紹介したドナンは、エリート層の墓を次々と発見し、ガリンドともパンパ・グランデとも異なる特徴を見いだしている（Castillo and Donnan 1994）。サン・ホセ・デ・モロは、日干しレンガの基壇など IV 期までのモチェの特徴を持つが、パンパ・グランデのような人口が集中する都市を形成しているわけではない。その一方で、発見された墓の構造や副葬品はシパン遺跡を想起させるほど豪華である。それ以上に注目すべきは、副葬品の中に、モチェの領域外からもたらされた土器が数多く出土している点であろう。中央海岸のパチャカマック、中央高地のワリ、北高地のカハマルカなど、外部からもたらされたものであり、ガリンドやパンパ・グランデからはほとんど出土しない土器である。このことから、カスティーヨらは、遠距離交易、そしてそれによって入手した土器に関わる葬送儀礼を通じた支配をエリートが試みたと考えている。

　こうしたモチェ社会の多様性が V 期以前から存在した社会を基盤とし、それぞれ独自に発展していったとするならば、パンパ・グランデとガリンドのどちらが中心であったのか、どちらからどちらに集団が移動したのか、といった問いすら意味を持たなくなる。

　さらにこの状況を複雑にしているのが、ガリンドの位置するモチェ谷の状況である。伝統的な解釈では、V 期の変化の指標としての「太陽と月の神殿の放棄」が重要な位置を占めてきたが、それ自体に疑義が提示されている。太陽と月の神殿の間に広がる空間が近年調査されるようになり、ことに月の神殿に近い場所で部屋状構造物が発見され、そこから出土した IV 期様式の土器と共伴する

炭化物の中には、後600〜700年を示すものが認められているからである（Chapdelaine 2001）。この数値は、本来ならばV期に相当する。と

図55　パンパ・グランデ遺跡のワカ・フォルタレッサ

ころが、V期様式の土器は、太陽と月の神殿とその周囲では見つかっていないので、結論からいえばIV期様式の土器を作る人が、これまでV期といわれてきた時期になっても住み続けたことになる。しかも月の神殿の近くのエリート層の人間たちである。

　この点は、同じモチェ川中流域のガリンド遺跡の位置づけを難しくすることはいうまでもない。なぜならば、ガリンドでは、その時期、V期様式の土器が製作されていたからである。幸いにも、近年、この点を解明しようと、グレゴリー・ロッカードが改めてガリンド遺跡を発掘している（Lockard 2009）。彼によれば、放射性炭素年代測定値の比較から、モチェ谷では少なくとも下流域（太陽と月の神殿）と中流域（ガリンド）にはそれぞれ独立した集団が存在し、同じ谷間内で共存したと考えざるをえないという。双方の遺跡からのデータの突き合わせであるだけに信頼性は高い。

　こうしてみると、モチェ末期の社会は、単純な領域の縮小、中心地の移動などといった伝統的解釈が成り立ちにくいことがわかる。末期におけるモチェ社会では、それ以前の人身供犠に基づくある種の統一的なイデオロギーが地域横断的に認められたIV期以前とは

大きく異なり、変化する状況の中で、よりいっそう地域集団ごとの適応とイノベーションが求められたのである。

（9）気候変動説とワリの侵入説

　では、いったいこうした大きな社会変動はどうして起きたのであろうか。大きく分けて2つの可能性が考えられる。1つは環境変化説であり、もう1つはワリという南高地起源の文化の侵入である。とくに最近では前者の気候変動と結びつける見方が強くなってきている。モーズリーによれば、モチェ谷の太陽の神殿と月の神殿の間にある低い基壇ではⅣ期の埋葬が確認されているが、これが厚い砂の層に覆われ、それよりも上の堆積からはⅤ期の遺物が出土していないという（Moseley 1992）。この原因はⅣ期の末頃に生じた砂の侵入であり、これが耕地や灌漑用水路にもダメージを与え、「農業危機」を誘発したようだ。モーズリーは、この砂の侵入を地盤の隆起に結びつけているが、島田は、南高地のクスコ近くのケルッカヤ（Quelccaya）氷床の研究と関連させ、ちょうどこの頃、大きな乾燥化が起きたと考える（Shimada 1994）。この氷床では、年輪のように堆積した氷層中の微量成分を分析することで、年ごとの気候状況が再現できるという。これによれば、後562年から594年にかけて30年以上にもわたる乾燥気候が続いたことがわかる。乾燥が激しければ、周辺の植生は失われ、風によって運ばれる砂が多くの耕地を埋め尽くしたとしても不思議ではない。そして、不足する水を求めて、より効率的に農耕に従事できる中流域や上流域に移動したのだろう。ガリンドの立地はまさにこのモデルに合う。もっとも、乾燥化はいきなり生じたのではなく、それ以前のⅣ期においても2度ほ

どあったことが氷床のコアから読みとれるという。こうした度重な
る気候変動がモチェの政治体制を根幹から揺るがすものになったと
考えるわけだ。

　島田はエル・ニーニョ現象を社会変化の要因として考えることに
はあまり積極的発言をしていないが、気候変動における乾燥化とエ
ル・ニーニョ現象の頻度についてはある程度相関関係がつかめてい
る（関 1985）。建物を破壊するほどの降雨や、海の生態系の急激な
変化をもたらすエル・ニーニョ現象がモチェ社会に揺さぶりをかけ
た可能性は捨てきれない。やはり乾燥化とセットで論じられるべき
であろう。

　こうした気候変動は交易にも影響を与えたようだ。交易品として
注目されるのがウミギクガイである。この貝が、暖流の流れるエク
アドル以北の沖合でないと入手できない点は、すでに述べてきた。
島田によると、ウミギクガイは、モチェでもV期になって急増する
という（Shimada 1994）。エクアドルとの交流が盛んになったこと
も考えられるが、乾燥化が進み、水の渇望が高まったことと関係す
るのかもしれない。貝は、今日でも農耕の豊穣や家畜増殖の儀礼に
欠かすことができず、乾燥に苦しむモチェの人々が、水と豊穣のシ
ンボルとしてウミギクガイの入手に懸命になった可能性はある。し
かし乾燥化と関連が深いエル・ニーニョ現象の際、暖流が極端に南
下する場合があり、ペルーの沖合でもウミギクガイを採取できたか
もしれない。すべてをエクアドルとの交易として解釈することには
気をつけるべきだろう。

　もう1つ別の仮説を紹介しておこう。ワリ文化の侵入説である。
気候変動説が唱えられる以前では、ごく当たり前のように語られて

いた説である。この説によれば、ワリの中央アンデス全域への拡大
は、二波に分けられるという。ワリの土器形式を綿密に分類したド
ロシー・メンゼル（Dorothy Menzel）がたてた仮説である（Menzel
1964）。絶対年代を考慮すれば、最初の波がモチェ社会の大変化の
時期にあたる。ところが北海岸の谷間では、次の第二波の痕跡は若
干あるにしても、この初めの波に属するワリの土器は発見されてい
ない。さらにワリ文化に帰されることの多い都市の発生について
も、少なくともパンパ・グランデでは、ワリ特有の都市空間を囲む
方形の壁が存在せず、また逆にワリにはない巨大なピラミッドが中
心に据えられている。こうした点を踏まえると、モチェ社会の変動
をワリの拡大と直接結びつけることには無理があろう。とはいえ、
サン・ホセ・デ・モロ遺跡の副葬品に見られるように、ワリなどの
外部の文化からの影響や圧力が存在したことは十分に考えられ、V
期のモチェ社会が環境を含めた複合的かつ厳しいストレス下にあっ
た点はまちがいない。

　さてV期末、すなわちモチェ文化の終焉についてはどのような原
因が考えられているのであろうか。V期の中心地パンパ・グランデ
は、すでに述べてきたように、ワカ・フォルタレッサを中心に、そ
の周囲にエリート階級の住居や倉庫、さらには一般住民の住居など
が連なる神殿都市であった。ところが後700年頃に機能が停止して
しまう。この現象とモチェ文化の崩壊とはほぼ時間的に一致してい
る。パンパ・グランデの調査者である島田泉は、機能停止の原因を
内部の住民の手による反乱に帰している（Shimada 1994）。ワカ・
フォルタレッサの頂上部やエリート階級の建築群には火がかけられ
た跡が見つかっているのに対して、一般の住居にはその痕跡が確認

されないからである。センターをモチェ谷から移したものの、引き続き生じていた乾燥化の中で、巨大な神殿を維持するための労働や資源確保、あるいはエリート階級を支えるための食糧生産などの重荷に耐えきれなくなった下層階級の住民が反旗を翻したというシナリオである。これを証明するためには、外部からの侵入や侵略が原因でなかったことを示さねばなるまい。Ⅳ期からⅤ期にかけての社会変化でも検討したワリ文化の役割はなかったのであろうか。島田は丹念に北海岸の遺跡におけるワリ、あるいはワリ以上に直接関係があったかもしれない北高地の政体カハマルカ文化の痕跡を調べ、その上で若干の土器と建築は確認できるものの、征服を匂わすものはないと結論づけている。

　説得力のある指摘だが、Ⅴ期の社会自体に地域差があるとするならば、崩壊の過程も一様ではあるまい。事実、サン・ホセ・デ・モロの場合、外部からのイデオロギーの導入こそが、従来の支配原理の弱体化を招いていった点が指摘されている（Castillo 1993）。

　いずれにしても島田も指摘するように、中央アンデス地帯の考古学的研究においては、中米のマヤのように、文化の衰退や崩壊の理由をこれまで論じてこなかった。伝統的な解釈の見直しが迫られていることを考えれば、今後は、崩壊が重要なテーマとなってくることはまちがいない。

第2節　砂漠に開花したナスカ文化

（1）ナスカの起源

モチェとほぼ同時代に南海岸で繁栄していたのがナスカ文化であ

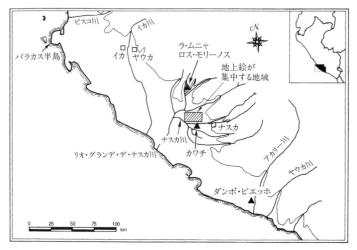

図56　ナスカ文化の中核地域

る。ナスカ（Nasca）文化は、カニェーテ（Cañete）谷からヤウカ（Yauca）谷までのおよそ350km にわたって広がり、内陸のアヤクーチョ（Ayaucho）地方にまで影響を与えた。しかしながら、その中心地域は、イカ（Ica）谷、リオ・グランデ・デ・ナスカ（Río Grande de Nazca）谷に限られていた。ナスカ文化は、前100年から後800年まで続いたとされるが、正確な編年は確立されていない。

　ナスカ文化の起源は、ナスカよりも北のイカ、ピスコ（Pisco）、チンチャ（Chincha）の谷間で見られたパラカス（Paracas）と呼ばれる形成期にさかのぼる文化である。パラカスという名称は、ペルー人考古学者テーヨが同名の半島で発見した墓に由来する。そこではみごとな衣装、織物で包まれたミイラの包みが多数発見された。パラカス文化は、パラカス・カベルナス（Paracas Cabernas）とパラカス・ネクロポリス（Paracas Necropolis）とに分けられる。

図57　ネコ科動物が描かれたパラカス・　　図58　インター・ロッキング
　　　　カベルナスの双注口土器　　　　　　　　　　　技法によるヘビ文様

前者は、焼成後に樹脂性顔料を充填する土器を製作したことで知られる。刻線によって幾何学文様やネコ科動物の姿を描いている。ただし、器形は北海岸の伝統とは違って、双注口橋型取っ手付土器を特徴とする。先端のすぼまった注口を２つ持ち、注口と注口との間に取っ手がわたされている。また有名な織物は、インターロッキング（interlocking）と呼ばれる表現方法により、魚やヘビのような存在を織り込んでいる。インターロッキングとは、同じ文様を異なる色の糸などで、はめ込むように織ることをいう。どちらの色の糸で織られたものも、向いている方向こそ違え、同じ模様を表し、しかも両者は互いに接し、絡み合っているのである。

　続くネクロポリスでは、刺繍を用いて、超自然的な存在を浮き立たせることに成功している。有名なパラカスのマントはこの時期にあたるものが多い。こうした図像は、初期のナスカの土器にも見られることからもその系統関係が推測される。ネクロポリスの土器は、カベルナスのような装飾こそ見られなくなったが、単純かつエ

図59 トウガラシをぶら下げた「神話的ネコ科動物」

レガントな薄手の土器を発達させた。

（2）ナスカの工芸品

　ナスカの土器は、9つの時期に分けられている。また最近では、原ナスカ期（1期）、前期（2〜4期）、中期（5期）、後期（6〜7期）、中期ホライズン（8〜9期）とする編年も出されている（Proulx 2008）。最も古いナスカ1期の土器は、型で焼かれ、焼成前にスリップがかけられている。顔料充填部分が刻線で区切られている点は、パラカス・カベルナスの土器を思い起こさせる。続くナスカ2、3期そして4期では、植物や動物など自然をテーマにした表現が目立つ。動物では、ネコ科動物、キツネ、鹿、リャマ、サル、カエル、ヘビ、爬虫類、クモ、海鳥、コンドル、ハチドリ、魚、シャチなどが好まれ、植物では、トウガラシ、リマビーンズ、トウモロコシ、アチラ、ルクマなどの作物が選ばれた。これらがオフ・ホワイト、クリーム、ベージュ、オレンジ、赤などの顔料で二次元的に表現された。またパンパイプ、骨笛、ドラム、ホルン、ガラガラなどの儀礼用の土製楽器も出土している。もちろん、これとは別に「マスクをつけた神」、「神話的シャチ」、「神話的ネコ科動物」のモチーフも2期頃から登場する。ナスカ文化の前半では、こうした図案が双注口土器に描かれた。ちょうど北海岸では形成期以来の伝統である鐙形土器が継続したのと同様に、南海岸ではパラカス文化以来の器形が採用されたの

である（Menzel 1964）。

　ナスカ5、6期になると、工芸品の絶頂期を迎える。使用される顔料の種類も10ないし12にも達し、釉薬なしにこれほどまでにみごとな色彩を発色させることに成功した例は世界でもまれである。文様は抽象度を帯び、幾何学文様も増える。神話的存在も従来な

図60　首級をつかむ「マスクをつけた神」

ら顔や姿形を図像から容易に判断できたが、この頃からは構成要素が解体され、組み替えが行われるようになるため解読は困難である。とくに各々の要素が際限なく広がるさまは「繁殖的」ともいわれる。また首級を抱えた戦士像が目につくことから、戦闘が盛んになったことを考える研究者もいる。投槍や投槍器の図案も増加する。ナスカ7、8、9期になるとモチェと同じような現象が起き、描写空間を細かい文様で埋め尽くすようになる（Roark 1965）。

　もう少し個々の図像を見ることにしよう。たとえば、ネコ科動物は南海岸形成期のパラカス文化でも登場する重要なテーマである。ナスカでもその初期から現れる。エリザベス・ウォルフ（Elizabeth Wolfe）によれば、このネコ科動物は分類学上パンパ・キャットであるというのだが（Wolfe 1981）、現実の動物と一致する必要はなかろう。形成期の図像で見てきたように、しばしば動植物のシンボルは生態環境の境界を飛び越えて伝わるものだからである。いずれにせよ、このネコ科動物はナスカの1期から登場する。胴体は横向

きで、顔だけが正面向きに描かれる。ところが3期になると、身体から栽培植物らしきものをぶら下げるようになる。トウガラシのようだ。やがて5期になるとネコそのものの表現が抽象的になり、余計な足や妙な飾りが増え、戦勝首級も要素に加わる。こうしたネコ科動物の描写は7期まで続くが、身体につくトウガラシの表現は過剰になり、ネコ科動物は木の葉の中に埋まるように目立たないものとなってしまう。おそらくネコ科動物の図像上、世界観上の地位が後退した結果であろう。こうした自然主義的表現から抽象的な表現への変化は、他の図像でも認められる傾向である。

　たとえば「マスクをつけた神」でも同じ変化が生じている。この神格は、額に翼状飾り、口にはマスクをつけている。マスクは髭にも見え、手に棍棒を握るか戦勝首級を抱えている。この図像はもともと超自然的な存在に扮する人間自身の変身過程、もしくは超自然的な存在そのものの表象として描かれていたが、後期になると過剰さと繁殖性が加味され、真の意味で神話的存在と化してしまうという（Proulx 2006）。

　「マスクをつけた神」は、もともとパラカス文化のマントに縫い込まれることの多い「目の神」に由来するといわれる。パラカスでは、頭と目が大きく、口から細長い舌を出し、身体からヘビが発するような姿として描かれていた。手に戦勝首級や槍を持つこともあった。こうしてみると、パラカスからナスカへの移行というのは、焼成後に顔料を充填する方法から焼成前に色付けを行う方法への移行といった土器製作技術の上で変化ばかりか、図像の主たる表現媒体が織物から土器へ転換している点でも確認できる（Proulx 1983）。しかし、近年、パラカス期のマントと言われていたものの中に、ナ

図61　ナスカ初期のマントに刺繍された「目の神」

スカ初期にあたるものが報告されているので、「マスクをつけた神」はナスカ期に創造された可能性もある（Proulx 2006）。

　いずれにしてもナスカの織物の技術的、美術的水準は高い。そのほとんどは墓地から出土する。織物に組み込まれた図柄の中には、被葬者が死後の世界、そして神話的世界へと旅立つことを表したものもあり、埋葬儀礼の一環として遺体とともに収められたことがわかる。技術的にはパラカスの伝統を受け継ぎ、平織り、二重織り、刺繍、羅、薄織り、羽根飾りなどさまざまな技法を駆使して独自の織物の世界を築き上げていった。特筆すべき点は、材料としてアルパカの毛を使い始めたことである。同じ頃、北海岸の織物では綿製がほとんどであることを思うと、素材利用における革新が起きたことがわかる。おそらくアルパカが飼育されていた高地の政体との関係が強化されたからであろう。

（3）水のコントロールと地下水路建設

　ナスカの辺りは今日でもかなり乾燥している。リオ・グランデ・デ・ナスカ川は広大な平原を横切る9つの支流からなり、それらが内陸35kmほどのところで合流し、1つの川となって太平洋に注ぎ

図62 ナスカの地下水路

込む。一般に川幅は狭く、水量も不安定なため、北海岸のような灌漑水路による広大な耕地を確保することはできなかった。また川の中には山麓部分から離れる中流域で水の流れを失うものもある。しかし部分的に涸れ谷となっても、その河床下には水分が保持され、これがふたたび下流部分で出現し、川となって流れる。したがってナスカ初期の人々はこの自然の現象に従い、川の中流域をとばして上流域と下流域とで生活を営み、農地を耕したのである。結局谷間全域に居住範囲を広げることはなかったようだ（Silverman 1993）。

　やがて、ナスカ5期で大きな変化が生まれた。カタリーナ・シュライバー（Katharina Schreiber）とホスエ・ランチョ・ロハス（Josué Lancho Rojas）は、この時期に地下水路の建設が始まり、通常川が消滅してしまうような場所にまで確実に水が行き届くようになったと考えている（Schreiber and Rojas 1988）。この地下水路は、今日のナスカ市周辺に多く見られ、この場合伏流水を探すために垂直に井戸状の穴（プキオ）を掘り、次に穴と穴とを結ぶトンネルを建設し、最終的に地上の貯水池に水を引く方法がとられる。このほか、地下水路ではなく、水脈を掘りあてた穴から単に溝を掘って貯水池に水を導く方法もあった。いずれにしてもプキオ技術の発明に

より、居住と耕地の拡大が可能になったと考えられる。後500年頃のことである。後500年頃といえば、モチェの社会変動の原因ともなった干ばつがそろそろ始まる時期でもあり、ひょっとすると気候変動がこうした技術革新を促したのかもしれない。ところがこの施設をあまり古く考えない人々もいる。中近東で古来利用されてきたカナート（quanat）と呼ばれる施設によく似ているため、スペイン経由でアメリカ大陸に持ち込まれた可能性があるというのだ（Cressey 1958）。現在では、大半の研究者が、プキオはナスカ期後期にさかのぼると考えている。

（4）巡礼地としてのカワチ

　モチェ文化と同様に、ナスカ文化でも巨大な建造物が建設された。カワチ（Cahuachi）と呼ばれる建築複合がそれである。ナスカ川の南岸に位置し、今日のナスカ市よりもさらに下流に位置する。地上絵のあるナスカ台地にも近い。カワチは紀元前後から後200年ないし後300年くらいまで集中的に利用されたと考えられる。150haあまりの範囲に、広場を抱える大小40ほどの基壇状構造物が立ち並んでいる。表面には日干しレンガも見えるが、じつは自然の丘陵部分を利用したにすぎず、その意味ではモチェの神殿建設ほどの労力と技術は必要としなかったと思われる。最大のマウンドで47m×75m、高さ20mに達する。

　この遺跡を発掘したヘレイン・シルバーマン（Helaine Silverman）は、装飾土器の占める割合が他の地域に比べて高い点や、エリートの墓や儀礼用具としての楽器、織物などを集積した部屋が発見されている点から、特殊な役割を担った場所、すなわち祭祀セン

ターであったと判断している（Silverman 1993）。カワチは、ナスカ川の伏流水がふたたび地上に顔を見せはじめる場所に

図63 復元されたカワチ遺跡（Luis Jaime Castillo氏提供）

ある。農作物の豊穣を願う古代ナスカの人々は、生活上の意味ばかりか象徴的意味を帯びたこうした場所を聖所に選んだものと思われる。

さて発掘された建物の中には、灌木の一種であるワランゴ（huarango）製の柱が立つ部屋や円形の穴が掘られた構造物が含まれていた。シルバーマンは民族誌データをもとに、ワランゴの柱はアンデス地帯でよく見られる祖先崇拝のシンボルとして解釈し、また穴にはリャマの骨などが置かれていたことから儀礼的機能があったと考えている。アンデスでは、古くからこうした穴を通して地下界と接触することができるという観念が発達し、インカ時代ではウシュヌ（ushnu）と呼ばれた。カワチで確認された穴もウシュヌであるというのだ。しかしアンデスの神殿を掘れば気づくことだが、部屋の至るところに用途不明な穴が現れる。こうした穴をすべてウシュヌとしてよいかは、もう少し具体的事例を集める必要があろう。

美術史家ジュゼッペ・オレフィチ（Giuseppe Orefici）率いるイタリア隊もカワチ遺跡を発掘している。獣骨の分析によると、リャマはここで飼育されていたというよりも、他の場所から持ち込まれ、供犠か食用に供されたものであるという（Valdez Cardenas

1988)。一方でテンジクネズミの骨もわずかだが出土している。しかも大半は供犠や奉納品として発見されており、同じナスカ文化でも居住遺跡タンボ・ビエッホ（Tambo Viejo）から食用のテンジクネズミが大量に出土している状況とずいぶん違う。たしかにテンジクネズミは現代の儀礼でもよく使われる。

　このように、カワチが祭祀センターであったことは疑う余地はない。しかしシルバーマンは、この遺跡が祭祀都市というよりも、定期的に巡礼者が訪れる神聖な場所であったと考えている（Silverman 1993）。巨大な空間にしては、活動の痕跡があまりに乏しいことから、常時、人々で賑わうような場所ではなかったというのである。土器についても、この地で製作された可能性はあるものの、巡礼者の手で持ち込まれ、儀礼の過程で割られたことも十分に考えられるという。土器を儀礼的に割る行為は、ワリやティワナクでよく見られるからだ。

　この巡礼地のモデルは、彼女自身が訪れた、ヤウカ（Yauca）の祭りからヒントを得たものである。ナスカより北に位置するイカ川の中流域にある有名な巡礼地ヤウカには、1701年の10月3日に出現した「ヤウカの聖女」を奉った教会がひっそりと建っている。ふだんは誰も付近には生活しておらず、辺り一帯は荒涼とした砂漠にすぎない。祭りの始まる数日前よりトラックやバスに分乗した人々がどこからともなく現れ、屋台や露店の準備に入る。祭り当日は大変な数の巡礼者で賑わい、終了とともに無人の地へと戻る。この喧噪の後、教会前の広場の地面を観察したシルバーマンは、カワチ遺跡で発見したものと実によく似た煮炊きの跡、火起こしの跡、簡易小屋の柱跡などを見いだしたのである。

カワチが建設されたのはナスカの1期にまでさかのぼり、2期、3期を通じて巡礼センターとして繁栄を遂げたという。しかし4期、すなわち後200〜後300年頃になると、一部の構造物を除いてカワチは墓地に変わる。そして儀礼的な空間はナスカ台地に移っていった。5期以降、カワチでは放棄された構造物に戦勝首級が奉納されるようになる。最終的には、ワリ期（中期ホライズン）を経て地方王国期（後期中間期）まで埋葬空間として利用された。

さてナスカの政治体制を考察してみよう。仮にモチェと比較してみると興味深いかもしれない。シルバーマンがいうように、カワチが巡礼地ならば、モチェの太陽と月の神殿のような政治上の中心地はないことになる。また王の存在を推測させるような豊かな副葬品を持つ墓も見あたらない。これだけ見ても、政治的統合度は低いことがうかがわれる。シルバーマンは、ナスカの政体を地域ごとに存在した首長国の同盟のようなもので、一部のエリートが統合していたのだと推測している（Silverman 1993）。それぞれの谷は、いくつかの首長国によって構成され、こうした統合体がカワチを支えていたというのである。カワチにマウンドが多いのは、それぞれの地域の集団が崇め敬う宗教施設があったからかもしれないし、それらの大きさの違いは集団間の力の差を反映した可能性もある。

一方で、近年、グランデ川に面したロス・モリーノス（Los Molinos）と呼ばれる住居址が発見されたことは注目に値する（Reindel and Isla 2001）。ナスカの3期、すなわちカワチのセンターの最盛期にあたり、一般住居以上に丁寧な造りの建物や饗宴場が確認されている。やがて、ここが放棄されると、代わって、より規模の大きいラ・ムニャ（La Muña）に拠点が置かれたようだ。ここからは、

金製品を含む副葬品を伴う墓が発見されている。こうしたデータからすれば、以前考えられていた以上に、社会・政治上の統合が進んでいた可能性が高く、調査者らは、国家規模の社会が存在したと唱える。いずれにしてもモチェほどではないにせよ、エリートが存在したことが示唆される。

　エリートと戦争との関係は、モチェほどはっきりはしていない。しかし、武器を手にした戦士像、断首の場面などは土器に描かれ、実際の戦勝首級はもちろん、槍や棍棒など、実際の武具は墓からも出土するので、戦争がかなり重要であったことはまちがいない。この種の戦争は、モチェ同様に征服戦争と考えるよりも、祭祀に関わると断言できるほどの証拠はないが、ナスカの土器の図像のなかには、戦勝首級の口から植物が生えているようなモチーフがあり、戦勝首級が、豊穣性と関わるという解釈はよくなされる（Proulx 2006）。モチェの月の神殿同様に、乾燥化を含め、水の問題を抱えていたナスカの人々にとって、首級を得る戦争は、祭祀の一環として捉えることができるかもしれない。

（5）ナスカの地上絵
　有名なナスカの地上絵は、リオ・グランデ・デ・ナスカ川の支流に挟まれた350km²にも及ぶ広大な砂漠台地に展開する。とくに内陸50km、海抜500mのサン・ホセ（San José）台地付近に大型の地上絵が集中している。南にはカワチ遺跡、北には別の祭祀遺跡ベンティーヤ（Ventilla）が控える場所であり、古代ナスカの人々にとって、ここに地上絵を描くことは特別な意味があったのだろう。また、先にあげたロス・モリーノスがあるパルパ地方で、近年、形成期に

さかのぼる地上絵が発見されている（Reindel, Isla and Koschmieder 1999）。山腹や台地に描かれるものが大半で、幾何学模様や直線が多いが、人間を表現したものもあり、これが付近で多数見つかっている岩絵のモチーフと似ているという。

　日本では絵といわれているが、もともとナスカ・ラインズといわれるように、大半は線である。こうした線や絵は、台地に広がる黒く酸化した石を除去し、下層にある白い砂層を露出させることで描かれた。白い溝に落ちた黒い石は昼夜の寒暖の差で割れてしまい、やがては塵となり、台地に吹く風で飛ばされてしまう。線や絵が長い間保存されてきた理由はこのように説明されてきた。何十年も前に踏み込み、荒らしていった車の轍の跡がいまも消えずに残っていることから判断すれば、こうした自然のメカニズムが関わっていることは確かであろう。とはいえ、地上絵に関しては、早くから立入禁止の措置を徹底したことのほか、保存関係者による清掃という努力によって守られていた点も見のがせない。

　このほかにも、最近の調査では、ナスカの人々が、降雨によって山から流れ出す水が通る場所を避けて地上絵を描いた点が指摘されており、このナスカ人の知識こそが地上絵を長く保存させることにつながった可能性もある（坂井編 2008）。

　線引は一見すると大変な作業のように見えるが、技術的な困難さはない。天文考古学者アンソニー・アーヴィニ（Anthony Aveni）は実験を試みている。これによれば、直線と渦巻きの地上絵を12人でゆっくりとしたペースで描いた場合、全体で31m²の範囲をわずか90分の作業で終えたという。アーヴィニは、このことから100名の人間が1日10時間働けば、2日で2000m²の絵を完成でき、これ

は巨大な台形1つに相当するという。これを地上絵全体に適用すると、1万人いれば数年ですむ計算になる（Aveni 1990）。今日セスナから眺めることのできる大型の絵も少人数の集団で容易に描けるというのである。

　地上絵には2つの種類がある。第1に丘陵部の斜面に描かれたもので、道行く人は誰でも容易に見ることができるものである。人間やリャマのほか、直線や抽象的な図柄がある。近年の調査で150点以上発見されている。もう1つは平原に描かれたもので、この中には、1000本

図64　クジラ

図65　サル

図66　放射状にのびる線

以上といわれる直線や、台形、三角形、ジグザグ、螺旋などからなる図柄も含まれる。もちろん、鳥、シャチ、サル、クモ、植物もある。しかし、直線の中には何十キロと延びるものがあるのに対して、絵の方はきわめて小さい。クモで全長50m、サルで全長100m、首をジグザグに折り曲げた鳥で長さ300mほどである。

　地上絵の解釈をめぐる議論は、これまでにさかんに行われてきた。人間の創造力を小馬鹿にし、宇宙人説を唱えたフォン・デニケンは別にしても、ことに馴染みのあるのが天体の運行と関連させる説であろう。これは、ナスカの地上絵の発見者であるポウル・コソック（Paul Kosok）が提唱しはじめ、その弟子であったドイツ人研究者マリア・ライヒ（Maria Reiche）によって受け継がれた考え方である。1946年から、ライヒはこの研究に打ち込み、自らの足で台地を隈無く歩き、サルなどの新たな地上絵を発見しながら測量を続けた。さらにライヒは、ナスカ地方の神話や伝承を参照しながら、星と地上絵が関係していること、夏至と冬至、秋分と春分、その中間点における天体の出没地点を示す線があることなどを示そうとした。古代の農耕の重要性と、それを司る天体運行の動きに結びつけたわかりやすい説であった（Kosok 1965；Reiche 1993）。

　しかしながら、1967年、イギリスのストーンヘンジを天体運行と結びつける説を提唱して脚光を浴びたジェラルド・ホーキンス（Gerald Hawkins）がナスカの地上絵の謎に挑み、ライヒの説を退けた（Hawkins 1969）。無作為に選んだ93本の直線と太陽と月はもとより、水、金、木、土星などの惑星、スバルなどの運行との関連性があるかどうかコンピュータ解析を行った結果、その答えが否とでたのである。

　近年では、ただ天体の運行を示すのならば、線の幅に多様さを持たせる必要がないとか、多くの天体の運行が東西軸であるのに、線の中でこれに一致するものが少ないとか、天体が山で隠れることを考慮していないとか、季節によっては天体観測ができないときがあるとか、ライヒの星座同定は恣意的である、というようなさまざまな批判が存在し、今ではライヒの説をそのまま受け入れることはできなくなっている。しかし、ライヒが示した研究方法は、実に示唆に富んだものであり、最近の研究もこの延長線上にあるといえなくもない。

　たとえばヨハン・ラインハルト（Johan Reinhard）は、ペルーからチリ北部で発見された線タイプの地上絵が山の崇拝、水、そして豊穣性と結びついていることに注目し、ナスカ台地の丘陵や小山に集まる線も同様の性格を持ち、そこで儀礼が行われたと考えた（Reinhard 1988）。ナスカ地方ではほとんど雨が降らないから、自然の恵みである水をもたらす山に信仰を求めたとしてもおかしくはない。海岸を流れる川の水は、山に降り注いだ雨が源である。地上絵に鳥が多いのも、鳥が山と人々の住む世界とを結びつける豊穣性を帯びた使者の役割を果たしていたからであるという。そういわれればたしかに台形状の絵もその先端を上流部に向けるものが多い。

　一方で、先に挙げた天文考古学者アーヴィニは、こうした線がしばしば1カ所に集まることに注目した（Aveni 1990）。その結果、直線の集合する場所を62カ所特定し、それに付随する762本もの直線を確認したのである。1カ所からは10から12の線が放射状に延びていくという。また線が集中する場所が谷間を見渡すことのできる自然の丘陵であることから、これらの線は台地を横切る川の流れを

象徴的に表していると考えた。さらにその場所から眺めることのできる川の源流部、すなわち山に対してある種の儀礼的行為が行われたと推測している。とくに放射状の直線が延びる方向は、太陽が天頂を通過する10月下旬や2月中旬頃の日の出の方向に集中している。この時期、山岳地帯は雨季にあたり、降った雨は川を流れ、下流の海岸地帯を潤す。地上絵そのものが豊穣性に係わる水と関係していると考えたわけだ。

　こうしたアーヴィニらの考え方には先行モデルが存在する。16世紀のスペイン人年代記作者であるベルナベ・コボ（Bernabe Cobo）が書き残した記録によれば、インカ帝国の都クスコの町には、太陽の神殿コリカンチャ（Coricancha）を中心に放射状に延びる41本もの想像上の直線セケ（ceque）が設定され、その上にワカ（huaca）と呼ばれる328カ所もの聖所が配されていたという（Cobo 1979[1653]）。いうなれば、インカで見られた世界観の起源をさらに古くまでさかのぼらせた考え方なのである。たしかにクスコのセケ線は目に見えない観念上の線かもしれない。

　しかし人類学者トム・ザウデマ（Tom Zuidema）は、年代記作者クリストバル・デ・モリーナ（Cristobal de Molina）が記した16世紀の記録を引用し、セケという言葉がいくつかの文脈で用いられることに言及している点に注目する。その1つに2点を結ぶ直線上を歩く太陽の処女アクリャ（aclla）、すなわち「使者」としての意味で使用される場合があるというのだ（Zuidema 1982）。この場合、セケは単なる想定上の線というよりも視覚的なイメージを持つ。アーヴィニは、ナスカの場合でも儀礼的な行為の中で線や絵の上を実際に歩いた可能性があるともいっている。巡礼の道なのかもしれ

ない。

　セケ体系の場合、線上に存在する聖所ワカへの崇拝儀礼はそれぞ
れ異なる社会的・政治的集団が担うべきものとされた。シルバーマ
ンは、ナスカの台地に記された直線群も儀礼の暦に従って、別々の
集団が描いたと考えている（Silverman 1993）。そしてこの集団の
単位は、アンデス地帯でよく見られる親族集団アイユ（ayllu）と
した。アイユの構成員は、儀礼に参加することを通じて祖先からの
知識を思い起こし、身につけたのだという。まさに「線を読みとる」
行為であった。

　しかし、こうしたアーヴィニやシルバーマンの解釈にも問題はあ
る。考古学的に証明が困難なのである。これに対して坂井正人は、
ナスカの地上絵や祭祀センターなどの配置が自然地形と関係がある
という別の見方を提示している（坂井 1996, 2019）。地上絵は、北
のインヘニオ（Ingenio）川、南のナスカ川に挟まれた台地に展開
するが、カワチの祭祀センターも実はこれに大いに係わるという。
カワチ遺跡からは、真北と真東の方向に特徴的な山を見通すことが
でき、それぞれの山の麓には、ナスカの地上絵を描いたと考えられ
る人々が暮らす居住地が確認されている。人間や動物を描いた地上
絵は30km離れた2つの居住地を結ぶ古道沿いにあることから、こ
の道を利用した人が目視できたという。ナスカの世界観の形成は、
カワチ遺跡で執り行われた儀礼ばかりでなく、こうした地上絵を繰
り返し見ることにより形成され維持されたと坂井は考えている。イ
ンカなどの観念体系を持ち込み、部分的に地上絵に適用する方法よ
りは、まず地上絵全体の特徴を把握し、かつまた周辺の地形の綿密
な観察を行っている点でこれまで以上に建設的なモデルといえよう。

　さて地上絵の年代についても触れておこう。古くはマリア・ライヒが地上絵の近くでナスカの土器を発見し、またシャチのモチーフが土器にも現れることからナスカ時代のものであることは確実視されてきた（Isbell 1978）。ストロングはまた、地上絵を描くために使用されたと考えられる杭を放射性炭素年代測定法にかけ、後400年から後600年という値を得ている（Strong 1957）。さらに最近では、地上絵付近からナスカ以降の土器も採取されている（坂井2019）。おそらく地上絵の描かれた台地は、長い間聖なる場所として使用され、その間に絵や線が描き足されていったのだろう。

　ならば個々の直線の集合には、一定の原理や基準はあったかもしれないが、地上絵全体の構成を見通すような計画がもともとあったのだろうか。すでに紹介したように坂井は、地上絵の図像に地域的特徴を認めているが、シルバーマンも興味深い指摘をしている（Silverman 1993）。カワチの構造物の平面図と台地の地上絵の位置関係を調べた彼女は、細長い三角形の二辺を底辺側に延長させると、カワチの中心的な基壇構造物の位置に突き当たることを発見している。セケ線上に聖所が配置されていたとされるインカの事例とは違うが、地上絵の作図に祭祀センターであるカワチの構造物の位置が利用されたことがわかる。

　ナスカの地上絵とは、古代ナスカ人の世界観が凝縮された表現形なのである。そこには豊穣性や水に係わる動物や地形、天体が彼らなりの合理性をもって取り込まれているのであろう。なかにはわれわれ現代人の科学的合理性とは相容れない部分もあろう。今後も、考古学、エスノヒストリー、民族学の知識を総合しながら、古代ナスカ人が地上絵に託した思いを解明していくことが望まれる。

第6章　ティワナクとワリ

第1節　高原の都市ティワナク

（1）ティティカカ湖の利用──チリパとプカラ

　ペルーとボリビアの国境にまたがるティティカカ（Titicaca）湖は海抜3800mに位置する。船が航行できる湖としては世界で最も高い場所にある。湖の南20kmほど離れた高地では前2000年にさかのぼる牧民の遺跡が発見されているが、とくに湖水資源を利用していたようには見えない。もっともティティカカ湖の古環境を調べた地理学者達によると、古期の末にあたる前5250年から前2000年にかけてティティカカ湖の水位が下がり、今日よりも約10mも水位が低い時期さえあったというから、その頃に湖岸が利用されたとしても、その後の水位上昇の結果、活動の痕跡は失われてしまった可能性はある（Dejoux and Iltis 1992）。

　やがて前1400〜1300年頃になると、南岸を中心にチリパ（Chiripa）文化が出現する。この呼称は、湖に突き出たタラコ（Taraco）半島の同名の遺跡に由来し、ここが実際にチリパ文化の拠点の1つであったことが発掘調査によって明らかにされている。それによればチリパ文化は前期（前1500〜前1000年）、中期（前1000〜前800年）、

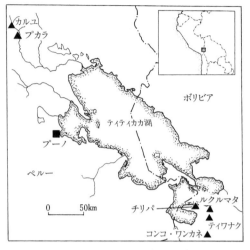

図67　ティティカカ湖周辺の遺跡

後期（前800〜前100年）の3相に分けられる（Hastorf et al. 1999）。人々はラクダ科動物の飼育と一部農耕に従事しながら、湖の魚や湖岸の鳥を採取・狩猟していたが、中期には、11m×13mの半地下式広場が建設された。やがて後期になると土留め壁によって支えられたテラスの上に、およそ26m×26mの方形半地下式広場が築かれた。さらにその周囲には16もの方形の部屋を配置している。部屋の入口は1つで、上塗りが施された内壁に沿って貯蔵用の小空間が設けられ、そこからはアカザ科のキヌアやジャガイモの遺残の他、儀礼用具が出土し、埋葬も見つかっている。埋葬には金製品や銅製品がともなっており、植物遺残も含めて祖先崇拝の儀礼がこの空間で行われた可能性がある。また、方形半地下式広場では祭祀や饗宴が執り行われたのであろう。こうしたチリパ社会における祭祀の発生は、牧畜＝農耕に湖の動植物資源の採取・狩猟を加えた生業がかなり安定してきたことを示唆している。

　チリパが機能していた時期は、編年上、本書でこれまで述べてきた形成期にあたる。ただし、ティティカカ盆地における編年は、中

央アンデスの北部や中部の編年とはやや異なるので、注意が必要である。一般にティティカカ盆地の形成期は、前期（前1500～前800年）、中期（前800～前100年）、後期（前200／前100～後500年）に分けられ、とくに後期は、前章で扱った地方発展期の年代に相当する。さらに後期は、後期1（前200／前100～後250年）と後期2（後250～後500年）に細分される。

　いずれにせよ、チリパにおける公共建造物の出現は、形成期前期の後半にあたり、ティティカカ盆地でも突出して早いが、中期になると、チリパばかりか、ティティカカ湖周辺のほとんどの地域で、半地下式広場を備えたセンターが登場する（Hastorf 2005）。ティティカカ湖の北西に位置するカルユ（Qaluyu）もこの時期を代表する遺跡である。こうしたセンターから出土する遺構や遺物、あるいは人間と動物を組み合わせた図像を彫り込んだ石彫などの類似性が高いことから、総称してヤヤママ（Yayamama）伝統と呼ぶこともある。また、黒曜石を含む長距離交易がすでに展開されたことも指摘されるが、全体として一つの政体による支配が存在したわけではなく、各地域で血縁集団に基づく独自のセンターが成立し、それらが交易などの緩い関係で結ばれていたと考えられている。その際、各集団の生活は、湖の動植物資源の他、ジャガイモなどの根菜類やキヌアを栽培し、レイズド・フィールド（盛り畝）とよばれる技術を農業に導入していた。湖周辺部で、湖水を引いて行うこの耕作技法については、ティワナク文化の項で詳述する。

　さてティティカカ湖周辺の環境利用の基礎を形作ったチリパ文化は、さらに大きな政治的統合体の登場への前奏曲を奏でたにすぎなかった。その政体の1つは、湖から北西に60km ほど内陸に入った

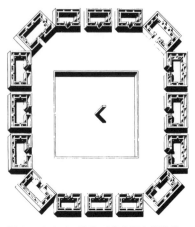

図68 チリパの半地下式広場と構造物
（Moseley 1992より）

場所にあるプカラ（Pucara）であり、もう１つは南岸より15km離れた場所に立つティワナクであった。プカラは祭祀構造物を中心とし、4 km² にわたってエリートや一般住民の住居が広がるかなり大きな都市センター遺跡である（Kidder 1943）。山の斜面に階段状の基壇を築き、その頂上部に中心となる祭祀構造物を据えた。祭祀構造物というのは、チリパとよく似た方形の半地下式広場である。階段のある側を除いた広場の三方には方形の部屋が連なり、壁にはきれいに整形された切石がはめ込まれていた。このプカラ文化は形成期中期には出現していたが、大きく繁栄するのは、前200年から後200年頃の後期と考えられている。

　プカラ文化を有名にしているのは、形成期の特徴とされる刻線と、赤、黄、黒などさまざまな顔料によって飾り立てられた土器である。幾何学文様もあるが、プーマ、リャマ、猛禽類、戦勝首級、そして「杖の神」の図像が鉢などの器壁に刻み込まれた。この図案については、ワリ文化の項で改めて検討することにしよう。この他、人間やネコ科動物を象った器も製作されたし、トランペットのような楽器を模した土器もある。また石板や石碑に浅浮き彫りでネコ科動物、鳥、爬虫類、魚、人間が表現された。いずれの文化要素も南で

成立していたティワナクに大きな刺激を与えたといわれている。

（2）ティワナクの編年

　ティティカカ湖の南で開花した文化として知られるティワナク
は、帝国と呼ばれることがあるほど中央アンデス南部や南アンデス
北部の広い範囲に影響を及ぼした。その起源は、プカラ文化が繁栄
したティティカカ盆地の形成期後期にさかのぼる。文化名の起源と
もなったティワナク遺跡を発掘したボリビア人考古学者カルロス・
ポンセ・サンヒネス（Carlos Ponce Sanginés）やアメリカの考古
学者アラン・コラータ（Alan Kolata）によれば、ティワナク文化
は5つの相に分けることができるという。このうち最初の2つは前
400年から後100年にあてられている。しかもこの時期の土器は、プ
カラ的だという。ティワナクがその祭祀上、また政治上の中心地と
して頭角を現しはじめるのはⅢ期（後100～後400年）のことであり、
巨大な祭祀建造物の建設が始まる。やがてⅣ期（後400～後800年）
までに、ティティカカ盆地を越えて拡大を遂げ、Ⅴ期（後800～後
1000年）には衰退しはじめる。こうして40万 km²に及んだ支配地域
は次第に分裂をしていくというシナリオである（Ponce 1972；
Kolata 1993）。

　これに対して、近年では、ティワナク遺跡の総合的調査が推進さ
れる中で、全く異なる編年で説明しようとする傾向が強くなってき
ている（Janusek 2008）。ティワナクの起源が、ティティカカ盆地
の形成期後期にさかのぼるとしても、そこで認められるのは、半地
下式広場など、形成期後期のセンターの一般的な特徴にすぎないた
め、ここでいったん時期の呼称を断ち切り、内的そして外的な発展

そのものが顕在化する形成期以降に別の時期名を与えるという立場である。これにより、形成期後期2に続いて、ティワナク1期（後500〜後800年）、ティワナク2期（後800〜後1100年）が設定されるようになった。従来のティワナクだけに注目する編年ではなく、ティティカカ盆地全体の社会変化を視野においている点で、有効性は高い。本書では、こちらを採用した上で、コラータらが考えるかなり強固なティワナク政体論を検証してみたい。

（3）祭祀都市としてのティワナク

　形成期後期2のティティカカ盆地周辺には、ティワナクのライバルとなる集団がいた。後にティワナクの強い影響下に入るルクルマタ（Lukurmata）や、山地を隔てた南側に位置するコンコ・ワンカ

図69　コンコ・ワンカネ遺跡の石彫

ネ（Khonkho Wankane）などである。コンコ・ワンカネの利用は西暦紀元前後にさかのぼり、形成期特有の半地下式広場が築かれ、エリートが利用した建築複合や、動物や人間を描いた石彫も確認されている（Janusek 2008）。こうした集団間の競合や交渉の中から、やがて最大の影響力を誇るようになるティワナクが生まれる。

　征服後間もない16世紀の半ばにこの地を訪れたシエサ・デ・

レオンは、ティワナクの巨大な建造物を目撃し、石彫のみごとさと建材の巨大さに感嘆している（Cieza de León 1979 ［1553]）。では彼が驚愕した建造物とはどのようなものであったのだろうか。海抜3850mの高地平原にあるティワナク遺跡の範囲は広大であり、その全貌をつかむことは難しい。建物が集中している部分に限定しても、およそ 4 km²にも達する。周囲には堀が巡り、その機能は定かではないが、防御以上に儀礼的意味合いが深かったといわれる。しかし堀は、同時に排水機能を担っていたようで、雨季に集中する大量の降雨を分散させることにも役だった。

　ティワナク遺跡の利用は、形成期後期 2 にさかのぼり、まず東側に半地下式広場が建設された（Janusek 2008)。28.6m×26mの大きさを持ち、深さは1.7mである。南十字星や山を意識した南北方向を軸に持ち、階段が設けられた（Vranich 2009)。壁面は、アカパナの土留め壁と同様に、大きな平石と小型の切石との組み合わせからなり、ほぞ付の頭像がはめ込まれていた。広場の中央には石像が立っていた。ティワナク 1 期になって据えられたようだ。この像は、ティワナクを発掘調査したアメリカの考古学者ウェンデル・ベネット（Wendell Bennett）の名前をとって、「ベネットの石像」と呼ばれ、かつて首都ラ・パス（La Paz）に移設された時期もあったが、現在では、遺跡近くにある考古学博物館で展示されている。石像の高さは7.3mもあり、「ケロ」（quero）と呼ばれる朝顔形の杯を片手にし、他方の手で笏を握る図像が彫り込んである（Kolata 1993)。

　半地下式広場の西には、有名なカラササヤ（Kalasasaya）と呼ばれる巨大な建物がある。こちらも形成期後期 2 に建設され、その後

図70　半地下式広場

改築をくり返した と考えられる（Ja-nusek 2008）。 半地式広場に面した東側に正面入口が設けられた。半地下式広場とは異なり、東西方向に中心軸を持つ巨大な空間であることから、最終的に祭祀の中心が半地下式広場からカラササヤに移った可能性が高い（Vranich 2009）。

　カラササヤは、大小の石を組み合わせた石壁で囲まれた基壇状構造物であり、その大きさは120m×130mである。カラササヤの西側の壁には、ここから90kmも離れた石材産地から運び込まれた安山岩が用いられており、他の三方の壁が付近で入手可能な砂岩が使われているのと対照的である。西壁の重要性は、太陽の観測に用いられたことからもわかる。4mもの高さの石が4.6m間隔で11も据えられ、その頭部分をカラササヤのほぼ中央に据えられた石から見通すことができる。南端の石は夏至、北端の石は冬至、6番目の石は春分、秋分時の太陽が沈む地点と一致する。カラササヤは、こうした暦に関わる重要な儀礼を行う場所であったと考えられる。カラササヤ内部の東部分にはひとまわり小さい囲みが確認され、その中央には、石像が1体立っている。やはり考古学者の名をとって「ポンセの石像」と呼ばれる（Ponce 1972）。こうした石像は、ティワナクを支配したエリートらの神話的祖先を表したと考えられている（Janusek 2008）。カラササヤ内部の北西コーナーには、「太陽の門」

として知られるティワナクで最も有名な石彫がある。たしかに門の形をとっており、かつてはカラササヤの入口に据えられていたのかもし

図71　カラササヤ

れない。まぐさ部分中央には、ティワナクの主神とおぼしき像が浅浮き彫りで表現されている。この正面を向いて立つ神的存在は、両手に猛禽類（コンドルか？）を冠した笏を握り、頭飾りからは光芒を発する。その意味で「杖の神」ともいえるが、ティティカカ湖周辺で暮らす民族集団アイマラの神話的英雄で、嵐、戦い、豊穣の神となったトゥヌパ（Tunupa）とする考えが強い（Kolata 1993）。笏は投槍器と投石器であるという解釈もできる。猛禽類やネコ科動物、そして戦勝首級の要素がちりばめられている。

　主神格の図像の両脇には、それよりも小さな図像が３段、計30ほど添えられている。こちらは横向きの姿で、いずれも光芒を発する頭飾りをつけ、手で笏を握っている。背中には鳥の翼を生やし、片足を蹴り上げているようにも見えるため、「走る鳥」あるいは「鳥人」ともいわれる。顔については、上下２段が人間的に、中段が猛禽類的に表現されている。いずれの「鳥人」像も中央のトゥヌパに向いているので、ティワナク政体に組み込まれたさまざまな地域集団を様式化した表現であると考える研究者もいる（Janusek 2008）。

　カラササヤの南には、丘のように見える人工の基壇、アカパナ

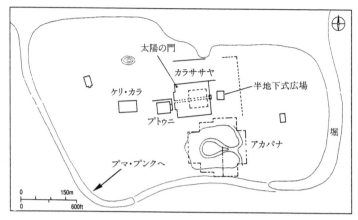

図72 ティワナク遺跡の構造物の配置

（Akapana）がそびえる。こちらは少し遅れてティワナク1期に建設され、後800年頃に改築された（Janusek 2008）。底部は200m四方に広がり、高さは17mもある。全体は、やや変形したTの字形を呈し、全部で7段の階段状構造となっている。各段を支える土留め壁は、縦長に据えられた巨大な平石と、その両脇に何列にもわたって配置された小型の切石の繰り返しによって構成されている。階段は西側に設けられた。アカパナの頂上部には、ティティカカ湖周辺の古代文化で特徴的な半地下式広場が設けられている。広場は、連続した方形の部屋によって囲まれ、部屋の内外から銀や銅などの金属製品の断片、リャマの骨、黒曜石や雲母、石英などの鉱物が出土している。これらは部屋を最終的に放棄する際に行われた儀礼に係わるものであり、部屋は単なる一般住居というよりも儀礼活動に携わったエリート階級の住まいであった可能性が高い。また頂上部や最下段の基礎部分からはいくつか埋葬が発見されている。とくに基

礎部分の埋葬については、被葬者の頭部が見あたらないものが多く、またそばには大量に打ち欠かれた土器があり、図像として首級が登場していることから、アカパナ建設に関して人身供犠が行われた可能性が指摘できるという（Kolata 1993）。

　カラササヤの西には、プトゥニ（Putuni）、ケリ・カラ（Kheri Kala）と呼ばれる一連の建造物が連なる。

　プトゥニは、ポンセ・サンヒネスが宮殿と名づけた構造物である（Ponce 1972）。プトゥニは、ティワナク1期にすでに築かれていた。南北2つの建造物が存在したことがわかっており、北では、炉、貯蔵施設、ゴミ捨て場など調理の空間が、南では埋葬空間が確認されている（Couture and Sampeck 2003）。後者からは人骨の出土がなかったが、金製品を含む副葬品や、埋葬儀礼と関連する装飾土器、チチャ酒用の壺が出土している。被葬者は、別の場所に運ばれたと考えられているが、ここがエリート階層に関わる祖先祭祀や埋葬と関わる重要な場所であったことはまちがいない。

　こうした建造物は後800年頃、すなわちティワナク2期には、すっかり新しい大型建造物に覆われてしまう。その際に、アカパナで確認されたような人身供犠が行われた証拠も発見されている。新たに築かれた50 m×70 mの基壇の中央には広場が設けられ、その周壁に見られる壁がんには、ミイラや儀礼用具が安置されたとも言われる。前の時代からの祖先崇拝が、より洗練化された形で展開されたのであろう。

　プトゥニの西側には、2つのエリート宮殿が確認され、とくに東側の宮殿には、石壁を基部に持つ日干しレンガ建造物が残存しており、赤、黄、橙、青、緑の顔料で壁が塗られていたことが判明して

いる。また東西の宮殿の間には広場が広がり、そこからは祭祀や饗宴で使用されたと考えられるチチャ酒用の壺片が大量に出土している。いずれにしてもプトゥニは、ティワナク全体を支配し、指導していたエリートに関わる空間なのである。

　さて、こうした堀に囲まれた聖域に配置された巨大な構造物群と離れた場所にプマ・プンク（Puma Puncu）という別の巨大な基壇が築かれた。アカパナ同様、ティワナク1期にさかのぼり、方向軸や形状もやや似ている。高さ5ｍ、底部が150ｍ四方というこの基壇は、3壇の構造を呈し、階段は西側に設けられている。頂上部には青銅のかすがいで石を繋いで造った水路、あるいは敷石を配した半地下式の中庭を持つ。基壇の東には広場が広がるが、この広場と基壇の間には巨大な砂岩の切石で構成される柱廊が見える。プマ・プンクは、アカパナ同様に改築途上で放棄されたと考えられる（Janusek 2008）。

　このようにティワナク遺跡では、まず形成期後期2に半地下式広場やカラササヤなどの公共建造物が建設され、ティワナク1期に入り、アカパナ、プマ・プンクそしてプトゥニ宮殿が加わり、やがてこれがティワナク2期で拡大、洗練化された。各公共建造物は、たびたび更新され、改築されたと考えられる。この過程には、エリートの権力強化が関連していたと考えられる。プトゥニやアカパナのエリート空間は、ティワナク2期に顕在化し、半地下式広場やアカパナの石像や門なども、祖先との結びつきや地域集団に対する支配を顕在化させようと試みたエリートの意図を感じさせる。

　ならばティワナクは、こうしたエリートの支配する祭祀に特化したセンターであったのだろうか。先に取り上げたコラータは、この

図73　太陽の門

図74　ポンセの石像

見方に立ち、祭祀センターと位置づける（Kolata 1993）。その解釈は正しいが、近年、ティワナク遺跡の総合調査で、中核地全体を取り巻く堀の近く、すなわち中核地でも周縁部や堀の外側（東部と南部）で発掘調査が実施され、興味深いデータが提示されている（Janusek 2008）。

　確かに周縁部で発見される建造物は、中核部の祭祀建造物に比べて、規模も質も劣り、中央から周縁へピラミッド型支配は整然と拡大しているように見える。しかも、こうした周縁部でも、小規模な居住空間から儀礼や饗宴用の広場へと変貌を遂げる時間的過程を追うことができる。中核部の巨大な祭祀空間同様に、供犠やチチャ酒の饗宴が催されたことが推測されるのだが、詳細にデータを分析すると、周縁部から出土する土器の中には、ティワナクの中核的な祭

祀建造物から出土するものとは明らかに異なる、地方色を備えたものもある。また中核的建造物以上に、トウモロコシの遺残が多く出土する空間もあり、周縁部で暮らす集団の中には、遠く離れた温暖な谷間からトウモロコシを個別に入手していた可能性も指摘される。さらに周縁部と一口でいっても、頭蓋変形などの特徴はまちまちで、各集団が、故地との関係を保っていたと考えた方がわかりやすい。こうしてみると、ティワナクはエリートや神官だけが暮らす祭祀センターというよりも、堀の内外を問わず全域に、さまざまな地域からやってきた集団が暮らしていた祭祀都市と考えた方がよかろう。ティワナク1期から2期かけてエリートの権力が高まり、こうした地方出身の集団は、ティワナク祭祀システムに組み込まれていくが、一方で故地との関係は保持し、個々の集団のアイデンティティは維持されていたのである。

（4）ティワナクの世界観

　ティワナク遺跡を発掘調査したアラン・コラータは、堀を設けることで島のイメージを作り上げたのではないかと考えている（Kolata 1993）。後のインカの創世神話でも語られるように、湖に浮かぶ島は世界や人間が創造される場所として南高地では重要視されている。その意味で堀によって囲まれた空間は、世界観が凝縮された聖なる空間であり、そこに見られる建物は、神話的世界を繰り返し再現する儀礼が行われた場所であったという。エリート階層はそこに住みながら、儀礼を司ることで現世と神話的世界とを媒介する役割を果たしたのであろう。

　では堀の内部空間のどこに世界観が表出しているのであろうか。

まずは建物の配置である。アカパナをはじめとして、ほとんどの建造物は東西方向に軸を持つ。しかも近年の調査によって、建物の階段が東と西双方に設けられていることがわかってきている。その場合、東側の階段の方が大きさや作りの点で優っているため、東が西に比べて重要であったことが読みとれる。東はもちろん日の出の方向であり、西は日の入りの方向である。と同時に東には、冠雪を戴く霊峰イリマニ（Illimani）山がそびえ、西にはティティカカ湖が控えているのである。しかし、こうした景観はアカパナの頂上に登らない限りつかむことができない。アカパナが最も重要な機能を担っていたことはここからも想像される。

　また南北方向にも意味がありそうだ。プマ・プンクの存在である。すでに述べたようにアカパナとよく似ている。むしろ、機能的には同じといえるかもしれない。このことからコラータは、ティワナクには双分制が存在したと考えている（Kolata 1993）。たとえばインカの都クスコでは、町はウリン（Hurin）とアナン（Hanan）という南北に分かれ、異なる親族集団によって土地や水の権利が行使され、儀礼が執り行われたと考えられているし、ティティカカ湖西岸に栄えたルパカ王国でも双分制は存在したとの指摘がある（Murra 1968）。ルパカはティワナクの崩壊後に登場した王国である。後の節で多少触れるが、ティワナクの場合、周辺への進出過程で異なる民族集団を取り込んでいった痕跡があり、政治体制そのものが複数の民族集団から構成されている可能性がある。その意味で、南の集団がプマ・プンクを、北の集団がアカパナを祭祀センターとして抱えていたというコラータの指摘は興味深い。一方で、プマ・プンクをアカパナなど北の中核部を目指す巡礼者が最初に訪問した祭祀空

間とする考えもある（Isbell and Vranich 2004）。いずれの仮説にしても検証のためには、プマ・プンクの発掘や出土遺物の分析がこれまで以上に進む必要があろう。

（5）ティティカカ湖畔の灌漑農耕──ティワナクの経済的基盤

これまでティワナクの謎といわれていたのは、主としてその経済基盤であった。4000m近い高地平原という今日でさえ大都市が見あたらないような場所に、巨大な祭祀都市を築くことができた背景に、どのような生業体系が存在したのかという問いである。これが解けないがゆえに、ティワナクは巡礼地であるとか、周辺に一般の住居を伴わない祭祀センターであるといわれてきたのである。ところが、最近の研究によって、ティワナクを支えていた人々は、同じこの高地平原に住み、ラクダ科動物の飼育や湖水資源の利用の他、かなり集約的な農業を営んでいたことがわかってきた。この集約農法とは、雨水を溜めた人工の池であるコチャ（Qocha）、自然の丘陵の斜面を利用したテラス耕作、そしてレイズド・フィールド（raised field）である。このうちコチャは用水池としてばかりでなく、耕地や家畜の水飲み場としても利用可能である。しかしなんといってもこれまで多くの議論の的となってきたのは、レイズド・フィールドである。うまい訳語が見あたらないが「盛りあげた畑」とでもいおうか。一種の灌漑耕作である。これを調査したのは、アラン・コラータとクラーク・エリクソン（Clark Erickson）であった（Kolata 1991；Erickson 1987）。

航空写真からも判断できるが、ティティカカ湖畔にこの痕跡が残っている。畝と溝が交互に繰り返されるという単純な構造であ

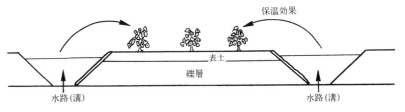

図75　レイズド・フィールドのしくみ（Kolata 1991より）

り、すでに述べたようにその起源は形成期中期にさかのぼる。畝の幅は５ｍから11ｍほどで、長さは200ｍに達するものも見つかっている。畝の部分を掘ってみたところ、いくつかの人為的な堆積が確認された。最下層には礫が敷かれ、その上に10cmほどの厚さの粘土層、さらにその上には小砂利混じりの３つの土層、最後に高い栄養分を持つ土が盛られていた。礫層は湖畔のぬかるみに土を盛り上げるための土台であり、その上の粘土層は、塩分の浸透を防ぐ目的があったと考えられる。

　このシステムの優れた点は、盛りあげられた畝ばかりでなく溝の部分にもある。溝にはティティカカ湖より常時水を引くことができたわけだが、繁茂する水草、生息する小型生物の遺骸は有機肥料としての役割を果たした。また魚類が繁殖した可能性があるが、食糧として利用されたかはわからない。驚いたことに溝に水が張られることによって、耕地の温度が高まり、安定するという。日中は高地にもかかわらず通常に比べて4.5℃ないし９℃も上がり、逆に現在でも農民を悩ませる夜間の冷え込みや霜は緩和されるという。エリクソンらは、このシステムを用いるならば、現在の農民の５倍以上の生産性を維持することができると算定している。さらに実験的に栽培を試みたところ、二期作も可能であることが判明したという。

図76 ティティカカ湖周辺に広がるレイズド・フィールド（Kolata 1993より）

コラータは、これらをもとに当時の人口を推定している。ティワナク遺跡の中核地帯を約190km²として、二期作なら57万から111万1500人、一度の収穫なら28万5000人から55万5570人という数字をはじき出したのである。最終的にコラータが選んだのは、36万5000人という控えめな数字であった。このうち、11万5000人が神殿が集中する都市や衛星都市部分に、残りの25万人が農耕、牧畜、そして漁労に従事していたと考える。ティワナク周辺の谷のうちで最も豊かなパンパ・コアニ（Pampa Koani）でさえ、今日2000人程度の農民が暮しているにすぎないことを考慮するならば、この数字がどれほど大きなものであるのか、いいかえればレイズド・フィールドがどれほど潜在力を秘めた技術であったのかが想像できよう。

この技術はティワナクでも1期、2期で発達した。しかしティワナク崩壊後まもなくして忘れ去られてしまう。シエサ・デ・レオンが到着した頃には、放棄されていたことであろう。コラータらは、現在この技術を復活させ、高地における農業生産性を高めるプロジェクトを実施している。考古学が現実の社会に寄与できる可能性

を示したまれな例であり、高地農民の貧困を救う新たな方法となることが期待される。

　さて、このレイズド・フィールドが機能していたとして、一体何を栽培していたのであろうか。高地性の栽培植物といえば、何といってもジャガイモである。世界の主要植物性食料源20のうちの1つに数えあげられるジャガイモは、原産地アンデスで2500種ものバラエティがあるといわれ、現代の農民の中には、1つの畑で250もの種類を同時に栽培している者もいる。この他にも、おそらく高タンパク源としてアカザ科の雑穀キヌアも栽培された可能性がある。

　現代の高地の人々の生活を長年調査している山本紀夫は、食事におけるジャガイモの重要性に注目し、この作物こそアンデス南高地で開花した古代文化の食糧基盤を形作るものという説を展開している（山本 1982）。山本はこの考え方をインカばかりかティワナクにも適用している。これほど高い場所で国家レベルの複雑な政治組織を発達させたのは、世界を見てもティワナクくらいしかなく、それを可能にした食糧がジャガイモであり、その保存方法であったという。世界の古代文明の成立過程には必ず余剰生産物の管理や独占、再分配の問題が関係し、その場合、保存可能な穀類が中心的な役割を果たしたと考えられるのがふつうである。ティワナクの場合、アンデスで重視される穀類トウモロコシの生産には高度が高すぎて向かない。むしろジャガイモの生育に適している。ところがジャガイモは保存しにくいといわれてきた。逆にいうと、ひとたび保存技術さえ開発されれば、大規模な人口を支えることができる。そしてこの保存技術こそが、今日の高地住民の間では日常的に用いられている冷凍乾燥であり、出来上がったイモ類（ジャガイモに限定されな

い）をチューニョ（chuño）と呼ぶ。

　ジャガイモでもとくに冷涼な高地に適応した種類は強い苦みを持つことが知られ、いつの頃か、これを処理するために冷凍乾燥技術が生まれた。今日のチューニョの作り方を見ると、まず日中の寒暖差が最大になる乾季を利用し、海抜4000mもの高地でジャガイモを野ざらしにする。夜間の凍結と日中の解凍を繰り返す中でふやかし、足で踏みつけて水分をとる。これをさらに野外で乾燥させるのである。こうすることで苦味が取り除かれ、そしてなにより保存が利くようになる。この冷凍乾燥処理は、ジャガイモに限らず他の根菜類にも適用されている。インカ時代にも、チューニョが各地の倉庫に収められていたことが記録に残っている。山本はインカ以前のティワナクにこの起源を求めたのである。

　たしかにレイズド・フィールドでの効率的な生産に、このチューニョを加えると、コラータが想像した以上に安定した社会が成立していたことが予想できる。しかしこうしたレイズド・フィールドの農業生産性を重視する見方に対する批判がないわけではない。かつてこの農法の重要性を説いたエリクソンも、レイズド・フィールドの形態の多様性に注目し、実験考古学のデータを加味しながら、この農法が、国家のような強力な統御がなくとも、比較的小さな集団で建設、管理できることを強調している（Erickson 1999）。また、一般論としてジャガイモは連作障害による線虫の被害に遭いやすい作物であるため（山本 2004）、コラータのいうような二期作が可能かどうかにも疑問が残る。

　これまで見てきたように、ティワナク1期から2期にかけて、中核地におけるエリートの権力が強化されたことは確実であり、宗教

都市ティワナクを支える後背地における食糧増産が促されたという見方には説得力がある。実際に、エリクソンの批判後も、この農法の国家統制が存在したと説く研究者は少なくない（Janusek 2008）。しかしながら、レイズド・フィールドの潜在力を過大評価することは戒めるべきであろう。実は、この点は、ティワナク政体の規模と統合性をどの程度と考えるかにもよる。これについては次節で考えることにする。

　もう 1 つ経済的な基盤として忘れてはならないのが、ラクダ科動物の飼育であろう。飼育環境としては理想的であり、また冷涼な環境で暮らす人々には欠かすことのできぬ織物の原料を提供する意味で、その重要性は高かった。とくにティワナクは織物に宗教的な図像を織り込んだことでも知られ、有機物の残りやすい海岸のティワナク関連遺跡からは多数の織物が出土する。こうした状況に現在のアンデス牧民の生業像を重ね合わせると、ティワナクの人々が、リャマのキャラバンを引き連れて他の生態環境ゾーンまで進出し、そこで他の民族集団によって生産される独自の産物を交換によって入手し、持ち帰ったというモデルも生まれてくる。実際にティワナクが他の生態環境ゾーンに直接進出をしていた例は次の政治体制の説明の中で扱うことにしよう。

（6）温暖な谷への進出と長距離交易

　ティワナクの位置するティティカカ盆地で、最近いくつかの関連遺跡の調査が進められている。1 つは、すでに触れたコンコ・ワンカネ遺跡である。形成期では、ティワナクと並ぶ祭祀センターとして勢力を誇っていたと考えられる。形成期 1 期には、山の位置や星

座の出現と関連した南北方向を基軸として建物が築かれたが、形成期2期には、東西方向に中心軸が変わるというティワナク遺跡とよく似た現象が観察されている。その後ティワナクの強い影響下に入り、ティワナク1期には放棄される。この遺跡を調査したジョン・ジャヌセック（John Janusek）は、コンコ・ワンカネの放棄はエリートの移住によるものであり、その移住先は、プマプンク遺跡であった可能性を示唆している（Janusek 2012）。プマプンクがアカパナとともに、双分制を形成していたという解釈はすでに述べた。形成期における2大センターの関係性は、ティワナクによる包摂過程でも維持されたのかもしれない。

　もう1つの重要な置跡であるルクルマタ（Lukurmata）は、ティワナク谷の北隣りにあたるカタリ谷にあり、首都ティワナクが直接的に支配下においた地域センターと考えられてきた（Bermann 1994）。紀元前後より利用された証拠が発見されているが、初期はまだ小農村であった。形成期後期2期までには、おそらくティワナクの配下に組み入れられ、Ⅳ期には堀を巡らせた都市に変貌する。首都のティワナクに似ているのは堀ばかりではなかった。人口は1万人以下と推定されているが、建造物は、基壇構造と半地下式広場を持つ神殿というように、ティワナクのコピーであり、小型版であった。コラータは、ルクルマタの場合を政治体制の上で2次的なセンターとして位置づけ、さらに3次、4次の下位に位置するセンターの存在を示唆している（Kolata 1993）。ティワナクは、こうした政治組織を基盤に、中核地域の高地平原における労働力の統合化を図り、レイズド・フィールド耕作を実現させたと考えるわけだ。しかし、近年では、土器、埋葬儀礼に関わる遺構、人骨の頭蓋変形、

基壇や半地下式広場の造りや形状などの点で、ティワナク中核地とは異なる側面を持つことを強調する立場も目立ってきた（Janusek 2008）。確かに、コラータのようにティワナクのヘゲモニー下に成立した2次センターかもしれないが、地方色の存在は、ルクルマタが、従来からカタリ谷で存在していた在地エリートによる独自の権力、独自のネットワークの行使が許された上で統合されたことを示している。一方的な支配と被支配の関係で語ることは難しくなってきている。

　ティワナクの勢力拡大は1期に始まるとされているが、ティワナク中核地域外へはどのような進出が行われたのであろうか。同じティティカカ湖周辺でも南西部や北部の調査は遅れている。しかし湖の周辺には、レイズド・フィールドの痕跡は多々あり、この地域が高い農業生産性を潜在的に保有していたことがわかる。ティワナクがこうした肥沃な土地に目をつけたとしても不思議ではない。実際に、チャールズ・スタニッシュ（Charles Stanish）による北西部に限った一般調査だけでも39におよぶ1期、2期の遺跡が発見されている（Stanish 1992）。問題は、もともとそこにいた集団との関係である。

　なかでもティティカカ湖北西岸のプーノ市がある一帯は、レイズド・フィールドに適した有望な耕地が広がるが故に、ティワナクの直接的な支配下にあったと言われるが、それより南の湖岸で成立した政体には自律性が認められ、ティワナクは、これをそのまま緩やかに統合したようだ（Stanish 2003；Junusek 2008）。また組織としては、各地方の首長（クラカ）の存在を認め、宗教についても従来のものに代わって、ティワナクの宗教を押しつけたのではなく、並

存させた可能性も指摘される（Kolata 1993）。これを示唆する重要な証拠として、ティワナク遺跡で出土した1つの石彫がある。150kmも離れたティティカカ湖北岸のプーノ（Puno）市に近いアラパ（Arapa）遺跡から一部が運び込まれたことがわかっている。プカラ文化的特徴を持つものであり、ティワナク・スタイルではない。ティワナク遺跡の宮殿の1つにこの石彫が組み込まれていることからすると、支配下に治めた地域の宗教を認めながらも、そのシンボルを首都に集め、ティワナクの宗教体系の中での位置づけを視覚的に表現しようとしたことが推測される。もちろんティワナクの神々よりは下のランクにである。こうした支配体制は、後のインカの先取りとも言える。また太陽の門に彫りこまれた「鳥人」を統合された集団と読み取る考えもすでに述べた。

　ティティカカ盆地外への進出については、近年、太平洋岸のモケグア（Moquegua）谷やボリビア低地のコチャバンバ（Cochabamba）地域でティワナクの遺跡が調査され、地方支配の実態が解明されつつある。たとえば、モケグア谷の温暖なユンガ地帯に位置するオモ（Omo）遺跡群を発掘したポール・ゴールドスタイン（Paul Goldstein）は、ティワナク文化の遺跡を発見している。ティワナク1期にあたる後500年頃に、おそらく高地起源の人々がやってきて集落を作り上げたと思われる。こうした移住者をティワナク・ディアスポラと呼ぶこともある（Goldstein 2005）。ティワナクの権威を示すかのように高地から直接運び込まれた土器が出土している。やがてティワナク2期になると、谷の斜面部を利用した3段の基壇とその上に設けられた半地下式広場を持つ神殿が建設される。広場ばかりか、その周辺に配置された方形の部屋構造は、ティワナクの建造

物のコピーである。またティワナク独特の図像を取り入れた織物ばかりか、広場の中心から石像の頭部が発見されている。石彫の保存状態は悪かったが、ベネットやポンセの石像に似ているという。このほかに、ほぞ付頭像らしきものも出土している。ゴールドスタインは、ティワナクの飛び地と考え、しかもこの遺跡が防御的な構造を有していないところから、その進出は平和的に行われたと推測している（Goldstein 1993）。実際には、こうしたティワナク本体の建築様式に、モケグア谷の地方スタイルの建築が組み合わさっており、高地起源の集団と在地の集団との融合が認められる。いずれにせよ、飛び地利用の目的は何であったのだろうか。

　実はこれには参考となるエスノヒストリーの研究がある。1567年にティティカカ湖畔を巡察吏として訪れたガルシア・ディアス・デ・サン・ミゲル（García Díaz de San Miguel）は、この地に10万人以上を擁するルパカ（Lupaqa）王国が存在していたことを記録している。このルパカ王国は、高地に適したジャガイモやキヌアなどを栽培し、リャマやアルパカの飼育に従事する一方で、片道10日もかかるようなイロ（Ilo）、モケグア、サマ（Sama）、アリカ（Arica）などの太平洋岸の谷間に土地を持ち、トウモロコシやワタを栽培していたことがわかっている。海鳥の糞（グァノ）も肥料用に採取していた。さらにボリビアのコチャバンバ地方にも土地を持ち、トウモロコシのほかコカを育て、木材を入手していたという（Murra 1975）。ティワナクが崩壊して500年も後の資料ではあるが、こうした生態環境の利用方法がすでにティワナク時代に確立されていたとは考えられないであろうか。

　つまり高地ティワナク社会の暖かいユンガ・ゾーンへの進出は、

農作物の入手という一見経済的問題が深く関わっているとみるわけだ。おそらくその場合トウモロコシが目当ての品であったのだろう。しかしすでに述べてきたように、ティワナクは周辺に高い生産性を誇る耕地を擁しており、十分に高地性食用植物の栽培により自給自足できたはずである。となればトウモロコシにはどのような役割が付与されたのであろうか。この作物が儀礼的、政治的な性格を持つ点については、中央アンデス北部の形成期末期の節で説明した。チチャという地酒の形で、集団間の融和を図る目的で饗宴で振る舞われたり、後のインカ時代で検証されているように、支配者が被支配者に協同労働を課すときの反対給付として与えられたのである。

ティワナク遺跡のアカパナの発掘でもトウモロコシの遺残は出土しており、またティワナクの土器に特徴的な器形であるケロと呼ばれる杯は、チチャのための容器であるといわれている。このように考えてみるならば、温暖な谷間へのティワナクの進出は、単なる植民地の建設が目的ではなく、儀礼的な性格を付与されたトウモロコシの生産こそ使命であり、ティワナクの宗教体系にも密接に結びついていた行動であると解釈できよう。ただし、近年では、ティワナク政体としての意志が交易面に働いていたのかどうかについては慎重な立場をとる研究者が多い。いずれにしても安定した食糧基盤は、ティワナク成立の基礎条件でもあった。しかし食糧さえあれば巨大な政治組織が完成するわけではない。そこには統合の論理がなくてはならない。ティワナクにおいてこの論理が表出しているのが宗教的な施設であり、儀礼用具、織物などであった。トウモロコシの輸出は、オモの社会の側にもメリットをもたらした。塩や高地で製作された石器などを入手できたからである。

　モケグア谷のオモでは、初期
の植民が成功を収めた後、次第
に耕地と灌漑施設が拡大され
る。仮にこの地に別の民族集団
が存在していたと考えるなら
ば、おそらく、この集団の首長
はティワナク文化を受け入れ、
チチャを含めたティワナクの宗
教にもとづき、施設を建設して
いったとも考えられる。これを
もって、ティワナクの支配体制

図77　コンドル文様朝顔形鉢（ケロ）
東京大学アンデス調査団提供

が軍事的というよりも宗教性を重んじるものであったと考える研究
者もいる。これはある程度正しい。ティワナクの宗教的な影響力が
強大であった点は、中核地域を越えてさまざまな別の集団に影響を
及ぼしているところからも容易に判断できるからである。

　たとえば、南アンデスのチリ北部、アタカマ（Atacama）砂漠の
周辺では、儀礼用具として嗅ぎタバコ用の木製キセルとタバコを準
備するための板が数多く出土する。この道具の中には、まさに「太
陽の門」とうり2つの典型的なティワナクの図像が彫られたものも
あった（Llagostera et al. 1988）。儀礼的な嗅ぎタバコの伝統は、
ティワナク以前からこの地方にあり、ティワナクの土器よりも、む
しろこの地方のスタイルの土器が相対的に優勢であることもわかっ
ているので、植民地型支配とは必ずしも言えない。しかしティワナ
クからの移民が全くなかったといっているのではない。たとえば、
明らかにティティカカ地方から持ち込まれたティワナク1期、2期

の図像を取り入れた土器、織物、金属製杯などを伴う墓が発見されているからである（Oakland 1992）。とはいえこうした墓は、ティワナク様式の副葬品を全く伴わないような一般の埋葬と区別されているわけではない。仮にティワナクからの移民があったにせよ、この地方の集団の政治的独自性は依然として優勢であったのだろう。地方の首長達は、奢侈品の独占による、あるいはティワナクの宗教を利用し、その強大な権力との友好関係を通じて自らの支配力の確立を図ったと考えられる。それだけティワナクの宗教には魅力と力があったということだ。

　しかし利用したのはティワナクとて同じであった。リャマの群を引き連れ遠隔地までやってきた彼らが一方的に宗教的な影響を与えて帰ったわけではない。そこには経済的もくろみがあったのだろう。アタカマ砂漠の場合、豊富な鉱物資源が交易品として重視されたらしい（Kolata 1993）。また、こうした長距離交易をさせたのは、他ならぬ駄獣リャマの存在である。直接支配、間接的な支配、あるいは交易対象地域のいずれの場合でも、物資の輸送は必須であり、その意味で、ティワナクがこの家畜の数や増殖に関して多大の関心を持ち、管理を行っていたことは十分に考えられる。すなわちティワナクは、農民ばかりでなく牧民のコントロールをインカに先駆けて実施していたのであろう。

　このようにティワナク政体の地方における状況はバラエティに富んでいたのである。食糧生産を含む中核地での階層的支配体制の存在、遠距離交易のコントロール、そしてなによりもこうした政治体制を支えるのに十分なほど成熟した宗教的イデオロギーの存在（チャ酒、幻覚剤、半地下式広場など）から考えれば、仮に余剰生産

物のコントロールを示唆するような倉庫、ならびに王の存在を示す大量の奢侈品を添えた埋葬が見つかっていないとしても、ティワナクを国家に近いイメージで考えることにはさほど抵抗はない。しかし直接的支配を行った地域は、

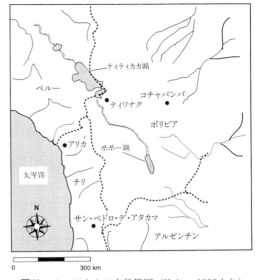

図78　ティワナクの交易範囲（Kolata 1993より）

ティティカカ湖周辺に限られ、そこから離れた飛び地といわれている地域も植民地的経営であったかどうかは定かではない。その意味で、コラータらが主張する広大な領域の支配というシナリオには、やや問題が残ろう。

　またティワナクの勢力拡大も、じつはそれ以前の形成期に成立していた諸集団間の資源やイデオロギーに関わるネットワークの上で成立したものであり、各集団の地方的特徴や独自性が接合されている点も確認しておきたい。この点は、コラータらのティワナク帝国論ともいえる強力な政治的ヘゲモニーを強調する立場への批判であり、今日のティワナク論の再出発点ともなっている。

（7）ティワナクの崩壊

　ティワナク遺跡は、後1000年を過ぎると衰退に向う。ティワナク
中核地の石像や門などの破壊もこの頃だと推測されている。この原
因について、コラータは自然環境の変化と結びつけている（Kolata
1993）。モチェ末期の変化を解釈するとき引用した南高地のケルッ
カラ氷床のデータに再び注目してみよう。これによると、毎年の氷
の厚み、すなわち降水量が後950年頃から変化し始め、後1050年か
らははっきりと減少傾向を示すという。こののち少なくとも後1300
年頃まで一気に下り坂の傾向を見せる。これは大規模な乾燥化と受
け取れる。この乾燥化が原因で耕地における農業生産性が落ち、
ティワナクの政治体制は維持不可能となったと考えるわけだ。確か
にティティカカ湖の水位は12～17mも下がり、湖周辺のレイズド・
フィールドは、この頃より放棄され、また植民地としてのモケグア
谷でも、遺跡の分布が中流域から上流域へと変わることがわかって
いる。不足する水を求めて氷河の水や自然の降雨を利用するために
より適した土地が選ばれるようになったと解釈できよう。乾燥化に
よる食糧基盤の崩壊、これがコラータのいうティワナク衰退のシナ
リオである。

　こうした気候変動で説明しようとする立場に対して、レイズド・
フィールドの項でもとりあげたエリクソンは、「新環境決定論」の
レッテルを貼り、強く批判している（Erickson 1999）。最近では、
この点を意識した考古学者は、気候変動以上に、社会内部の要因に
目を向けつつある（Janusek 2008）。

　ジャヌセックによれば、崩壊は突然起きたのではなく、長い過程
があり、その始まりは、ティワナクの最盛期に求めることができる

という、ティワナク2期に入ると、中核地、すなわちティワナク遺跡において、エリートの権力が増大した証拠が多々認められることはすでに触れた。と同時に、ティワナクの後背地に対する統御も強まる。この時期、ティワナク谷では、小規模集落は1期に比べて3倍に増加する。後1000年頃までに、こうした集落は、いくつかの集合を形成し、半自立的な社会政治単位となる。ジャヌセックは、この現象を、中核地における生活の締め付けが強化され、外部にチャンスを求め始めたエリートらの外部進出ととらえている。地方分権化ともいえる。

　これが中核地における変化と連動している。たとえば、2期も後半になると、アカパナの東部では、エリートが支援する饗宴の場が、一時的に使用する小形住居へと変貌し、人口の減少、流出が示唆されるという。アカパナの頂上部では、エリートの儀礼空間でリャマの消費か犠牲の儀礼が行われた直後にその空間が放棄される。またプトゥニ宮殿の破壊も後1000年頃に起きる。同じ頃、石像や門の建立は停止され、それらの意図的な破壊も開始される。おそらく中核部の社会内部に亀裂が入り、エリートは流出し、饗宴は衰退し、エリートの権力基盤としての祭祀に対する否定が始まったのである。

　おそらく気候変動は、こうした変化を加速させた可能性はあろう。中核部の衰退、後背地の自立が進む中で、集約化を進めてきた後背地そのものの生産が低下したことが予想される。このこと自体は、後背地の自立を促進させ、一方で中核部においてエリートが後援してきた饗宴をますます衰退させた可能性がある。さらにモケグア谷の植民地も、後段のワリの項で述べるが、2期に入ると、遠隔地であるからか、やはり自立傾向を見せ始め、緊張関係にあったワリの

図79　ワリ関連遺跡

集団と協調関係を結ぶ。モケグア中流域の集団としてのアイデン
ティティを確立し始めたのかもしれない。これに乾燥化が拍車を
かけたのかもしれないが、最終的に後1000年頃には崩壊する。これに
より、ティワナクは、イデオロギーに組み込まれた酒の材料である
トウモロコシの入手先の１つを失ったのである。やがてティワナク
は後1200年頃には、衰退してしまう。

　このような、ティワナクの崩壊を気候変動が始まる前の社会状況
にも一因があるとする見方は、実証が十分とはいえないが、「新環
境決定論」の単純な解釈に比べれば遥かに説得力がある。

第２節　ワリの戦略

（1）ワリ文化の研究と編年

　ワリは、ペルーの考古学の歴史の上では、比較的最近になって
その存在が認められた文化である（Isbell and McEwan 1991）。かつ
てワリはティワナクと同一視されたり、あるいはその影響下で成立
した文化として「類ティワナク（ティアワナコ）」の名が冠せられ
たこともあった。しかし近年の考古学的調査は、両者が異なる文化
として分けて論じるべきであることを示している。

　文献上最も早くワリ遺跡に言及したのは、他ならぬシエサ・デ・
レオンであった。彼はティワナクもワリも、どちらもインカに先立
つ古い時代に建設されたものであり、互いに関係があったと考え
た。16世紀のことである。しかし、その後は、ティワナクには注目
が集まるものの、ワリに目が向けられることはなかった。19世紀の
末、黎明期のペルー考古学の牽引車の一人であったドイツ人、マッ

クス・ウーレ（Max Uhle）も同じであった。彼はペルー中央海岸のパチャカマック（Pachacamac）遺跡を発掘し、墓の副葬品としてティワナクの「太陽の門」の図像とよく似たものを土器と織物の装飾の中に発見した（Uhle 1903）。しかし、図像が描かれる媒体が、ティワナク遺跡とパチャカマック遺跡とでは、石と土器というように異なり、またパチャカマック出土の土器にはティワナクにはない器形が認められた。このことから、ウーレは、パチャカマックの起源はティワナクよりももっと北のどこか別の場所であると考え、そこから中央アンデス全体に広がったと考えた。いずれにせよ、パチャカマックなどの海岸から出土する土器はティワナクの様式とは異なることが早くから意識され、「海岸ティアワナコ」として区別された時期もあった。この伝播論はその後も根強く継承され、そうした研究の趨勢の中、フーリオ・C・テーヨは、1931年にワリ遺跡、さらに南海岸のナスカ地方のパチェコ（Pacheco）遺跡を発掘する。テーヨは、相変わらずペルー海岸へのティワナクの影響を主張する研究者を尻目に、パチェコの土器がワリから発したものであることにはじめて言及した。やがて、欧米の研究者はワリの重要性に気づき、これがウェンデル・ベネットによって1950年に実施されるワリの発掘に実を結ぶことになる（Bennett 1953）。ひとたびワリに研究の力が注がれはじめると、その認識は次第に高まり、文化名も「ペルー・ティアワナコ」から「ティアワナコ＝ワリ」、そして「ワリ」の単独使用へと移り変わっていったのである。

　ワリ文化への関心は土器研究にも現れた。形成期の図像研究の際に紹介したが、1964年、ドロシー・メンゼルは、文献を網羅的に集め、当時までに知られたワリ的と呼ばれた土器を分析している

（Menzel 1964）。その結果、アヤクーチョ盆地の「ワリ帝国」の誕
生から、地方への進出、そして崩壊という一連の過程は、200年と
いう比較的短い間に起きたと考えた。この時期を「ワリ期」と呼ぶ
こともあるが、メンゼルをはじめとするワリ文化の研究者は「中期
ホライズン」の用語を用いているので、この章に限ってはホライズ
ン型編年を用いざるをえない。中期ホライズンの始まりは、南海岸
のイカ谷にナスカ9期の土器様式が現れる後550年頃とされている。
アヤクーチョ盆地でも、ナスカ9期の土器様式と多くの共通性を有
するチャキパンパ（Chakipampa）様式が登場する頃である。

　さてメンゼルは、中期ホライズンを4つに分け、そのうち初めの
2つをそれぞれAとBに細分している。1A（後550～後600年）、
1B（後600～後650年）、2A～2B（後650～後800年）がそれで
ある。なお中期ホライズンは後900年頃までとされた。これに対し
て、パトリシア・ノブロック（Patricia Knobloch）は、ワリ遺跡で
の層位発掘の成果をもとに、別の編年区分を主張している（ノブ
ロック 1991）。中期ホライズンの始まりを後750年というように比較
的遅く考え、1期（後750～後800年）と2期（後800～後900年）の
2つの時期でとらえようとするモデルである。ワリやワリ関連遺跡
から報告されている絶対年代は、後650年から後700年のものが多
く、また他の地域の文化との関係でにわかには受け入れがたいが、
唯一とも言える層位発掘の成果でもあるので、さらにこのモデルが
鍛えあげられていくことが望まれる。ここではとりあえず、ワリ研
究者の多くに依然として支持されているように見えるメンゼルの編
年で話を進めていこう。ただし、最近では、放射性炭素年代は較正
年代を用いる傾向にあり、これによれば、中期ホライズンの各相の

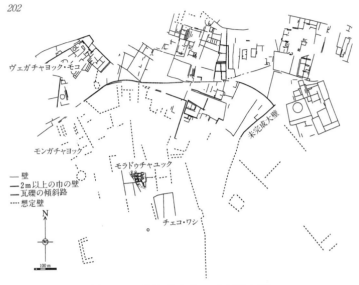

図80 ワリ遺跡（Isbell et al. 1991より）

絶対年代は、従来ほど古くはなさそうである。

　いずれにしてもワリ文化の広がりがペルーの北部、中部、そして
南部の一部に認められる一方で、ティティカカ湖畔に中心を持つ
ティワナクはボリビアはもちろん、ペルー南部からチリ北部、アル
ゼンチン北西部に広がるとして、両文化の範囲が区別されるように
なった。しかし問題はその影響の質である。ワリはどのような支配
体制を持っていたのか、かつてティワナクの影響が想定されたとき
に持ち出された軍事的進出は事実なのか、そして何よりも本当にワ
リは、中央アンデスの広い範囲を支配したのか、インカのような帝
国であったか。こうした問題を考える前に、まずワリ遺跡そのもの
を知る必要があろう。

（2）ワリ遺跡の構造

　ワリ文化の中心地は、文化名ともなったワリ遺跡である。ペルー中部高地のアヤクーチョ県の同名の県庁所在地より北に約25kmほど離れた場所にある。1970年代以降、ワリ遺跡は、ニューヨーク州立大学のウィリアム・イズベル（William Isbell）やペルー人考古学者ルイス・ルンブレラスらを中心に層位発掘が行われてきた。遺跡の広がりは、中核地域でおよそ300ha、一般の住居を含めると1500ha にも及ぶことがわかった。ワリ遺跡では、高い石壁に囲まれた空間が仕切壁で区画され、部屋や通路が作られている。西欧文化でいう都市の景観を見て取ることができるのである。

　ワリが成立する前のアヤクーチョ盆地には、ワルパ（Huarpa）と名づけられた文化が存在した。ティティカカ盆地の形成期後期における状況に似て、ワルパの時代、ある一カ所ではなく、地域ごとにセンターが成立し、センター間の交流を基盤に、共通した物質文化や祭祀活動が展開されていたと考えられる。こうした要素の中には、円形構造物や壁で囲まれた方形の広場など、後のワリで認められるものも多く、ワルパがワリの前身となったことはまちがいない。またワルパは、南海岸のナスカとも交流を持ったことは、彩色土器にみられる共通性からよく指摘される。

　さて、ワリ遺跡の重要性が考古学界でも盛んに唱えられる割には発掘例は少ない。モラドゥチャユック（Moraduchayuq）、チェコ・ワシ（Cheqo Wasi）、ヴェガチャヨック・モコ（Vegachayoq Moqo）、モンガチャヨック（Mongachayoq）と呼ばれる4区域の報告が利用できる（Isbell et al. 1991；Benavides 1991；Bragayrac 1991；Perez 2000）。それらによれば、ワルパ文化の小農村から都

図81　チェコ・ワシの石造構造物

市空間へと変化を遂げるのは、メンゼルの編年でいう１Ａから１Ｂの初めにかけてである。イズベルが調査したモラドゥチャユックでは、この時期にあたる方形の半地下式広場が発見されている。ティワナクの石積みを思い起こさせるような切石で壁ができている。チェコ・ワシやヴェガチャヨック・モコでもこうした整形された石でできた土留め壁や埋葬用の施設が確認されているため、かなり広い範囲で建築活動が開始されたことがわかる。

　チェコ・ワシでの半地下式の石室は盗掘されていたが、金製品を始めとする豪華な副葬品が添えられていたようだ。なかには、エクアドルから持ち込まれたと考えられるウミギクガイやその加工品、ペルー北高地のカハマルカ文化の土器、さらに遠隔地からの交易品である孔雀石、ラピス・ラズリなども含まれていた。またモンガチャヨックでは、深さ20m以上にも達する地下式霊廟が発見されている。霊廟の上部にあたる４つの部屋は第２レベルの21の部屋につながり、さらに深い坑道が第３レベルと連絡している。残念ながら盗掘されてはいたが、黒曜石、トルコ石、銅製品、土偶、ウミギクガイが出土している。

　さらに最近、盗掘された霊廟の近くで、建設途上の霊廟、地下回廊、さらには後段で触れるワリ特有のＤ字形の構造物の床下から、

盗掘を受けていない霊廟が見つかっている。この霊廟は見事な切石で構成されていたが、安置されていた遺体は、上部の建物が築かれる前に移されたようだ。奉納穴が発見されており、ウミギクガイや緑色の顔料が報告されている（Cabrera and Ochatoma 2019）。いずれにしても、こうしたみごとな墓の存在は、ワリ社会の中でのエリート階層の成立を示唆するものである。

　やがて１Bになると、ワリ特有の建築が登場する。高い壁で囲まれた空間に定型化された建物が配置され、さらに外壁に接するように連絡用の通路が設けられた。今日、ワリ遺跡で見られる建築の大半はこの時期にあたり、壁で囲まれた空間がいくつも集まって都市的景観を生み出している。たとえばモラドゥチャユックでも壁に囲まれた空間内に新たな建物が造られた。前の時期の半地下式広場は、方形の中庭とその周囲を囲む回廊状の部屋に取って代わられる。回廊状の細長い部屋は互いに接し、連絡用の出入り口を内部に持つ場合もある。また中庭に通じる出入り口もある。こうした回廊状の部屋は、しばしば２階以上の

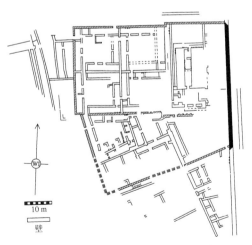

図82　モラドゥチャユック地区に見られる「直行する細胞状建築」（Isbell et al. 1991より）

上部構造を持つ。仮にこの広場と回廊とを1つの建築単位とするならば、モラドゥチャユックでは、これが漢字の「田」の字状に4単位が隣接している。イズベルは、この建築単位を「直行する細胞状建築」と名づけた。これは、チェコ・ワシではやや不明瞭な形で確認されているが、ヴェガチャヨック・モコでは見あたらない。

代わりに、ヴェガチャヨック・モコでは、床に丁寧な上塗りを施したD字形の建物が見つかっている。この種の形状を持つ建物は、アヤクーチョ市近郊のコンチョパタ（Conchopata）遺跡でも確認されている（Isbell 2000）。そこからは、奉納品や頭骨が出土しているので、祭祀空間であったことがわかる。おそらく、このD字空間は、先にとりあげた「直行する細胞状建築」とともに、ワリ文化を代表する建築上の特徴であろう。その場合、「直行する細胞状建築」、とくに中庭では、エリートが後援する饗宴が執り行われた可能性が指摘されている（Cook and Glowacki 2003）。

ワリ遺跡全体を眺めてみると、既述の建築単位を抱える台形、あるいは長方形の区画が、南側で小さく、北側で大きいことに気づく。利用している地形の違いを反映しているとも考えられるが、それぞれの地域を占有していた集団の政治的権力の差とも考えられる。

一方でワリ遺跡の中には、ところどころ数メートルもの厚みを持つ巨大な壁が見られる。曲線を描いて走り、曲がり角も直角ではない。編年上2期の終わり頃とされている。ところが、この大壁と直接接する空間の中には、極端に遺物が少ない場所や、建築が見られない場所、また建築途上の構造物がある。修復や拡張の途上でこの都市が放棄された可能性が高く、ワリの成長と拡大が比較的短期間であることを物語っている。後800年頃、ワリは突如として衰退す

るのである。

　ワリが短期間でこれほどまでに成長をしたのは、周辺から集団が移住してきたことと関係している。たしかにワリの周辺では、地方発展期（前期中間期）の末には、すでに居住地が放棄されている。だとすると、ワリの初期（１Ａ～１Ｂ初め）における建築形態の多様性は移住者の志向（民族性）を反映したものであると考えることができるかもしれない。やがて２期を迎えて建築活動もピークに達するわけだが、この頃の人口をイズベルは最低で１万人、最高で７万人と算出している。しかしながらこの頃のワリ遺跡に見られる建築には、さほど計画性が認められない。付け足し、各地のスタイルの取り入れなど、むしろご都合主義的面さえ見られる。エリートらのリーダーシップは、必ずしも建築に反映されたとはいえないのである。

（３）ワリは帝国か？

　かつて中央アンデスの海岸地帯で発見され、「海岸ティアワナコ」と同定された遺物がその後の考古学的調査の結果、ワリ文化に属すると再解釈された過程についてはすでに触れた。これだけのことなら、ワリはかつてティワナクに与えられた役割をそのままそっくりと引継ぎ、中央アンデスの広い範囲にわたって、軍事的、政治的支配を広げたと考えればよいことになる。こうしたワリの強大な権力の存在を主張する研究者は今でも多い。ことにイズベルを始めとして、ワリ遺跡そのものの発掘に従事した研究者にこの傾向が強い。

　一方で、逆にワリの政治力を小さなものと考える研究者もいる。ペルー人考古学者ルトゥ・シャディ（Ruth Shady）は、ワリがイ

ンカのような帝国的支配を完成したならば、おそらく物質文化のみ
ならず公用語の強要まで行われてしかるべきだが、その証拠がない
と主張している（Shady 1982）。シャディに代表されるワリ小政体
論は、帝国論で取り上げる地方センターというのは、実際には、各
地方でそれぞれ独自に機能していた政体の中心地なのであり、そこ
でのワリ的要素は交易のネットワークを通じて持ち込まれたものに
すぎないという立場に立っている。地方のワリ関連遺跡を発掘した
研究者に多い意見である。

　これとは別の考え方もある。かつて唱えられたようなティワナク
覇権説である。ティワナクが中央アンデス全体を支配し、ワリはそ
の力を広めるための2次的なセンターであったという解釈だ。これ
はとくにティワナクの存在するボリビアの考古学者に多い（Ponce
1972）。明らかに考古学上の「自民族中心主義」、「調査遺跡中心主
義」の現れであり、受け入れがたい。

　さてこのように仮説が鼎立する中で、ティワナク覇権説を除けば、
どちらが最も蓋然性が高いかという判断をすることは現段階ではき
わめて難しい。すでに述べてきたように、中期ホライズンの編年が
揺れ動いている段階では、関連遺跡の正確な位置づけや内的発展過
程を追うことが困難だからである。にもかかわらずイズベルらのワ
リ覇権説は今のところ最も説得力がある（Isbell 1991）。

　イズベルは、帝国の定義を複数の国家を統合するさらに上のレベ
ルととらえ、ワリが帝国であるかを論じるためには、ワリ以前にす
でに国家が成立していたことをまず証明しなくてはならないと述べ
ている。したがって、ワリ以前のアヤクーチョ地方や他の地方の社
会状況に関するデータが不足している以上、この問題は棚上げにせ

ざるをえず、とりあえず「帝国」ではなく、「政体」という微妙な言葉でかわすしかないという。しかし中央アンデス全体にその政治的支配力が及んだ点は否定できない事実として強く主張する。彼がその際持ち出す証拠というか基準は建築学的特徴、建築技術、そして建築概念など多岐にわたる。簡単にいえば、石壁に囲まれた空間を持ち、石壁の外には通路が設けられていること、また囲まれた空間はさらに仕切壁などで方形や台形に細分され、その内部に中庭を取り巻く細長い回廊状の部屋を配置すること（直行する細胞状建築）、2階以上の多層構造を持つ点、あるいはD字構造物を持つ点などにまとめられよう。こうした特徴が地方のワリ関連遺跡にどのように現れるのかを見るわけだ。

　ワリの地方支配体制を考察する際、イズベルが持ち出すのは、古代ローマやアテネの例である。大きく分けて2つの形態がある。公式な支配と非公式な支配である。前者は支配政体から直接エリートが派遣されて統治する直接的な支配と、各地方の協力的な首長やエリートに統治を任せる間接的な支配とに細分される。後者は、地方に別の政体が存在することは認めながらも、賄賂や一部のエリートの操作によって実態としては支配下に組み込むというものである。前者はともかく後者は考古学的に証明することは難しい。とりあえず地方のワリ関連遺跡を見ることにしよう。

（4）地方センターの建設

　暫定的なワリの編年によれば、ワリの地方進出を最も早く示す事例は、モケグア谷で確認されている。中期ホライズンの1Aの頃とされてきたが、最近では、後600年頃と考えられている。すでに述

図83 セロ・バウル遺跡　渡部森哉氏提供

べたように、ここにはワリ侵入以前にティワナクが植民地を確保していた。したがってワリの進出にあたって選んだ場所は、ちょっと変わっていた。セロ・バウル（Cerro Baúl トランクの山の意）という山の上であった（Moseley et al. 1991）。平らに延びる頂上部の地形に沿うように外周壁が走り、それによって囲まれた空間に、中庭を囲む2階建て構造やD字形建築などが配置されている。しかし台形や方形の区画、通路、「直行する細胞状建築」などのワリ最盛期の特徴は見あたらない。むしろワリ遺跡でいえば初期の建築上の特徴が見られるわけで、モケグアにワリが侵入したのが時期的に早かったことが推測される。

　ワリのセンターが谷底ではなく山頂に建設されたのは、ティワナクの集団との軋轢が原因といわれている。当時、ティワナクの集団はもう少し下流の谷底を利用していたため（オモ遺跡群）、戦略的に別の場所が選ばれたようだ。ワリは要塞型のセンターを上流域に建設し、勾配が急な地形を利用した灌漑用水路を整備し、谷の斜面を開発したのである。この場合、栽培した作物は、トウモロコシばかりでなく、コショウボク（molle）、トウガラシ、ピーナッツ、マメ類であった（Janusek 2008）。とくにコショウボクは、トウモロコシ同様に酒の材料として今日でも利用される。モケグア谷で、ワ

リがティワナクと緊張関係にあったことは、防御を意識した立地の
みならず、物質文化の上でも認められる。それぞれの文化に属する
遺跡から出土する土器は全く違うものであり、両者に交流がなかっ
たことが推測できる。ところが、この関係が後800年以降に大きく
変化することが最近指摘されている（Williams and Nash 2002）。
この頃には、セロ・バウルの近くにまでティワナク関連遺跡が現れ
るが、対立の証拠はなく、むしろセロ・バウルではティワナク側の
人々、とくにエリートを招いた饗宴が催されたといわれている。ま
たこの逆のケースで、オモ遺跡にワリ植民者を招待したことも推測
されている。これは、ティワナク植民地が時を経て、次第にティワ
ナク中核地の統御からある程度独立しはじめたことを示していると
いう。いずれにせよ、セロ・バウルは、イズベルの分類でいうと公
的、直接的支配のカテゴリーに入ると考えられる。

　さてイズベルはモケグア侵攻の成功こそ、中核地ワリにおける都
市再編成の契機となったと考えている。たしかに時間的には一致し
ている。何が原因にせよ、中核地ワリでは中期ホライズンの１Ｂの
頃に、大々的な改造が行われ、例の「直行する細胞状建築」等を備
えた都市へと変貌する。やがてワリ周辺の土地でも、２次的、ある
いは３次的センターが建設され、そこではワリ遺跡の主な建築的特
徴が繰り返し現れている。

　たとえば、先にも取り上げたコンチョパタは、ワリ遺跡から
12km ほど離れた遺跡である。最盛期には30〜40ha まで拡大し、内
部には２つの「直行する細胞状建築」とＤ字構造物をかかえる（Is-
bell and Cook 2002）。とくに、Ｄ字構造物では、大型の彩色甕や人
物象形壺を粉砕した儀礼の痕跡が認められ、さらに焼かれ、粉砕さ

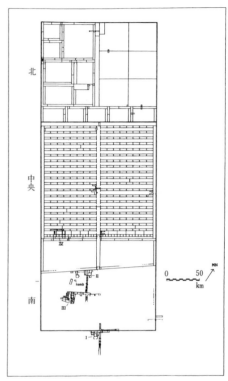

図84　アサンガロ遺跡の平面図
（Anders 1991より）

れた頭骨が出土している。頭頂部には穴が開けられ、肉がそぎ落とされた痕跡も発見されているので、ナスカで発見されるような戦勝首級に関わる儀礼が執り行われたと考えられる（Tung and Cook 2006）。また、女性エリートの墓も確認され、人物象形壺、マントを留める銅製ピン、トルコ石やウミギクガイの装飾品などの副葬品が出土している。

　ワリ遺跡の北西15km、海抜2390ｍ、アヤクーチョ盆地の北端にアサンガロ（Azángaro）遺跡がある。遺跡は、長方形の壁に囲まれた空間を呈し、南、北、そして中部の３つに分かれる。北部地域の西半分には、例の中庭とそれをとりまく回廊状小部屋が見られた。東半分は、仕切壁で単純に区画されているだけである。いずれも権力者の空間であったろう。中央部分では、隣接する８つの小部屋よりなる列が、南北に走る通路を挟んで両側に19列ずつ確認さ

れている。最も南の20番目の列だけ18部屋であった。倉庫か住居の可能性がある。一方で南側の区画には不規則な建物が建ち並んでいる。また地方スタイルの土器が圧倒的であることから、調査者自身はこの土地の首長が政治や儀礼を司ったと考えている（Anders 1991）が、アサンガロとワリの距離の近さを考えれば直接的支配と考えたいところである。

　実際、南側の不規則な形態を見せる建物は、後代のものであることが最近わかってきたので、ワリと地方権力との共存という解釈は再考すべきと考える（Finucane et al. 2007）。

　イズベルが公式、直接的支配と考えるもう１つの事例がアヤクーチョ盆地に近いカルワラッソ（Carhuarazo）谷にある。海抜3350mに位置するヒンカモッコ（Jincamocco）遺跡でも、やはり外周壁で囲まれた空間や「直行する細胞状建築」が認められている（Schreiber 1991）。もう少し離れた場所にも目を転じてみよう。

　ワリ関連の計画都市のうちで最大のものは、クスコ谷の海抜3250mに位置するピキリャクタ（Pikillacta）である。ワリ遺跡とは異なり、地形を無視してまっすぐに走る壁によって囲まれた巨大な方形の空間である。２km²という範囲はインカ時代のクスコに匹敵する。内部は、「直行する細胞状建築」を含めて、いくつもの仕切壁によって、さらに小さい方形の空間に分かれる。しかし内部通路が極端に少ないため、移動や連絡は決して容易ではなかったようだ。こうした意図的なコミュニケーションの制限は、長らくこのピキリャクタの役割をワリの倉庫という地位に甘んじさせてきた。しかし、最近の調査では、ここが１Ｂから２期にかけてのワリの地方センターであり、エリートらが住み、宗教的儀礼も司っていたことが

わかりつつある（MacEwan 1991, 2005）。ただし、中心的な役割を担ったのがワリから派遣されたエリートであったのか、この地方の首長であったのかは、はっきりとしていない。

　このように決して検証は十分とはいえないが、ワリ周辺、あるいは中央アンデス南高地で、ワリの直接的、間接的な支配が達成されたことがおぼろげながらもわかる。では南高地の外でも同じであろうか。たとえばワリ遺跡から北に900kmも離れた高地にワリ関連遺跡としてよく言及されるビラコチャパンパ（Viracochapampa）遺跡がある。海抜3000mの地点にある。南高地からこれほど遠くに離れていながら、ワリの建築的特徴とされる外周壁、「直行する細胞状建築」などが見られる。（J. Topic 1991）。しかしよく見ると異質な要素もある。

　じつはビラコチャパンパ周辺は、これまでの例とは違い、ワリ以前の社会がトピック夫妻の発掘調査によって明らかにされている。それによれば、この地には古くからマルカ・ワマチューコ（Marca Huamachuco）と呼ばれる巨大なセンターが機能し、かなり強力な政体が成立していたようだ。したがって、ワリの受け入れ方も支配ー被支配というような単純な関係ではなく、あくまでワマチューコの政体は維持された上で、ワリとの積極的な関係を結んだのだとトピックらは考えている。ビラコチャパンパには、ワリの建築的特徴とは別に、マルカ・ワマチューコの建築様式の1つである「壁がんを持つ講堂」などの要素が加味されているし、さらにビラコチャパンパの建設にもかかわらず、マルカ・ワマチューコは放棄されたわけではなかったことも指摘されている。

　これに対して、イズベルはビラコチャパンパも公式的、間接的な

支配のケースと考えている（Isbell 1991）。土器、建築におけるこれほどのワリ的要素の存在は、単なる影響だけでは解釈できないという。ま

図85　マルカ・ワマチューコ遺跡

た土器の分析によれば、ワリのワマチューコ進出は、アヤクーチョ盆地での２次的センターの建設より早いという。モケグア進出が成功した後、アヤクーチョ盆地周辺の体制を整える前に北に進出を開始したのだとイズベルは考えている。しかしトピックらが主張するように、地方首長がワリの政治的力を利用し、いわゆる同盟的な形でワリの文化要素を導入した可能性も捨てきれない。

　このほか、ビラコチャパンパのさらに北にあたるカハマルカ市のエル・パラシオ（El Palacio）遺跡においてワリ様式の土器を伴う遺構が検出されている（Watanabe 2019）。ワリ様式の直行する細胞状建築は発見されていないが、カハマルカ文化には認められない厚みを持った石積みの壁や地下式墓が発見されている。渡部森哉は、エル・パラシオをビラコチャパンパが放棄された後に築かれた新たなワリの地方センターであったと位置づけている。

　このように地方でのワリの実態には不明なところが多い。山岳地帯以上に調査が遅れている海岸地帯の場合、なおさらつかみづらい。ワリの海岸地帯への進出の拠点の１つとされている中央海岸のカハマルキーヤ（Cajamarquilla）遺跡は、ペルーの首都リマの郊外

にある巨大な都市型遺跡である。区画された空間、広場、通路など
を備え、ワリ的な土器が出土している点で注目したいところだが、
十分な調査がなされていない。またもう少し南に下ったルリン谷河
口近くのパチャカマック遺跡にもワリの証拠はある。海に面した巨
大な遺跡であり、日干しレンガを積み上げたピラミッド状神殿、倉
庫、通路などを抱え、巡礼地として栄えた。しかし少なくとも建築
上の観点からすれば、ワリの地方センターの1つとはいえないが、
後にインカの時代まで、巡礼や神託の中心地として栄える基礎はワ
リ期に築かれたと考えられる。ワリは、パチャカマックの力を利用
してウミギクガイなどの儀礼用品を入手していた可能性はある。

　北海岸では、モチェV期がほぼワリ期にあたる。しかしIV期から
V期へのモチェ社会の政治的変化を、ワリの侵入によるものと考え
ることができない点にはすでに触れた。たしかにモチェV期の中心
地パンパ・グランデでは、倉庫や壁で囲まれた空間など従来見られ
ないような都市構造が出現するので、ワリの影響と見られなくもな
い。しかし中心に据えられた巨大なピラミッド型神殿の存在は、む
しろ北海岸のモチェ文化の伝統を受け継ぐものである。直接的にせ
よ間接的にせよ、ワリの支配が及んだとは考えにくい。こうしてみ
ると、やはりワリは山岳地帯起源の政体であったのだろう。海岸へ
下りる谷間の部分的な開発は行ってはいたが、結局未知の生態区分
帯への進出は慎重であったようだ。

　例外といえば、中央海岸南部から南海岸という、中核地に近い場
所に若干の拠点を設けたことかもしれない。たとえばピスコ谷のマ
イミ（Maymi）遺跡では、大型の鉢が儀礼的に壊され、埋められ
ていた（Anders 1990）。大鉢の表面にはティワナクの太陽の門に

彫られた「杖の神」とよく似た図像が描かれていた。この出土状況は、あとで詳しく述べるナスカ谷のパチェコ遺跡やアヤクーチョのコンチョパタ遺跡とよく似ている。マイミ遺跡の発見は、海岸のワリの実態を探る上で久しぶりに重要なニュースとして考古学界をわかせたが、不幸なことに調査者マーサ・アンダース（Martha Anders）が交通事故で他界してしまい、調査は中断している。

　さらに近年、中央海岸北部のワルメイ谷のカスティーヨ・デ・ワルメイ（Castillo de Huarmey）遺跡で、土器や織物など見事なワリ様式の副葬品を伴う墓構造が確認された（Giersz and Pardo eds. 2014）。以前から、ワリ様式の布が出土することは知られてきたが、考古学的調査によって初めてワリの影響が特定された。調査者らは、ワリの直接的支配と考えているが、埋葬遺構はワリ遺跡とは異なり、ワリ関連遺物の出土もさほど多くはない。

　最後にもう1つ取り上げておきたいのは、エスピリトゥ・パンパ（Espíritu Pampa）遺跡の調査である。最終章で述べる新インカ帝国の幻の都の最有力候補として知られるこの遺跡において、ごく最近、ワリ様式の金属製品を伴うエリートの墓が発見された（Fonseca Santa Cruz and Bauer 2020）。アンデス山脈の東斜面にあたり、密林地帯である。ワリ特有のD字形建築も発見された。ワリの強い影響下にあったことはまちがいなかろう。クスコ地域は、インカの拠点として、これまでワリ文化への関心が低かったが、近年、相次いでワリ遺跡が確認されている。少なくともクスコ地域で、インカ帝国がアマゾン地域を初めて進出したといわれてきた解釈を見直す機会を与えたといえる。

　このように、地方のワリの様相がさまざまであることは確かであ

る。中央海岸では、ワリの出現時期に呼応するかのような社会変化が見られ、またときおりワリの存在を強く感じさせる遺跡も見られる。山岳地帯では、ワリ遺跡のあるアヤクーチョ盆地を中心に、ワリの副次センターといえるほど遺構や遺物が類似しているケースが目立ち、そこから離れていくと地域的特徴が目立つ。いまのところは、ワリの帝国支配はあったとしても、後のインカ帝国のように、地域によってその介入や支配の方法はまちまちであったと考えておきたい（Schreiber 1992）。

（5）段畑とトウモロコシ農耕

　ワリの地方支配の体制がどのようなものであったにせよ、いったいその意図はどこにあったのであろうか。これを考える上で示唆的なのは、山岳地帯の事例としてとりあげたカルワラッソ谷のデータであろう。調査者シュライバーによれば、この地域ではワリの侵入以前には6つの村があり、海抜3300〜3600mあたりの高度に分布していたという（Schreiber 1991）。村の住民は、高地に適応したジャガイモなどの根菜類、リャマ、アルパカなどの家畜の飼育に従事していた。ところがワリの侵入とともに、もっと低い場所に移動させられたようだ。新たな村が海抜3000〜3300mのあたりに作られている。ワリの地方センターであるヒンカモッコの建設もこの頃と考えられる。さらに移住とともに、周囲の斜面には手が加えられ、テラス状の耕地が作られたのである。この居住パターンの変化やテラス耕作は、高地型の根菜類＝ラクダ科動物飼育からトウモロコシ耕作への積極的転換と解釈できそうだ。食物や酒の材料としてのトウモロコシの入手に、ヒンカモッコを通じてワリが政治的に関与しはじ

めたのだろう。

　トウモロコシ栽培に係わるテラス耕作の開始は、アヤクーチョ盆地ではワリ直前のワルパ文化にさかのぼると考えられているが、本格化し、政体そのものが関与するのはワリからであろう。たとえばモケグア谷においても、谷底を開発していったティワナクに対して、ワリはそれまで利用されていなかったやや上流部の斜面を占有し、灌漑水路とテラスを建設している。ティワナクの進出同様に、温暖な谷間でのトウモロコシ耕作を目的としていたことがうかがわれる。

　さらに状況証拠はある。ワリの建築で特徴的だった「直行する細胞状建築」の存在である。この構造の機能については諸説あるが、ワリから派遣されたエリート、あるいは地元の支配者階級が使用していた空間であった点では一致を見ている。住居なのか、別の目的があったのかについてはわからない部分が多い。イズベルは、インカの事例を引き合いにして、この場所でトウモロコシの地酒チチャを振る舞う饗宴が執り行われた可能性を指摘している（Isbell 1991）。あるいは、モケグア谷で見てきたように、異なる民族集団間の融和を目的とする宴もあったろうし、そこで交されたのはトウモロコシばかりでなく、コショウボクの酒であったかもしれない。たしかに地域対立を緩和し、またセンター建設など共同労働に従事する地域住民への見返りとして饗宴が持たれた可能性はあろう。すでに触れたように、このシステムが完成するのはインカである。経済システムと建築構造との関連が将来解明されてくれば、インカに先立つ互酬的システムをワリが採用したかどうかが判断できるであろう。

　確実に言えることは、モチェやティワナクで見てきたように、年

代から考えるならば、ワリは大規模な気候変動の中で誕生した文化であり、激変する環境に耐えうる生産、貯蔵システムを誕生させようと努力した点である。その際に精力を注いだのがトウモロコシ生産であり、食糧としてばかりでなく、政治的、あるいは宗教的な体系の中で重要な役割を付与していったのである。その意味でトウモロコシは社会変化を生み出し、増長させた作物であった。

（6）図像の系譜──ワリとティワナクの関係

　最後にそのワリとティワナクとの関係を考察しておこう。ティワナクを調査したアラン・コラータは、ティワナクとワリは1つの政体の聖と俗をそれぞれ体現した可能性を指摘している（Kolata 1993）。一見するとティワナクは祭祀センターであり、ワリは俗的ないわゆる都市空間としてとらえられる。しかしワリにはワリの宗教的な要素が存在する。

　イズベルは建築上においても両政体間の直接的関係を認めている（Isbell 1991）。たとえばワリ遺跡の初期に建設され、祭祀的役割を担っていたと考えられる巨石建造物は、ティワナクの石工が直接ワリに来訪し、ワリのエリートの監督下で完成させたと考えている。たしかにワリ遺跡のモラドゥチャユックで確認された半地下式広場は、ティワナクを彷彿とさせる。

　こうした建築技術以上に両者の有機的関係を想定させるものとして図像がよく引き合いに出される。両文化の図像表現は、多くの考古学者がワリ文化を「海岸ティアワナコ」と単純に解釈してしまったほど類似性は高い。大きな違いがあるとすれば媒体であろう。たとえばティワナクの主神格と考えられる「杖の神」や「鳥人」は石

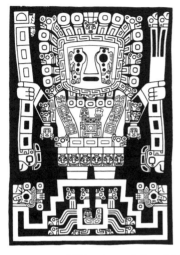

図86　ティワナクの「太陽の門」に彫られた文様

彫に表れ、ワリでは土器や織物に登場することが多い。ワリ遺跡の
あるアヤクーチョ盆地では、1940年代にコンチョパタ遺跡がテーヨ
によって調査されている。そこからは、意図的に壊された巨大な彩
色人面壺や鉢が出土している。1977年に再度発掘が行われ、すぐそ
ばから女性の埋葬も見つかっている。

　コンチョパタの図像はティワナクとよく似ているが、違う点もあ
る。たとえば「杖の神」や「鳥人」には、ティワナクの「太陽の門」
の石彫にはない牙が属性として表れている。またこうした神格が握
る笏の先には、はっきりと捕虜らしき人間の姿が描かれる場合があ
る。同じような図像はワリ地方ばかりでなく、ペルー南海岸のナス
カ地方にあるワリ関連遺跡パチェコでも確認されている。やはり意
図的に割られた巨大な鉢であった。しかしそこに描かれているの

222

図87　プカラの土器に見られる「杖の神」(上)と「鳥人」(下)の図像（Rowe and Brandel 1969–1970より）

は、「杖の神」だけであり、「鳥人」の姿は見あたらない。光芒を発する「杖の神」が単体で表現され、従者はいないのである。さらに注目されるのは、光芒の先端部分や貫頭衣の飾りに栽培植物が表現されている点である。なかには高地原産の作物もある。明らかに、豊穣性を帯びた神的存在である。

　このように描き方に差があり、図像に託されたメッセージもワリとティワナクでは違う可能性がある。しかし、これほどまでの表現上の類似性はどのような過程を経て生じたのであろうか。イズベルは、この図像がワリとティワナクの中間地点であるプカラ文化から双方に発せられたものだと考えている（Isbell 1991）。プカラは先に説明したように、形成期後期にティティカカ湖畔に登場した文化であり、ティワナク成立の過程で吸収された可能性が高い。なるほど、プカラの土器に表現された図像の中には、「杖の神」の原型ともいえる正面向きに立った神的存在がある。この場合「杖の神」は、片手に斧か儀礼用具を握り、もう片方の手で紐をつかんでいる。紐の先はラクダ科動物の首につながる。また翼を生やし、笏を握る「鳥

人」的図像も描かれた。「鳥人」は戦勝首級をぶら下げた笏状のものを片手に握り、2人向かい合って描かれる。このようにワリやティワナクの図像の原型がプカラにはある。注目したいのは、「杖の神」と「鳥人」とが同じ場面で登場することがほとんどない点である。仮に同じ土器に描かれたとしても、どちらかがとくに強調されているわけではなかった。図像における階層構造はなかったのである。

　実は同じような図像の配置がコンチョパタ出土の土器でも見られる。同じコンチョパタ出土の土器でも、よく見ると1942年のものと1977年のものとで表現上の違いがある。1942年の図像では「鳥人」のバリエーションが多く、しかも「杖の神」やそのほかの人物像と配置の点で同等に扱われている。ところが1977年の出土品では、あくまで中心は「杖の神」であり、それが証拠に「杖の神」は階段の基壇の上に立つ像として表現された。しかも1種類の「鳥人」が「杖の神」の両側にあたかも従神のように配置されている。同じコンチョパタ出土の資料であっても、こうした図像上の違いが認められるのは、時間差として解釈できるという。すなわち土器を破壊する儀礼が継続的に行われるうちに、神々の単純化と階層化が生じたというのである（Isbell and Cook 1987）。プカラからワリへ図像伝統が伝えられ、ワリ独自で発展を遂げたと考えるわけだ。

　ワリにおける「杖の神」の変化を解釈したイズベルは、最近の論考で、以前とは異なる見解を示している。ティワナク遺跡のポンセの石像の背面に彫られた「杖の神」が、コンチョパタ遺跡から出土する土器に描かれた像ときわめて似ていることから、ある時期、双方の遺跡のエリート同士が、実際に合議の上で、図像の導入を決定

した可能性さえ指摘している（Isbell 2008）。その時期とは後700年以降であり、この場合、かつて問題にした基壇上に立つ像は、あくまで派生にすぎないと考え、以前の考え方を撤回しているように見える。たしかに、「杖の神」の起源を問うことは難しいが、ティワナクとワリが、ある時期、同じような神的存在の表現方法を共有したことはまちがいない。

（7）中央アンデスの変貌

この章で見てきたように、ティワナクとワリは、さまざまな面で差異と共通性が見られた。ティティカカ湖畔特有の地勢を利用したレイズド・フィールドを活用したティワナクに対して、ワリは灌漑用水路と組み合わせてテラス農耕を完成させたし、互いに影響を受け、相互に利用しあいながらも、双方が宗教的に目指したものも違っていた。石に世界観を刻み込んだティワナクと土器や織物にそれらを託したワリ。しかもティワナクの儀礼は石像や門が建つ巨大な基壇状構造物の上で、多くの参加者に直接視覚的に訴える方法を採用したのに対して、ワリでは野外空間よりも閉鎖的な空間内で規模を限定した儀礼や饗宴が執り行われたように見える。

しかしティワナクとワリが中央アンデスのかなり広い地域にわたって、社会的、政治的に影響を与えたはじめての政体であったことは間違いない。両政体が目指したことは、アンデス地域に分散する資源の十分な活用であり、遠隔地にあった資源の入手であった。その意味ではそれ以前の政体が試みてきたこととなんら変わりはなかった。違う点があるとすれば、手段やその規模、ならびに方法であろう。生産性を高めるための耕地の開墾や改変、そしてそれを行

うための労働力の組織化、統合のための宗教的イデオロギーを相互連関的に発展させたのである。その意味では、インカの前段階を見ているような気がする。

　ティワナクやワリは戦闘的とよくいわれる。しかし、これまで述べてきた社会の仕組みを考えたとき、戦闘は目的ではなく手段であった。政治的、宗教的意味を付与されたトウモロコシや他の食糧、資源の獲得の過程で起きた闘争をわれわれは軍事的進出と呼んでいるのかもしれない。

　ところが軍事的進出といったときにわれわれの頭にある闘争のモデルは近代の国家間の戦争なのである。国土の範囲を地理的にとらえ、戦争や侵略はその土地や資源の占有をめぐるせめぎ合いと見る近代的国家観、戦争観である。しかし、先スペイン期のアンデスでは、異なる生態環境をうまく利用するため、別の民族集団が生活する地域へ進出し、飛び地的植民地を経営する国家がすでに存在していた。そこでは境界の線引きは単純ではないし、むしろ意味がなかった。マイケル・モーズリーは、こうした地方に植民地的拠点を設けながら支配する組織を「粗放的」と表現し、直接的、行政的支配体制を「集約的」といっている（Moseley 1992）。しかしこの両者は相反するものではなく、ティワナクであればティティカカ湖の中核地帯、ワリでいえばアヤクーチョ盆地では「集約的」支配が行われ、その他の地域では、「粗放的な」支配が行われたと見ることもできる。考古学的資料から政治体制を析出することで逆に国家の定義に迫ることがそのうちできるかもしれない。

第7章　王国の衝突

　ワリの崩壊の原因はよくわかっていないが、その没落後、文化の
イニシアティブはふたたび海岸に移る。発展の中心は北海岸であ
る。灌漑用水の発達は、経済的潜在性を向上させることになり、こ
れが政治的、社会的発展の原動力となった。もちろん、中央海岸や
南海岸にも重要な王国が生まれた。これらの中には、商業的活動を
活発にしていたものもあれば、インカと同盟を結んだものもあっ
た。まずは北海岸から見てみよう。

第1節　祭祀と交易の国家シカン

（1）シカンの伝承

　ランバイェケ地方では、およそ後700年頃にモチェ王国最後の都
パンパ・グランデが焼かれ放棄された。これを受けて誕生した王国
は、これまでランバイェケの名で親しまれ、研究者の中でもこの名
称を使っている人は今でも多い。しかしランバイェケ文化は、この
後に現れるチムー文化の前段階として等閑視されることが多かった
ことから、近年シカン（Sicán）という別の名称で呼ぶこともある。
この呼称はまだ定着していないが、とりあえずここでは使っておこ
う。シカン文化については、命名者でもある島田泉による調査でさ

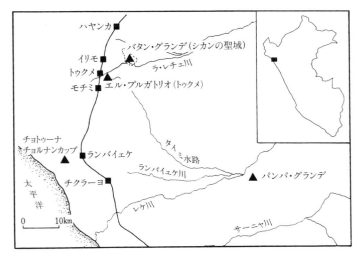

図88 シカンの中心地域

まざまな点がわかってきている。前期（後700〜後900年頃）、中期（後900〜後1100年頃）、後期（後1100〜後1375年頃）の３つの時期に分けられている（Shimada 1990）。土器は、黒色で磨研のみごとなものが多い。器形も図像もモチェV期の土器やワリの土器の系統を引いている。先のすぼまった２つの注ぎ口を持ち、その間に平らな取っ手が付いている。四隅が尖った帽子を被っている像がついてくるなど、ワリの影響も認められる。さらに高地カハマルカからの影響もあるという。シカン前期の記念碑的な建築はあまりわかっていないが、起源については興味深い伝承がある。ミゲル・カベーリョ・デ・バルボア（Miguel Cabello de Balboa）が北海岸で16世紀に採録したものである。

　ランバイエケの人々がいうところでは、どのぐらいかいうことができないほど大昔のあるとき、一人の勇ましく高貴な人物

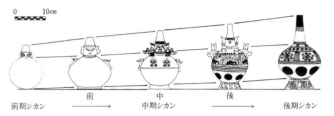

図89 シカンの短頸壺の器形と装飾の変化（Shimada 1990より）

が、バルサの筏に乗ってこの谷にやってきたという。彼の名前はニャインラプ（Ñaymlap）であった。彼は、多くの妾とともに、本妻セテルニ（Ceterni）を連れてきた。また彼は、将軍や首長など多くの人々をも引き連れてきた。この中には、40人の将校がいた。ピタ・ゾフィ（Pita Zofi）＝貝製トランペット吹き、ニナコラ（Ninacola）＝輿と王座のマスター、ニナギントゥエ（Ninagintue）＝王室の貯蔵所（王の飲み物の係）、フォンガ・シグデ（Fonga Sigde）＝道の準備人（王が歩き回るところに貝の粉を撒く）、オクチョカロ（Occhocalo）＝王のコック、サム・ムチェック（Zam Muchec）＝顔面塗彩係、オリョプコポック（Ollopcopoc）＝沐浴のマスター、リャプチリュリィ（Llapchillulli）＝羽毛装飾の調達係などである。こうした従者、それにたくさんの将校や重要な人々とともに、ニャインラプはチョット（Chot）に住み、王宮を建てた（Cabello de Balboa 1951［1586］）。

　もちろん、伝承が史実とは必ずしもいえないが、一部に現在も残っている地名があるので、それをヒントにする見方がある。チョットをチョトゥーナ（Chotuna）遺跡と考える説である。チョ

トゥーナを発掘したクリストファー・ドナンによれば、シカン前期から後期にわたる長い利用の痕跡が認められるという（Donnan 1990）。中期末の後1100年

図90　チョトゥーナ遺跡（Luis Jaime Castillo 氏提供）

頃に起きた洪水によって流されてしまったが、その後再建されている。チョトゥーナが、これほど長い間、修復しながら使用しているというのは、伝承が語るように、始祖ニャインラプが建てたと信じられている場所であるからこそ維持されたと考えたいが、最近、この見方を覆すデータが報告されている。

　ペルー国立ブルーニング考古学博物館のカルロス・ウェステルは、チョトゥーナとそれに隣接するチョルナンカップ遺跡における大規模な発掘を行い、中期から後期にわたる建築活動を確認している。とくに後期にあたる有力な女性リーダーの墓を大量の金製品、装飾品とともに発見している（Wester La Torre 2016）。今のところ、前期にあたる建築相は確認されていない。この点は、伝承を頼りに遺跡の時期を判断することの危うさを指摘するものである。

（２）シカンの隆盛

　シカンの最盛期は続く中期である。図像で頻繁に現れるのは王といわれ、つり上がったコンマ形の目を持つ。土器では１つの注口の

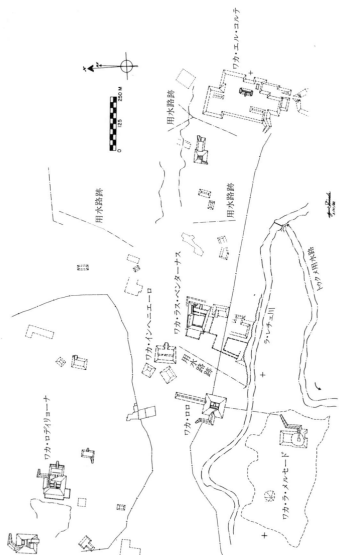

図91　バタン・グランデ地方の「シカンの聖域」（Shimada 1990より）

基部にアップリケ装飾として登場する場合と、２つの注口を結ぶ
取っ手に現れる場合とがある。さらにこの図像は壁画や金属製品に
もよく見られる。その場合、しばしば翼のような属性を持ったり、
動物や人間の従者を伴う場合がある。研究者の中には、伝承に出て
くるニャインラプであると考える人もいる。

　バルボアの採録した伝承では、先に紹介した部分の後に、ニャイ
ンラプの死の場面がでてくる。そこでは死を悟ったニャインラプが
自ら墓に入りながら、子孫達に「自分は翼を生やして未来へ向かっ
て飛び立ったという話を広めよ」と遺言を残す。そして彼の長子ソ
ルスドニ（Zolzdoñi）は12人の子を持っていたが、この子ども達が
従者とともに、ここを去って12もの新しい居住地を建設した。これ
がニャインラプ後に現れる12人の王の由来ともなっている（Cabello
de Balboa 1951［1586］）。

　この伝承と直接関係があるかは不明だが、ラ・レチェ川流域のバ
タン・グランデ地方には巨大なピラミッド型神殿ワカや墓地が集中
する場所があり、中期シカンの政治的、宗教的センターであったこ
とがわかっている。「シカンの聖域」と呼ばれ、４km²の範囲に10
以上の神殿がそびえ立つ。なかでもＴ字形をしたワカ・エル・コル
テ神殿は最も大きく、印象的である。頂上部には装飾の施された壁
と、48本もの彩色付きの列柱が認められる。こうした建築の基本は、
前代のモチェ最後の都パンパ・グランデの建築的特徴をそのまま受
け継いでいる。巨大な基壇とそれに垂直に接するスロープ、頂上部
の列柱や部屋、印のついた日干しレンガ、部屋構造を廃棄物や土で
埋めて芯にする工法、表面を日干しレンガで整形する建造方法など
である（Shimada 1990）。

　島田によれば、「シカンの聖域」には農耕の痕跡が少ないという。おそらくここを流れるラ・レチェ川よりもランバイエケ川の水量の方が豊富であり、そちらを後背地として農業に利用し、「シカンの聖域」の祭祀活動を支えたと考えている。ワカが立ち並ぶ聖域の方は宗教的センターとして栄え、巡礼者の存在も示唆される。ではどのような宗教であったのだろうか。島田は、モチェと違って、シカンでは主神的存在を表現する図像が１つしかない点、モチェの図像と違って戦闘場面が見あたらない点をとりあげ、シカンの支配体制の基礎に一神教的宗教があり、これを背景に周辺地域まで勢力を拡大したと主張している（Shimada 1994）。

　ではシカンのエリートの支配下にあった人々はどのような人々であったのだろうか。島田は、埋葬やそれに共伴する土器の特徴から、シカン、モチェ、ガジナソ、タヤンという異なる４つの民族集団が共存していたことを想定している（Shimada ed. 2014）。モチェ、ガジナソはすでに説明した。タヤンは、ランバイェケ地域の北に位置するピウラ地方を拠点におく集団であった。また、松本剛は「シカンの聖域」とその隣接地域を発掘調査し、埋葬や共伴する遺物からモチェ集団の存在を検証している（松本 2019）。松本によれば、シカンの一神教体制と、次節で述べる金属生産こそが多民族社会を束ねる原理であったという。

（３）エリートの墓とシカンの経済システム

　シカンの社会を基本的に支えていたのは、灌漑にもとづく大規模な農業であった点では前代と変わりがない。しかし工芸品の生産については興味深いデータがある。先に紹介した伝承にもニャインラ

プとは別に職人らの名前がきちんと言及されていた。これは始祖伝
承であると同時に、社会構成、社会階層、あるいは職業分化の起源
を語る伝承でもある。島田は、こうした職業集団が実際に存在した
ことを想定し、当時の経済システムを考古学的に証明しようとして
きた。とくに成果があがっているのは金属製作に関する分野であ
る。

　もともとランバイェケ一帯は金属製品が出土することが知られ、
ペルーでも盗掘の被害が最も多いところであった。島田は盗掘者に
インタビューを試み、一例として1959年に盗掘された副葬品のおび
ただしい数を復元している。それによれば、エメラルド、貝、土器
のほか、150もの金や銀でできた高坏、大型の儀礼用ナイフ（トゥ
ミ）、1000ものビーズ、20ものネックレスが掘り出されたという。
これらにはシカン王を象ったような図像が多く表現された。またこ
れとは別だが、盗掘品のなかには象眼や朱による塗彩が施されたマ
スクをよく目にする。かつては、こうしたシカン工芸品はチムーと
して分類されることが多かった。しかし、現在では島田らの調査に
より、世界の古代アンデスの金製品コレクションの大半がシカン期
に製作されたものであることがわかってきたのである（Shimada
1994）。

　島田は最近シカン中期（後900〜後1100年）の墓をワカ・ロロ付
近で発見している。被葬者は40歳ないし50歳のエリートと思われ、
身体は朱で覆われていた。アメジスト、方ソーダ石、ウミギクガイ
のビーズよりなる首飾りが胸を覆い尽くし、頭には黄金のマスクを
被り、左手にはトゥミを握っていた。金や銀の小片の飾りをつけた
衣服を着ていたようだ。このほか、6つの王冠、耳飾り、容器、あ

図92　シカンの黄金マスク

るいはグローブを象った金製品も副葬品として出土している。こうした副葬品は、シカンの金属製作技術の水準の高さを示すものではあった。また砒素青銅など、むしろ農具や武具などの日常用の道具の材料となったものも発見されている。

　とくに砒素青銅の製造技法を復元できるような工房が、シカンの聖域に含まれるバタン・グランデ（Batán Grande）村のワカ・デル・プエブロ（Huaca del Pueblo）遺跡で確認されている点は特筆に値する。後900年から後1500年頃にあたる遺跡である。島田は実験考古学をまじえて製造過程を復元している。銅山は近くにあり、そこまでの道路も発見されているので、リャマを荷役運搬に用い、原材料を工房まで運び込んだと想定している。

　まず鉱石を潰した後に容器に入れて溶かす。そこに、銅や砒素、鉄を混ぜたものを加える。鉄は溶剤として働き、余分な成分を引きつけ、砒素青銅を分離させる。こうした高温の加熱は、火力の強いアルガロボ（algarrobo）と呼ばれるマメ科の木を燃料とし、土製のパイプを付けた植物製チューブを通して空気を送り込むことで可能となった。こうしてできた粗銅には、純粋の砒素青銅の粒が含まれた。これをさました後、バタン（batán）と呼ばれる大きな石床の上に乗せ、チュンゴ（chungo）と呼ぶ石を揺り動かし、潰すことで砒素青銅を分離させるのである。そして粒だけをインゴットと

して取り出し、たたいてひたすら延ばすのである。4、5 人が 3、
4 時間作業すれば、300g から 500g の砒素青銅が取り出せるという
（Shimada and Merkel 1991）。

　とくにナイペと呼ばれる砒素青銅製品は、原材料の入手が困難な
地域にも輸出されたことが考古学的にも証明されている。I の字の
形をした規格品なので、遠隔地で出土してもすぐにわかる。たとえ
ばエクアドルでは、ナイペのことをアッチャ・モネーダ（Hacha
Moneda）と呼んでいる。「斧幣」とでも訳すのだろうが、原材料
としての利用の他、その名の通り貨幣として流通した可能性がある
（Shimada 1990）。

　こうした長距離交易は、例の墓の副葬品からも十分にうかがえ
る。暖流が流れるエクアドル海域で採取できるウミギクガイやイモ
ガイが加工品として、あるいはそのままの形で輸入された。ウミギ
クガイの特殊性についてはすでに述べてきた。このほか紫水晶や方
ソーダ石の産地もエクアドル山中にある。またエメラルドは遠くコ
ロンビアからもたらされた可能性もある。

　このようにシカンの聖域では金属製品が大量に製造され、その一
部は副葬品として、また一部は他の地域へと輸出された。一方で、
シカンのエリートの威信を表明する奢侈品の中には、長距離交易に
よって入手されたものも含まれていた。シカンの広範な経済活動が
推測されるのである。この場合、伝承の中で海の彼方から到来した
点に触れているように、海路が選ばれた可能性がある。ペルーには
南海岸のチンチャ（Chincha）地方の王国に海上交通を利用した商
人がいたこともわかっているし、エクアドルでも同様の商人の存在
が確認されているからである（Salomon 1986）。

（4）中期シカンの崩壊と気候変動

　中期シカン期は、気候変動による災害で幕を閉じたようだ。チョトゥーナでもバタン・グランデでも、また他の海岸地帯でも洪水の証拠が認められているという。海岸の洪水といえばエル・ニーニョ現象によるものであろう。後1100年頃と考えられている。バタン・グランデでは、放棄される直前に建物に火が放たれた証拠が見つかっている。こうした証拠と直接結びつけることは危険ではあるが、カベーリョ・デ・バルボアが採録した伝承に気になる部分がある。

　　フェムペリェック（Fempellec）、王家の最後の、そしてもっとも不幸な人物は、……チョットに置かれていたニャインラプの偶像を動かそうと決心した。それを試みようとしてはなかなかうまくいかないでいたところ、悪魔が美しい女性の姿をして彼の前に現れた。彼は彼女と寝てしまった。この悪魔との同盟が完成するやいなや、平原にはかつて見たことがないほどの雨が降り始めた。洪水が30日の間続き、その後には不毛と飢饉がやってきた。神官達は王が重大なる罪を犯したことを知っていたので、人々が飢えや雨や困窮に苦しんでいるのは、この過ちに対する罰であると考えた。王に復讐をするために、彼への忠誠心も忘れ、王を捕らえ、手足を縛ったあげく、深い海に投げ込んでしまった。彼の死によって、ランバイェケの土着王朝の系統は絶えてしまい、長い間、パトロンや王が不在のままになった（Cabello de Balboa 1951 ［1586］）。

　気候変動の後、シカン後期を迎える。この時期についてはあまりよくわかっていないが、まず土器では例の王の図像が姿を消す。代

わって幾何学文様
が主体となる。器
形では、注ぎ口が
高くなることがあ
げられよう。こう
した図像の消滅
は、シカンの宗教
的、政治的力が弱

図93　トゥクメ遺跡

体化したことを示すものであろうが、一方で、中心地が移動したこ
ともわかっている。バタン・グランデの「シカンの聖域」は放棄さ
れ、西のエル・プルガトリオ（El Purgatorio）山の麓に広がるトゥ
クメ（Túcume）遺跡に中心が移る。さらに研究者の中には、トゥ
クメがシカン後期において王国の南側を、別のセンターであるハヤ
ンカ（Jayanca）が北の部分をそれぞれ別々に統治していたと考え
る者もいる（Moseley 1992）。ここでも双分制のモデルが提示され
ているわけだ。もちろん詳細は不明である。やがて、シカンは、南
からの侵入者チムー王国によって後1375年頃征服されてしまう。

　こうした気候変動に翻弄されたのは、シカンの政治体制が宗教に
支えられていた点と無縁ではない。豊穣の予祝にもかかわらず生産
減少を引き起こせば、その責めは儀礼を司った王やエリートに向け
られよう。神の力も弱まるだろう。王の図像の消滅はこのことを物
語るのかもしれない。中核部の衰退は、交易にも支障をきたしたに
違いない。その意味でモチェやティワナクと同じような崩壊のモデ
ルが適用できそうだ。

第2節　近づく帝国の足音

（1）チムー王国とチャン・チャン

　ランバイェケでシカンが栄えていた頃、南のモチェ谷では、後に
アンデス文明史上最大の海岸地帯の王国が産声をあげようとしてい
た。チムー（Chimú）である。チモール（Chimor）ともいう。チムー
は最終的には、北はトゥンベス（Tumbes）から南はチヨン（Chillón）
谷までの南北1300km にわたる広大な地域を影響下に置いた。チ
ムーについても伝承が残っている。始祖タイカナモ（Taycanamo）
は、葦の舟を漕いで海路この地にやってきたという。彼が造ったと
いわれる都チャン・チャン（Chan Chan）が実際に建設されはじめ
たのは、後850年から後900年頃のことである。

　都チャン・チャンは、モチェ谷の河口に位置し、日干しレンガで
できた建物の広がりは20km²にも及ぶ。この中でとくに目立つ建物
が集中する部分は 6 km²である。チャン・チャンはマイケル・モー
ズリー率いる総合調査団が1969年から1974年まで調査を行っている
ので、このデータを利用しよう（Moseley and Day 1982）。

　遺跡は建築上の特徴から大きく 3 つに分けられている。第 1 のグ
ループは、中庭を囲んで、不規則な小部屋が密着しているもので、
建材も植物の茎などが用いられている。主として工芸職人や労働者
階級の家屋と考えられている。第 2 のグループは、もう少ししっか
りとした造りで、日干しレンガを使っている。おそらくさほど高く
ない階級のエリート貴族や役人の住居であろう。不定型な部屋が密
着しているが、職人の住居よりははるかに大きい。内部には、行政

を司った場所と考えられるU字形の小構造物が含まれることもある。この第二カテゴリーの建築には、規模や出来映えの点でかなり多様性が見られる。おそら

図94　チャン・チャン遺跡

く、同じエリート内で階級差が存在していたのであろう。第3のグループは、大きな方形の壁で囲まれた空間に、部屋や中庭が迷路のように詰まっている「シウダデーラ」（ciudadela 小都市の意）といわれる構造である。一般に宮殿と考えられている。

　高い壁で囲まれる「シウダデーラ」内部を見てみよう（Day 1982）。全体の中心軸は南北に置かれ、北側に入口がある。内部空間は3つに分けられている。北側には儀礼を執り行ったと考えられる大きな広場や行政用のオフィスである「アウディエンシア」（audiencia 謁見室の意）があり、例のU字形の構造物がいくつも配置されている。中央部分には、広場、倉庫、オフィスの他、しばしば王墓が作られ、首長の空間でもあったことが推測される。さらに南は、浅い泉や植物の茎を建材として利用した家などが集中するので、おそらく首長に仕える従者の空間であったと考えられる。また後期の「シウダデーラ」には付け足し部分を持つものもある。おそらく補足的な倉庫や行政機構のための空間であったのであろう。

　こうした「シウダデーラ」は、はっきりしているもので9つある。

それぞれの「シウダデーラ」には、かつてこの地を訪れた探検家、歴史家、考古学者の名前や建築上の特徴からのニックネームがふられている。リベロ（Rivero）、チュディ（Tschudi）、チャイワック（Chayhuac）、ラベリント（Laberinto）、ウーレ（Uhle）、バンデリエール（Bandelier）、スクワイアー（Squier）、ヴェラルデ（Velarde）、グラン・チムー（Gran Chimú）、テーヨ（Tello）などである。おそらく徐々に建設されたものと考えられ、形態の違いは時期の違いを表しているものであろう。モーズリーらの調査団でこの遺跡の建築過程を追究するテーマを選んだのは、ティワナクの解説でたびたび登場したアラン・コラータであった。コラータは建築材として使用されている日干しレンガの形態に注目し、平らなタイプ、方形タイプ、丈の高いタイプの3種に分類した。この順序は時間的変化を表すとし、「シウダデーラ」の建設順序を復元している（Kolata 1982）。

　「シウダデーラ」が王宮と考えられたのにはいくつかの理由がある。1つはタイカナモ伝承に登場する9人ないしは10人の王の存在である。「シウダデーラ」の数にうまく合うし、コラータがいうように「シウダデーラ」が徐々に建設されていることも具合がよい。もう1つは、王墓の存在であろう。シウダデーラ内部には、しばしば埋葬用の基壇が建設された。ほとんど盗掘されてしまっているので詳しくはわからないが、「シウダデーラ」の1つである「ラベリント」を調査したジェフリー・コンラッド（Geoffrey Conrad）は、この基壇を確認している（Conrad 1982）。

　壁によって囲まれた南北に細長い埋葬に係わる空間は、大きく2つに分けられる。北の入口を入ってすぐに目の前に広がる広場は、

図95　チャン・チャンのシウダデーラ（Moseley 1992より）

図96 ワカ・アビスパスの埋葬マウンド
（Conrad 1982より）

埋葬の儀礼場と考えられる。スロープを伝って南側の基壇に上るような仕組みとなっている。基壇頂上部の中央付近には、T字型をした墓が掘られていた。豪華な副葬品を想像させるような奢侈品の一部が、盗掘者の目を逃れて若干出土している。またこの墓を囲むように東、西、南の三方に方形の半地下式構造が配置されている。ここからは17歳から24歳までの埋葬が発見されており、人身供犠か、中央の被葬者に来世で仕えるために殉死していった者達が納められたと考えられる。これらのデータは中央の被葬者がこの空間で最も高い地位にあったことを示しており、これはとりもなおさず王の存在と王宮としての「シウダデーラ」を想定せざるをえない。こうして、「シウダデーラ」は王宮であり、ここに王が君臨し、その死に際し

ては王墓を建設するとともに、王宮を閉鎖したというイメージができあがったのである。

　ところが、この仮説に合わない事実がある。「シウダデーラ」に王墓が建設されなかったものもあるからだ。ラファエル・カバジェーロ（Rafael Caballero）は、スペイン人の残した記録から、チムーの社会組織は双分制をとり、「シウダデーラ」も 2 つでペアーになっていたと考えている（Caballero 1991）。西側の「シウダデーラ」は東側のものに比べて小さく、また埋葬用基壇を持たない。逆に東側の「シウダデーラ」には埋葬用基壇があるため、東側の「シウダデーラ」こそチムーの王の宮殿であり、西側は、王に次ぐ地位の支配者階級の宮殿であると考えたのである。常に東西が一組になって機能していたという仮説である。

　また、坂井正人は別の仮説を提示している（坂井 1996）。「シウダデーラ」の外に建設されたピラミッド型のワカと呼ばれる神殿、王墓、そして「シウダデーラ」の建設は古代チムー人の世界観や天文学的知識と深く結びついていると見るのである。コラータの分析で最も早く建設されたと考えられている「シウダデーラ」の 1 つ「チャイワック」のある場所を定点とし、そこから観察できるブランコ山（Cerro Blanco）とプリエト山（Cerro Prieto）の位置、またこの地方で古くから重要とされた大犬座、南の魚座、サソリ座、オリオン座などを構成するいくつかの恒星が出現する位置から「シウダデーラ」などの建築場所と順序は決定されるというモデルを提出している。もちろんこの星座名は、現在、西洋でそう呼ばれているだけであって、当時の人々が認識していた星座の名ではない。この原理を把握すれば「シウダデーラ」や王墓が第何代の王に属する

のかがわかるし、星の序列を投影していると考えれば、王の序列も推測できるという。最終的には、第3代の王が最も高い地位に就くような仕組みになっているという結論が得られ、この空間構造の原理を整備した人物をこの王に帰している。

坂井は、こうしたシステムの存在こそ、文字のなかったアンデス地帯における歴史の記憶装置であると考え、後のインカのセケ体系の先取りと考えている。今後は考古学的データの検証によりこの仮説モデルが補強されることが望ましい。

（2）チャン・チャンの経済的基盤

先にあげたチャン・チャンを構成する3種類の構造物のうちで、最も貧弱な植物の茎を建材として利用した家屋群を発掘したジョン・トピック（John Topic）は、ここで工芸品が製作されたと考えている（J. Topic 1990）。木製品や貝製品、そして金属と織物の工房ということになろうか。最盛期にはチャン・チャンの人口は2万5千人を越え、そのうち1万人が工芸職人であったと推定されている。とくに金属製作において、鋳塊を潰したり、延ばしたりする基本的な作業を行う集団は、インカのように4つの地区に分かれていた可能性があるという。もしそうならばインカに先立つ4分割の世界観がすでに存在したことになる。みごとな作品を作ったり、作品の仕上げを行う者たちは「シウダデーラ」の近くに住み、そのできあがった作品は、「シウダデーラ」内の倉庫に納められたようだ。またチャン・チャン内部にはリャマ隊商の宿営地があり、山岳地帯から運ばれたラクダ科動物の毛や鉱物が集結した。リャマの供犠もそこで行われた。こうした場所での交易活動は工芸職人とは別

の専門家集団の手によってコントロールされ、推定でも600人ぐらいは存在したと考えられている。

　なるほど職能集団の存在の指摘は重要だが、実生活での彼らの食糧はどのように調達されていたのであろうか。ポゾルスキーは、チャン・チャン内部の職能集団の住居の動物性、また植物性食糧の遺残を分析している（S. Pozorski 1982）。それによれば、海辺という立地にもかかわらずタンパク質の5割以上をリャマの肉から得ており、海産物は3割以下という数値が提示されている。トウモロコシなどの穀類は意外にも少ない。さらに同じモチェ谷にありながら、チャン・チャンの外に位置する衛星村落遺跡のデータと比較してみると興味深い。衛星村落の方ではリャマはほとんど出土せず、タンパク質の不足分は海産物や植物性食糧によって補われていたようだ。しかも海産物と農作物との相対的割合は場所によって違うことも判明した。つまりかなり専門的に海産物を獲得する漁村から、ワタといった食糧以外の植物をかなり専門的に栽培している農村までさまざまな村落形態があるわけだ。

　こうしたことからポゾルスキーは、こと食糧に関しては、周辺の村落は、チャン・チャンを核としたネットワークの中に組み込まれ、一度中央に集積された産物や食糧がふたたび分配されていたことを想定している。再分配制度である。この制度が機能すれば、漁労を専門にする集団も農作物の分け前にあずかることができる。ただしリャマの骨がチャン・チャン遺跡内でしか発見されないのは、その食糧としての利用がごく限られた範囲の人にしかいきとどかなかった、すなわち階層による食糧の差があったと解釈されている。こうした再分配の仕組みは、「シウダデーラ」内に見られる多数の

倉庫の存在によっても検証できそうだが、この点については後で触れよう。

　さて、こうした衛星村落と首都チャン・チャンとの関係であるが、かならずしも直接的ではなかったようだ。モチェ谷には、チャン・チャンの他にも行政センターがあった。その１つエル・ミラグロ・デ・サン・ホセ（El Milagro de San José）を発掘したリチャード・キーティング（Richard Keatinge）らがそこで発見したのは、行政オフィスとして考えられているＵ字形構造物「アウディエンシア」の存在であり、「シウダデーラ」に特徴的な壁がんのある壁、入口や通路などであった（Keatinge and Conrad 1983）。王墓こそないがここがチャン・チャンに属する地域行政センターの１つであることがわかる。倉庫を思わせる施設も見あたらないが、モチェ谷に散らばる村落がこうした小センターを通じてチャン・チャンに統合されていたことは予想される。大センターであるチャン・チャンの下に小センターと村落がピラミッド的階層構造をなして結ばれていたのだろう。

　さてチャン・チャンの巨大な人口は、後背地の灌漑農業によって養われていた。なぜならチャン・チャンの領域内に職人はいても、農業に携わる人々は住んでいなかったからである。後背地にあった灌漑施設の完成は、チムー以前にさかのぼる。最初の「シウダデーラ」である「チャイワック」が建設されたときには、チャン・チャンの北側の平原は、すでにモチェ川に発する灌漑水路で潤っていた。そして灌漑水路の建設過程は、チャン・チャンの都市計画にも影響を与えたようだ（Kolata 1990）。「チャイワック」は最も海辺に近い「シウダデーラ」である。ここでは、地下水位が高いため、

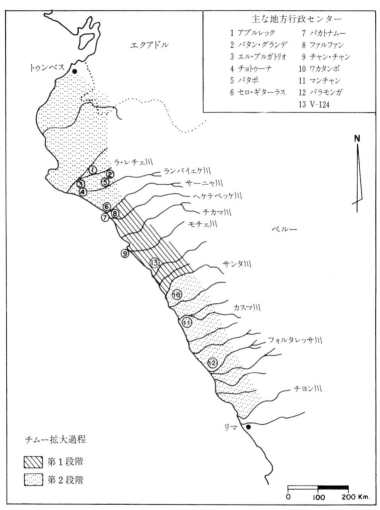

図97 チムーの拡大過程モデル（Mackey and Klymyshyn 1990を一部改変）

少し地面を掘り返せば、生水が得られる。これを利用した半地下式耕作も行われた。その後、おそらくシカン中期の崩壊の原因ともなった後1000〜後1100年頃に起こった気候の乾燥化現象を経て、後背地の灌漑水路は修復され拡大されたが、モチェ川より遠い部分すなわち西側の平原への水の供給が十分でなくなってしまう。そこで70kmも離れた北隣のチカマ川の水をモチェ谷にまで引くという壮大な土木事業が計画されたのである。この頃より、チャン・チャンは、少しでもこの灌漑水路に近づこうと北に向かって都市を拡大させているように見える。しかし、この河谷間を結ぶ灌漑水路は、設計の失敗なのか、起伏に富んだ場所を貫いていたため、結果としてうまく水が流れなかったようだ。その後の「シウダデーラ」がふたたび地下水位の高い海辺側に建設されるようになる理由はここにある。

（3）王朝の伝承と領土の拡大

　これまでチャン・チャンを経済的に直接支えた後背地の利用形態について、灌漑施設を通して時間的に追ってきた。そこではやはり、気候変動が大きな要因となってきた点も見ることができた。実は、チムーの地方進出の動機がここにあったかもしれないのである。気候変動を境に、不足する資源や食糧の補充を図るために経済的、政治的拡大を遂げるようになった可能性がある。実際に、気候の乾燥化の後に、チムーは、北はサーニャから南はサンタ谷まで拡大し、最終的に北はトゥンベス、南はチヨン谷までをその影響下に置いたとされる。ではこうした地方に、チムーは行政的な支配力をどれほど、またどのように行使したのであろうか。軍事的制圧はあったの

だろうか。以下に検討してみよう。

　この問題を扱うとき、無視できない伝承というのがある。シカンの節で述べたように、伝承を歴史と見なせるかどうかについては疑問が残るが、とりあえずみてみよう（T. Topic 1990）。1604年に採録された『作者不詳の歴史』には、チムーの始祖タイカナモの子どもグァクリカウル（Guacricaur）王が、父以上にこの谷間（モチェ谷）の領地を獲得し、インディオや首長を支配下に治めたことが記されている。第3代のニャンセンピンコ（Ñançenpinco）王は、モチェ谷の上流域まで征服したばかりでなく、南はサンタ、北はヘケテペッケ谷まで統治を広げた。6ないし7人の無名の王が続いた後、最後の王ミンチャンサマン（Minchançaman）が出てくる。彼の治世に南はチヨン、北はトゥンベスまで王国の版図は広がるが、最後はインカ王インカ・トパ・ヤパンキ（Inca Topa Yapanqui）によって軍事的に支配されてしまう。

　この伝承は、チムーの拡大過程を3段階に分けている。すなわちモチェ谷下流域の統合、サンタからヘケテペッケまでの拡大期、チヨンからトゥンベスまでの拡大期である。これに対して考古学的証拠は、どのような拡大過程を示唆しているのであろうか。トピックによれば、モチェ谷の中流域と下流域の境あたりには、チムーの初期の土器が散らばる城塞型の遺跡が小高い山の上でいくつか確認され、また防御か境界を意味する壁も残っているという（T. Topic 1990）。これは当時中流域にチムーとは別の集団が存在したことを示すものであろう。またモチェ谷の北隣のチカマ谷や南隣のビルー谷でもチムー初期の土器片が散らばる城塞型の遺跡が発見されている。おそらく、チムーは初期にモチェ谷を核に成熟し、場合によっ

ては近隣の谷間へ進出、あるいはその土地の首長との同盟、連携関係を結んだのだろう。その意味では、伝承

図98　パラモンガ遺跡

におけるモチェ谷統合期とみごとに一致している。

　チムーの次の拡大域にあたる南のチャオ（Chao）谷では、山頂の城塞型の遺跡の内部に投石用の小石が多数積まれている状況が観察されている。チムーの土器が散在している程度なので、侵入者はチムーとなろうか。北に目を転じてみよう。ヘケテペッケ谷には、ファルファン（Farfán）という巨大な遺跡がある。その機能は後で触れるが、この遺跡を見下ろす山の上にはやはり城塞型の建造物が発見されており、その内部からは投石用の小石が出土している。もう少し上流にも、灌漑を統御するためか山の政体を意識してなのか城塞が建てられている。一方で、当のモチェ谷でも、さらに上流に向けてのチムーの進出が確認されている。いうまでもなく伝承の2時期目の記述を思い起こさせる。これらの遺跡からの年代測定値は拡大が後1130年頃から後1200年頃に始まったことを告げている。

　ところが、これ以降の時期に当たるチムーの遺跡となると、まずヘケテペッケ以北では、あまり調査されていない。南でも、カスマ谷のマンチャン（Manchán）というチムーの大センターや、さらに南のフォルタレッサ（Fortaleza）谷下流のパラモンガ（Paramonga）城塞が多少調査されているだけで、拡大過程を詳細に追うこ

とはできない。そのパラモンガ遺跡とて、近年では、チムー期かどうか疑問視されている。しかし、こうした辺境の地では、一般にチムーの土器やそれに影響された地方スタイルの工芸品は出土するものの、チムーが直接的な支配体制を敷いたとは考えられていない。マンチャン遺跡の調査から得られた放射性炭素年代測定値によれば、この地方センターは後1300年頃に建設され始め、その後かなり長い年月をかけて拡張されていったと考えられる。このように実態はまだ不明であるが、伝承にいう最後の王ミンチャンサマンに版図拡大のすべてを負わせることはできないように思えるし、また実際にこれらの谷間をすべて領土に組み込んだかどうかについても疑問が残るのである。

　さてチムーの誕生と拡大過程は、伝承と部分的に一致し、また軍事的な緊張が各地にもたらされたことも若干うかがえる。しかし拡大過程の復元には、もう少し考古学的資料の蓄積を待たねばなるまい。では最後に、こうした海岸地帯に領域を拡大していったチムーがとった地方支配政策とはどのようなものであったのかだけ簡単に触れておこう。

（4）地方支配の実態

　北と南の地方センターが1つずつ調査されているので、これを紹介しよう。ヘケテペッケ谷のファルファン遺跡は、海辺より内陸に10kmほど入った場所に位置する。海側には小高い山がそびえ、東側にはヘケテペッケ川の水で潤う肥沃な土地が広がる。遺跡の範囲は約1km²である。「シウダデーラ」ほどの規模と複雑さはないが、壁で囲まれたいくつかの空間が見られる。そのうちの1つである

「複合Ⅱ」を発掘したキーティングらは、「シウダデーラ」によく似た構造を発見している。壁で囲まれた南北に細長い空間への入口は北側に1つあるだけだ。内部空間は幅の狭い通路で結ばれ、まず手前に広場があり、その南側にはU字形構造物よりなる「アウディエンシア」と倉庫が立ち並ぶ。さらに南側の最も奥まった区画には、埋葬用の基壇とそれに付随する広場が見える。埋葬用の基壇はファルファンではこの建築複合だけに認められるので、おそらくこのセンターで最も高い地位にあった人物が葬られたと考えるのが普通であろう（Keatinge and Conrad 1983）。

　ファルファンからさらに12kmほど内陸に入った、ちょうどヘケテペッケ川が平野部にその姿を現しはじめる扇状地に、タランボ（Talambo）という別の遺跡がある。こちらは規模がずっと小さいが、石壁で囲まれた長方形の空間の南端にやはり1つ「アウディエンシア」が設けられている。チャン・チャン遺跡の建築の順序を決定する際にも使用されている「アウディエンシア」の形態分類からすれば、ファルファンとタランボは同時期と判断できる。こうしたことからキーティングらは、ファルファンをチムーの地方センターの1つと考え、タランボはファルファンの管理下に置かれたさらに下位の地方行政センターとみなしている。すでに論じてきたように、モチェ谷でチャン・チャン直属の小センターが存在したことのコピーをここに見ていることになる。

　しかし問題は機能である。タランボはその立地から考えて、またそばに建設された当時の灌漑用水路の存在から判断しても、隣接する耕地や灌漑施設、そしてそこで働く労働力をコントロールしたことは間違いないだろう。しかしファルファンの場合、複合Ⅱで確認

された倉庫からの試料は、ここに食糧が貯蔵されたことをむしろ否定するような結果を示している。そのため調査者は奢侈品の貯蔵という別の解釈を提案している。地方センターを任されたエリート行政官の権威の象徴として、チャン・チャンから奢侈品を受け取っていた可能性があるというのだ。またファルファンやタランボの立地を考えると、南北の陸路、あるいは山岳地帯へのルート上にあるところから、地方の情報を集積し、チャン・チャンに伝えるような役目があったことも想定されている。その意味では地方からチャン・チャンに集められる奢侈品のコントロールに倉庫は利用されたのかもしれない。こうした調査内容とそこから提出された仮説モデルは重要な意味を持つ。すでに述べてきたように、首都チャン・チャンの「シウダデーラ」に配備された倉庫にどのような役割を見ていくかという点に係わってくるからである。もう少し地方の実態を調べてみよう。

　チムー王国の南部のセンターはカスマ谷に置かれた。すでに述べたように、マンチャン遺跡を発掘したキャロル・マッキー（Carol Mackey）らは、このセンターの建設が後1300年頃に開始され、その後インカによって征服されるまでの長い間利用されたことを調査で確認している。ここでも「アウディエンシア」的構造は発見されたが、チャン・チャンやファルファンとはやや違う形態を持っていた。倉庫も建設されたが、北海岸のセンターのようにアクセスが規制されているというよりも、かなり開放的な空間に見える。またファルファンと明らかに違うのは、マンチャンではトウモロコシの地酒チチャの製造や、織物、銅製品の製作が行われた痕跡がある点であろう。おそらくこうした工芸品や酒は、マンチャン自体、ある

図99 チムーの鐙形土器

いはここを管理していたエリートによって消費されたものと思われる（Mackey and Klymyshyn 1990）。

またカスマ谷を調査したマッキーらは、マンチャンよりもさらに下位のセンターをいくつか発見している。マンチャンをチムーの2次的センターと考えるなら、その下に直接ぶら下がるような3次、4次のセンターがあるという。海岸や耕作地に広がるこうした小センターは、その土地で採れる塩、農作物を管理し、マンチャンに送り込んでいった可能性を見ている。最終的には、これらの一部がマンチャンからチャン・チャンへと届けられたのであろう。このようなセンターの階層化は、北のファルファンよりも複雑に見える。

これらのセンターの組織化は、もともとカスマ谷に存在していたチムー以前の政体の統合システムを利用した可能性がある。建築や織物、あるいは一部の土器に地方スタイルが見られるのは、この土地の首長を政治統合の上で取り込んでいったとも読めるからである。その意味で間接的支配ともいえそうだが確証はない。一方で、チャン・チャンから持ち込まれた型を使って焼き上げられたチムーそのものの土器の存在は、マンチャンがチムーの首都チャン・チャンと直接的従属関係にあった点を物語るものだろう。インカの章で指摘するように、定型的な土器の製作は支配下にあったことの証となることが多いからである。とはいえ、マンチャンのエリートは、ファルファンのように、立派な墓を建設することはできなかった。

これはファルファンの指導者がチャン・チャンの王族の血筋を引く
ものであったのに対して、マンチャンにはもっと低いエリート層の
人間が派遣されたということを示しているのかもしれない。しかし
ファルファンでも墓の基壇は1つしかないため、初期に王族の一員
が派遣されたが、以後はもう少し低いエリートに任された可能性も
考えられる。つまりチムーの地方支配は以後、こうした王族外のエ
リートを派遣するようになり、征服の遅れたカスマ谷でもこれが適
用されたと考えられるのである。

　このようにチムーの地方支配の実態は、調査不足が原因であまり
よくわかっていない。おそらく、南北への拡大も時間的にズレが
あったであろうし、その過程も伝承が語るようにたった3度とも思
えない。また支配体制もそれぞれの土地にどのような政体が存在し
ていたかに左右されもしよう。ただし確実に言えるのは、ファル
ファンにせよマンチャンにせよ、首都チャン・チャンと比較する
と、建築、装飾、また「アウディエンシア」や倉庫の数の上では、
はるかに規模が小さい。逆に言えば、チャン・チャンへ富と権力が
極度に集中していたと考えられるのである。残念ながら、ファル
ファンの倉庫の事例で述べたように、地方センターの倉庫に何が収
まり、何をどのようにチャン・チャンへ運んだのかについてはまだ
よくわかっていない。また首都チャン・チャンで想定されている再
分配制度が地方センターレベルで行われていたのかについても定か
ではない。

（5）海岸の小王国──チャンカイ、パチャカマック、チンチャ

　チムーが北海岸で覇権を握っていた頃、中央海岸にはチャンカ

図100 パチャカマック遺跡（Luis Jaime Castillo 氏提供）

イ、パチャカマックと呼ばれる文化が開花していた。南部に進出していったチムーがこれらの文化とどのような関係を結んだのかはよくわからない。首都リマの北にあるチャンカイ谷は、副葬品としてすばらしい織物が出土することで知られている。土器はクリーム地に黒、あるいは多色で彩られ、中空の土偶も有名である。そこで見られる図像は、戦勝首級のような生臭いものではなく、どちらかといえば牧歌的な自然主義的表現が多い。しかし、だからといって社会そのものが統合度に欠けていたとは思えない。現代の都市化現象の中で失われてしまった建造物もあろうし、考古学的調査が行われていないような都市センターもいくつか残っている。

　ルリン谷のパチャカマック遺跡については、前章で若干触れた。パチャカマックはワリやインカの影響を受けていることは明らかで

あるが、その間の地方王国期においても華々しい発展が見られた。当時はルリン谷一帯を支配していたイチマ（Ychima）王国の首都であり、巡礼地としても賑わった（Rostworowski 1972）。また建築と出土遺物の関係から、この時期のパチャカマックがランバイェケのシカン中期の文化と関係があったという見方も提出されている（Shimada 1991）。さらに南の海岸部にも別の政体が君臨していた。リマの南約200kmに位置するチンチャ谷は、チンチャ商人が活躍した場所として名高い。その中心は、今日ラ・センティネーラ（La Centinela）の名で知られる遺跡がある場所である。やがてこうした各地の王国は山岳地帯より覇権を広げはじめるインカに飲み込まれていくのである。

（6）アンデス山脈東斜面の社会

　この章を終える前に触れておきたいのは、北東部の雲霧林地帯（セハ・デ・モンターニャ）地帯の考古学である。この一帯で暮らしていた集団は、インカと対立した勇猛果敢な民族としてスペイン征服後の記録文書にも名を記したチャチャポヤと呼ばれる。考古学的調査が進んでいないため、アンデス文明史では等閑視されてきたが、近年の調査によって、石期という狩猟採集段階からの利用が確認されている。

　後1000年を過ぎると人口も増大した。人々は、石壁で築かれた円形の住居で暮らし、エリートの住居や特殊な役割を担った建物の外壁には、板石で菱形、三角形、雷文などの装飾が施されることもあった。死者は住居の床下ばかりでなく、崖面の窪みや岩陰に、塑像や霊廟で覆うように埋葬された。社会内部の階層化はさほど明確

図101　クエラップ遺跡

ではなかったといわれる（Church and von Hagen 2008）。

　チャチャポヤ文化を代表する遺跡にクエラップがある。尾根に築かれた南北450m、東西100m、高さ20m の基壇の上には、400もの円形住居が確認されている。基壇の擁壁に設けられた狭い入り口の存在から、城塞と考えられた時期もあったが、現在では、祭祀センターであったという説が有力になっている。

第8章　アンデス最大の帝国——インカ

第1節　インカの王朝と神話的世界

（1）カハマルカの悲劇

　1532年11月16日、ペルー北高地のカハマルカ（Cajamarca）では
アンデス先住民にとって悲劇的なドラマの幕開けを告げる事件がま
さに始まろうとしていた。フランシスコ・ピサロ（Francisco Piz-
arro）率いる168名のスペイン人は、海岸より引き連れてきた2000
人あまりの荷担ぎらとともに眠れぬ一夜を明かした。周囲には、お
よそ2万ものインカ兵が彼らを取り囲んでいたのである。日が昇っ
ても、恐怖と緊張は増すばかりであった。夕刻になるとようやくイ
ンカ皇帝アタワルパ（Atahuallpa）が現れる。ピサロに随行したフ
ランシスコ・ロペス・デ・ヘレス（Francisco López de Jerez）は
このときの模様を次のように語っている。

　　　じきに最初の人々が広場に入ってきた。チェックの柄をあし
　　らった色とりどりの衣装を身に着けた集団で、彼らは、落ちて
　　いる藁くずを拾い上げ、道を掃除しながらやってきた。彼らの
　　後には、別の集団が歌を歌い、踊りながらこちらに来る。さき
　　ほどとは違う衣装だ。やがて武具や、勲章、金銀の冠で飾り立

てられた人々がたくさん現れた。この中には、輿に乗ったアタ
ワルパもいる。輿は色とりどりのオウムの羽根で覆い尽くさ
れ、金や銀の薄板で飾り立てられていた。

　実にたくさんのインディオがアタワルパの輿を肩で高く担ぎ
上げ、この後に、別の2つの輿とハンモックに乗った重要人物
が2人続いた。さらに金や銀の冠を被った多数の人々が広場に
入ってきた。最初の集団は、広場に入ると左右に分かれ、後の
集団のために場所を空けた。アタワルパは、広場の中央に着く
と、合図を出して人々を静まらせた（Jerez 1917 [1534]）。

これだけみてもインカ王の権力者ぶりは想像できよう。この場面
の後、ピサロは従軍聖職者に命じて祈禱書を読ませ、説教を始めさ
せる。興味を抱いたアタワルパは祈禱書を手に取るが、訳がわから
ず地面に放り投げてしまう。ピサロらは、これを神への冒瀆とみな
し、にわかに攻撃を仕掛ける。輿の担ぎ手を倒し、アタワルパの髪
をつかんで、とうとう輿から引きずりおろす。こうして王の捕縛を
目のあたりにし、また見たこともない動物である馬の嘶きとその動
作に動転したインカ兵は、散り散りに逃げだすのである。あっけな
いインカ帝国崩壊の瞬間であった。

　この場面も含めて、今日われわれは、インカについてかなりの知
識を持っている。少なくとも先インカ期の諸文化の不可解さに比べ
れば、インカについては史実かと思うような現実味を帯びた話が次
次と語られる。これは、征服後にヘレスなどのようなスペイン人兵
士、僧侶などさまざまな人々が「クロニカ（Cronica）」と称する記
録文書を残しているからであり、インカ研究は、こうした文献をも
とに発展を遂げてきた。クロニカを記した人々をクロニスタ（Cron-

ista）と呼ぶ。また近年、地方視察史の記録などをもとにエスノヒ
ストリー的アプローチも盛んである。その一方で、考古学的研究は
大変遅れをとり、インカ以前の文化の研究とはずいぶん状況が違っ
ている。そこで常に問題となるのは、征服後に記された文書内容の
信憑性である。征服者の偉業を讃えんがための脚色や無意識にせよ
ヨーロッパ人の価値観の反映がふんだんに認められる点など、記載
事実の考証が欠かせないケースがほとんどである。もちろんエスノ
ヒストリー研究者はこの点を十分に考慮してはいる。そこで、この
章では、文献研究にもとづくインカ像を紹介するという従来の手法
と並行して、近年行われつつある考古学的な検証をあわせて付け加
えることにする。

（2）インカの王朝とクスコ地方の掌握

　カハマルカの悲劇を記す文書は、インカ皇帝アタワルパ王がエク
アドル遠征からの帰路、この事件に遭遇したことを伝えている。お
そらく当時インカ帝国は、現在のペルー国境を越え、北はエクアド
ルの北部、南はチリ中部のサンティアゴ付近、そしてボリビア南西
部、アルゼンチン北西部までの広大な土地を版図に収めていたので
あろう。こうした征服事業に歴代の皇帝はどのように貢献したので
あろうか。1550年頃にクスコに滞在したスペイン人シエサ・デ・レ
オンは、アタワルパに至るまでの13人の皇帝の名前をあげている
（Cieza de León 1979［1553］）。

　1．マンコ・カパック　　4．マイタ・カパック
　2．シンチ・ロカ　　　　5．カパック・ユパンキ
　3．リョケ・ユパンキ　　6．インカ・ロカ

7．ヤワル・ワカ　　　　　　　11．ワイナ・カパック

8．ウィラコチャ（ビラコチャ）　12．ワスカル

9．パチャクティ　　　　　　　13．アタワルパ

10．トゥパック・インカ・ユパンキ

　このうち、初代マンコ・カパックから8代ウィラコチャまでは、神話上の人物として実在を疑う研究者は多い。シエサ・デ・レオンが採録したインカの起源神話によると、今日のクスコに近いパカレク・タンプという洞窟から3人の兄弟と3人の姉妹が現れたという。男のうちで気性の激しいアヤル・カチはだまされて洞窟に閉じこめられてしまう。しかしその後鳥の姿に変身して、残りの2人に町を建設するように助言をする。最終的にアヤル・カチともう1人の男アヤル・ウチュは石と化し、残ったアヤル・マンコが女達を引き連れ、クスコを建設した。アヤル・マンコが後に改名してマンコ・カパックと名乗ったというのである。

　これに対してもう少し現実味を帯びた王の活躍が顕著になるのは第9代パチャクティからである。おおむねどのクロニカにも、西方からたびたびインカの土地に侵入してきたチャンカ（Chanka）族をこのパチャクティが撃退し、これを境にインカの地方進出が本格化すると記されている。パチャクティの功績はこれのみにとどまらず、敵対関係にあったクスコおよび周辺の民族集団を軍事的に統合し、彼らを「特権的インカ集団」として、支配構造の一部に組み込むことに成功したといわれている（Guamán Poma de Ayala 1980 [1615] など）。

　考古学者も従来この考え方を支持してきた。たとえばジョン・ロウ（John Rowe）は、土器の分類にもとづくインカの編年を考えだ

した数少ない考古学者だが、彼によれば
インカ文化は前期と後期の 2 つに大別で
きるという。前期をキリュケ（Killke）
様式の土器、後期をクスコ様式の土器と
結びつけ、それぞれに後1200年頃〜後
1438年、後1438〜後1532年の年代をあて
た（Rowe 1946）。1438年というのは、
クロニスタの 1 人であるカベーリョ・
デ・バルボアが推定したパチャクティ即
位の年である。つまりロウも、パチャク
ティが表舞台に登場し、土器の変化に見

図102　マンコ・カパック
（Guamán Poma de Ayala
1980 ［1615］ より）

られるような、クスコ地方の大改変を行ったと考えたのである。

　ところが、最近、このモデルと矛盾するデータが提出されている。
ブライアン・バウアー（Brian Bauer）は、従来のモデルが妥当で
あるかどうかを検証するために、実際にクスコのすぐ南に位置する
パルロ（Paruro）郡一帯の考古学的調査を行った（Bauer 1992）。
その結果、まずキリュケ様式土器の起源が、ロウの推定年代をはる
かにさかのぼる後1000年頃であることを突き止め、いわゆる前期イ
ンカ期が非常に長かったことを主張している。また、北のクスコを
中心に製作されたキリュケ様式の土器とは別に、パルロ地方一帯で
は土着のコルチャ（Colcha）様式の土器が生産されており、両者は
同時期に使用された可能性が高いという。さらに、両様式の土器の
分布から判断すると、交易品として、クスコとパルロ間でやりとり
された可能性を指摘している。つまりキリュケ様式土器の出土する
時代は非常に長く、またこれらの交易に示されるように、クスコと

図103　クスコ様式の土器　左上がアリバロ型土器
　　　　　（Rowe 1946より）

周辺の集団とは良好な関係を保っていたと考えている。この解釈は、パルロ地方で城塞型の遺跡が見あたらず、むしろ耕地に隣接するような小村落の遺跡が散在している点、強力な権力による強制的移住の痕跡が見あたらない点などからもある程度証明できる。こうした平和的状況はクスコ盆地内部でも見られた可能性があることから、バウアーは、クロニカに記されたパチャクティによるクス

コ地方の軍事的な統合は事実とはいえず、実際には、長いキリュケの時代に、クスコ政体によって徐々に統合されていったと見るべきと主張している。バウアーの扱った地域は、クスコ周辺すべてに当てはまるとは限らないが、統合の過程が1人の英雄的存在による1度の戦争に帰するという従来の考え方に問題があることをうまく指摘している。

　とはいっても、これにより、インカの起源が考古学的に実証され

たと言うのは気が早いであろう。バウアーは、その後も、クスコ北部の「聖なる谷」を調査したアラン・コウビーとともに、キリュケ様式土器の製作に携わった集団こそがインカであるという考えを推し進めている（Bauer and Covey 2002）。しかし、渡部森哉が指摘するように、インカのようなある文化が成立する前に、統一的様式が広がっていたからといっても、インカとの直接的系譜関係が証明されたことにはならない（渡部 2008）。

　インカの起源をクスコ周辺に求める傾向は、考古学的データというよりも、インカはクスコ地方の人々と記した記録文書に依拠している点にあり、それに引きずられ、キリュケ様式をあてはめようとしているように見える。一般に、インカ帝国は地方支配に際し、さまざまな民族集団を新たに編成し、配したことが指摘されており（D'Altroy 2002）、これをペルー北高地で考古学的に検証した研究もある（渡部 2010）。この点を考えると、キリュケ様式だけが、インカ帝国様式の起源と断定するには躊躇せざるをえない。事実、インカ帝国様式の成立には、キリュケ様式ばかりでなく、クスコ盆地の東側のルクレ地域の土器様式が貢献したと唱えるアン・ケンドールの研究もある（Kendall 1996）。

　また根本的な発想の転換を迫るデータもある。ボリビアのティティカカ湖南部に位置するカキアビリ地方で発掘調査を行ったマルッティ・ペルシネンらは、キリュケ様式だけではなく、インカ帝国様式に属する土器を、後1300年代の層から発見している（Pärssinen and Siiriäinen 1997）。インカ中核地のクスコ地方で同様の様式の土器が出現するのが後1400年も半ばという見解が一般的なので、ペルシネンのデータを受け入れるとするならば、インカの起源

は、別の場所に求められることになる。

いずれにしても、キリュケ様式の再解釈でインカの起源問題は、新たな段階に来ている。今後は、キリュケ様式とインカ帝国様式、あるいは周辺の土器様式の比較研究ばかりでなく、遺構や他の考古学的データを含めた総合的解釈が進んでいくことが期待される。

(3) 神話の操作

パチャクティのクスコ周辺の統合過程がクロニカと齟齬をきたしていることは確かだが、チャンカ族の撃退が、インカ政体の組織化や統合原理の確立を促した可能性はある。クロニカには、よくパチャクティがクスコの改造とともに宗教改革に手をつけたことが記されている。太陽神を核とする国家宗教の確立である。サルミエント・デ・ガンボア（Sarmiento de Gamboa）やクリストーバル・デ・モリーナ（Cristóbal de Molina）、そしてフアン・デ・ベタンソス（Juan de Betanzos）らのクロニスタは、チャンカ族との戦いを前にしたパチャクティが太陽神から霊感を受け、戦勝記念に太陽の神殿を改築し、信仰を深めたことを記している。ところが、クロニカにはもう1つ重要な神格が記されている。たとえば、シエサ・デ・レオンが記した『インカ帝国史』を見ると、冒頭に創世神話が採録されている。要約すれば次のようになる。

　　長い間、太陽がなく、闇の世界であったが、人々が神に祈った結果、ティティカカ湖に浮かぶ島から太陽が昇り、皆に歓びを与えた。その後、南から背の高い白い人が突然現れ、山や平地や泉をつくった。彼は万物の創始者、太陽の父、ティシビラコチャと呼ばれた。彼はまた、人間や動物に生命を与え、さまざ

まな奇蹟を行いながら人々に生活のしかたや慈愛の心を説き、
北へ去った。しばらくして、よく似た別の人物が姿を見せ、や
はり奇蹟を起こし、人々の尊敬を勝ち得た。ところが、カナス
人がカチャの町（クスコの南東）で彼にはむかったため、火柱
をたててこれを阻止し、住民を屈服させた。彼はその地から海
岸地方まで進み、波間に去っていった。人々は彼にビラコチャ
という名前をつけた（Cieza de León 1979 [1553] より要約）。

　いわゆるビラコチャ（Viracocha）神話である。シエサ以外にも
採録者はいるが、おおむね筋は同じである。万物の創世や人間の教
化を題材にしたこの創世神話には、インカであれば重要な役割を果
たしてもよさそうな太陽の影が薄い。創世神話での主役はビラコ
チャであり、太陽はビラコチャが創りだした存在なのである。とこ
ろが、大方のクロニカでは、先に紹介したインカの始祖神話以降の
段になると、皇帝の業績や儀礼との関連の中で太陽が脚光を浴び、
ビラコチャの姿が見えない。その意味でビラコチャ神話は、インカ
の歴史の中では異質な要素になってしまっている。

　これこそが、宗教改革の過程で生じたズレであると考える研究者
は多い（ピース・増田 1988）。元来、ビラコチャ神はクスコ地域で
古くから信仰されていたが、パチャクティによる宗教改革の際、ア
ンデス地域でより一般的な信仰対象である太陽に主神の座を譲っ
た。そのため、神話の中でのビラコチャの役割は軽減されたという
のである。

　太陽神とビラコチャ神の関係については、南高地の統合過程で各
地の神話が統合されたことから説明しようとするロウの考え方
（Rowe 1946）も宗教改革の過程で行われたと見る点では同じ立場

DEZIEMBRE
CAPACINTIRAIMI

図104 髭を生やした12月の
太陽カパック・インティ・
ライミ（Guamán Poma de
Ayala 1980 [1615] より）

にある。ティティカカ湖地方の名が登場
するのは、その地方の伝承がパチャク
ティらによって採用されたことを示すも
のと考えるわけだ。現在のところ、ピー
スらの考え方が最も妥当であると考えら
れるが、太陽神もビラコチャも神格的に
はさほど差はないと考える説があること
も指摘しておこう。

　アーサー・デマレスト（Arthur De-
marest）は、クロニスタが記す儀礼に
おける祈禱文句にビラコチャと太陽が同列に並んで現れる点や、
グァマン・ポーマ・デ・アヤラが描いた年代記の挿し絵で、太陽の
姿をビラコチャ伝承で語られるような髭をたくわえた存在として表
現している点、東から出現し西へと去っていくビラコチャの足跡が
太陽の運行にも似ている点などから、双方の神格の近似性に注目し
ている（Demarest 1981）。

　いずれにせよインカの宗教改革は、現実に実施されたと見るべき
であろう。しかしこれは、インカが太陽神を一神教的に信仰しはじ
めたことを意味するものではない。太陽以外にも月、雷、地母神な
どの神格がインカのパンテオンを構成していたことはクロニカの中
でもしばしば言及される。むしろインカの場合、さまざまな事物や
自然に神聖さを認め、信仰の対象としてきたことが指摘できよう。
山の頂、泉、湖、神殿、祖先の霊廟などありとあらゆるものに祈り
が捧げられてきた。こうした信仰対象をワカ（huaca）と呼んだこ
とが記録に残っている。ではこうしたワカ信仰はインカの宗教の中

で、どのように体系づけられたのであろうか。帝都クスコでこれを
見てみよう。

（4）クスコの整備とインカの世界観

　クスコは、海抜3395mという世界で最も高い場所に建設された都
である。帝都クスコの整備は、考古学的に検証されてはいないが、
宗教改革と同様に、パチャクティの功績に帰されることが多い。北
側には山が控え、南には川が流れるという盆地にあるクスコは、全
体としてプーマの形をとるように計画されたといわれ、プーマの頭
は城塞型の神殿サクサワマン（Saqsawamán）にあてられた。

　クスコは、空間的に二分されていた。北西半分を上を意味するア
ナンサヤ（Hanansaya）あるいはアナン・クスコ、南西半分を下を
意味するウリンサヤ（Hurinsaya）あるいはウリン・クスコと称し
た。こうした双分制は、アンデスでは広く見られる仕組みである。
アンデス山中で2つの村落が上下に分かれて存在し、互いに首長を
戴き、儀礼の関係を結ぶという例もある。またたびたび引用してき
たように、ティティカカ湖地方のルパカ王国でも双分制が見られ、
アナン、ウリン双方に首長がたてられていたことがわかっている。

　このように考えると、さきほど紹介したインカの王の即位の順序
にしても、ヨーロッパ的な王位継承形態にとらわれる必要はないの
かもしれない。2つの王朝が最初から並存していたという説もある
し、5代までをウリン・クスコ王朝、それ以降をアナン・クスコ王
朝ととらえ、2つの王朝間の覇権争いを見て取る解釈もある（Zui-
dema 1990）。実態は定かではない。

　さてこのアナンサヤとウリンサヤは、さらに2つに細分され、全

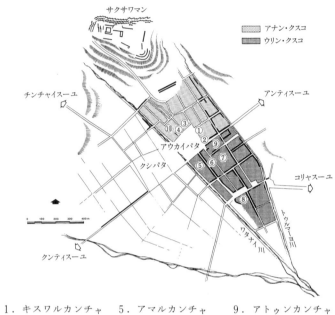

1. キスワルカンチャ　　5. アマルカンチャ　　9. アトゥンカンチャ
2. クュスマンコ　　　　6. アクリャワシ　　　10. ヤチャ・ワシ
3. コラコラ　　　　　　7. プカマルカ
4. カッサーナ　　　　　8. コリカンチャ

図105　インカ時代のクスコ　（Gasparini and Margolies 1980より）

部で4つの区画が成立していたとも考えられる。実は、この4区画
というのは、インカ帝国の支配体制全体に係わる区分法であった。
インカ帝国という呼称は、16世紀にクロニスタの1人であるシエ
サ・デ・レオンが使い始めたという解釈があるように、インカ自身
が生み出した呼称ではなかった（熊井 1996）。代わりにタワンティ
ンスーユ（Tahuantinsuyu）と呼んでいたといわれる。ケチュア語
でタワンティンとは数字の4を示し、スーユとは州や地方のような

ものを表す空間的概念である。つまりタワンティンスーユとは「4つの地方」ということになる。インカ帝国は概念的に4つに区画されていたわけで、それぞれはチンチャイスーユ（Chinchaysuyu）、コリャスーユ（Collasuyu）、アンティスーユ（Antisuyu）、クンティスーユ（Cuntisuyu）と呼ばれた。序列もこの順序の通りである。チンチャイスーユとは、クスコの北に広がる地域を指し、エクアドルもこれに含まれる。クスコの南側はコリャスーユと呼ばれ、ティティカカ湖地方を経てチリやアルゼンチンまでを指した。アンティスーユはクスコの東側、すなわちアマゾンへ下りていくアンデス山脈の東斜面部を、またクンティスーユとはクスコの西に広がる太平洋岸までの地域を含んだ。すべてがこのクスコを中

図106　4つのスーユよりなるタワンティン・スーユ（Moseley 1992より）

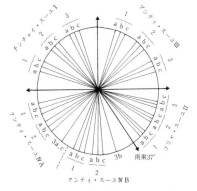

図107　クスコの空間構造概念図（Zuidema 1977を一部改変）

心とし、ここから4地方へとのびる街道がクスコ自体の4区分の境界をも意味していた。いわばクスコは4区分の中心として視覚化されるように建設され、インカの宇宙観を体現したのである。

　さてこうした双分制、そして4分制についての情報の他に、さらに複雑な区分体系がクスコに存在したことを告げる記録もある。イエズス会宣教師であったベルナベ・コボが征服後100年以上を経た1653年に記した『新世界の歴史』には、コリカンチャ（Coricancha）神殿（太陽の神殿）から放射状にのびる41本のセケ（ceque）と呼ばれる線によってクスコが区分されていたとある（Cobo 1990 [1653]）。実際に線が引かれていたわけではないが、セケ線の存在は、クスコの内部および周辺の328もの聖所、いわゆるワカの所在地によって逆に認識、規定されたという。つまりワカがセケ線上に位置するということになる。

　こうしたセケは先に述べた4区分に組み込まれ、チンチャイスーユ、アンティスーユ、コリャスーユのそれぞれに9本ずつのセケ線が、クンティスーユだけ14本を含むとされた。さて、このセケ体系の意味と機能であるが、トム・ザウデマは、当時クスコには歴代の皇帝のミイラを守り、祭祀を行う集団パナカ（panaca）が存在し、各祭祀集団がそれぞれのセケ線を割り当てられ、線上にあるワカでの儀礼を司ったと考えた（Zuidema 1964）。そして祭祀集団の階層化に対応するように、セケ線にも序列があったと考えた。各スーユ内のセケは、序列の高い方からコリャナ（collana）、パヤン（payan）、カヤオ（cayao）という3つのカテゴリーに分けられ、4つのスーユの序列と合わせてセケ線全体の序列体系ができあがっていた。これまでの2分割、4分割の原理に3分割の原理が加えられている。

　この仕組みが機能していたとすると、新しい代の王に仕えるパナ
カはつねに、それ以前の王のパナカよりも上位に位置づけられるこ
とになる。いわば歴代の王のランク付けが行われたことになる。ク
スコの整備を行ったのが、文献が語るようにパチャクティならば、
彼は自分の位置をこれまでのどの王よりも上へ位置づけ、権威を高
めることができたことになる。

　またパチャクティは暦も整備したといわれ、これがセケ体系と関
係すると考える研究者もいる。たとえばザウデマは、セケ線が天体
の運行とも関係すると考え、この上に存在するワカの数328という
数字が、12恒星月における1年の日数とほぼ一致すると主張してい
る。つまり1日1つのワカの祭礼を行えば、1年たつとワカを一巡
することになるというのだ（Zuidema 1982）。

　ザウデマが想定するような複雑な体系が実際にどこまで機能して
いたかについては研究者の間でも意見が分かれるところである。コ
ボ自身、セケ線上にあるワカの数を直接調べたわけではないので、
その数が実際にはもっと多かった可能性がある点や、インカが恒星
月を利用した証拠がない点などで反論も成り立つ（松本 1995）。ま
たセケ線がコリカンチャから四方に発する直線と考える点について
は、考古学的に無理があるという意見もある。ブライアン・バウ
アーは、コリャスーユに配された9本のセケと85のワカの位置を確
認すべく表面観察調査を行っている（Bauer 1992）。それによれば、
たしかにワカを結ぶ線が直線的になるものもあるが、だいたいにお
いてジグザグであることがわかった。セケを天体の運行と係わる直
線とするザウデマらの考え方を否定するデータとも受け取れる。同
じような調査はアンティスーユに配されたセケ線でもスーザン・ナ

図108　コリカンチャとその上に建つサント・ドミンゴ教会

イル（Susan Niles）によって試みられている（Niles 1987）。やはりそこでは、ワカを結んだセケが直線ではなくジグザグに走ることが指摘されている。観念のレベルと実際の状況とのズレであろうか。

　しかしザウデマのモデルは考古学者らの疑問や反発を受けながらも、これを謙虚に受け止め、次第に精緻な形になりつつある。最終的にザウデマらが行き着くモデルははたしてインカの人々の世界観に近いものとなるのか、はたまたとんでもない思索の世界に陥ってしまうのかは、考古学者の積極的な関与次第であろう。

（5）神殿と後背地の利用

　インカ時代のクスコの様子を再現することは、地図もなく、発掘調査も進んでいない現状では非常に難しい。かろうじて残る王宮や神殿の痕跡と年代記をもとにするしかない。今日のクスコ市のアルマス広場あたりは、インカ時代も中央広場であったようだ。アウカイパタ（Haucaypata）とクシパタ（Cusipata）という隣り合う2つの広場からなり、ハウカイパタ広場にはウシュヌと呼ばれる聖なる石が据えられていた。ここに捧げられたチチャ酒は、地下を走る水路を通って流れていったという。ウシュヌは天と地上、そして地

下の世界を結ぶシンボルといわれる。インカ王は太陽の子として、こうした超自然的世界と交信できる存在とみなされていたのであろう。だからこそこの広場のウシュヌではさまざまな儀礼的、政治的なイベントが行われたものと思われる。後に述べるように、インカ時代、地方に建設された行政、祭祀センターには広場とこのウシュヌが必ずといってよいほど設けられた。儀礼

図109　アクリャ達（Guamán Poma de Ayala 1980［1615］より）

や行政を通じて、首都クスコと地方は観念的に結びついていたのであろう。

　広場の周りにはいくつかの王宮の他、特筆すべき建物がある。セケ体系の説明でもとりあげたコリカンチャである。数少ない目撃者の1人ペドロ・ピサロ（Pedro Pizarro）の記録によれば、コリカンチャは金の板や帯で飾り立てられ、まさに輝く太陽のように光彩を放っていたという（Pizarro 1984［1571］）。またそこには黄金製の太陽神の像が飾られていた。クロニスタの1人であるエル・インカ・ガルシラソ・デ・ラ・ベガ（El Inca Garcilaso de la Vega）は、中庭に黄金のトウモロコシが植えられ、黄金のリャマとリャマ飼いの像があったことを述べている他、いくつか分かれた小部屋を月、金星、雷、虹などの神々が祭られた場所と特定している（Garcilaso de la Vega 1985［1609］）。いわばコリカンチャはインカの神々のパンテオンを収めた空間なのである。

　もう1つ忘れてならない建物はアクリャワシ（Acllahuasi）であ

ろう。アクリャとは「選ばれた処女」という意味であり、この館に
籠もって織物、トウモロコシの地酒チチャ、そして祭礼に使うトウ
モロコシの団子の製造に従事し、神に捧げたとされる。またアク
リャは、しばしばインカ皇帝の妾として、あるいは勲功のあった家
臣や地方の首長に下賜され、主従関係、同盟関係を強固にするため
の役割を担わされたようだ。クスコのアクリャワシには千人以上の
アクリャが住んでいたといわれるが、後に述べるように、アクリャ
ワシはクスコにとどまらず地方の重要なセンターにも設けられた施
設である。

　こうした王宮や神殿の周りには、先に説明したパナカと呼ばれる
インカの王族に奉仕する集団が生活していた。また帝国各地から人
人が集まっていたようだ。地方の首長やその子弟が、懐柔策として
招かれたり、インカ教育を行うような学校に通ったり、儀礼に参加
するために滞在したと考えられているのである。

　さてこうした王宮や神殿の、いわゆる「剃刀の刃が一枚も入らな
いほど」密着させた石組みのみごとさには舌を巻く。この技術を解
明しようとしたのが建築学者のジャン＝ピエール・プロッツェン
(Jean-Pierre Protzen) であった。彼はクスコの北西に位置するオ
リャンタイタンボ (Ollantaytambo) の建築を調査し、石材が、2
カ所の採石場から別々の方法で持ち込まれたことを突き止めた。1
つの採石場では岩盤の割れ目にくさびを打ち込みながら石を切り出
し、もう1つの方では落石を利用していたのである。採石場からは
道や坂が設けられ、その痕跡も発見できるという。オリャンタイタ
ンボの場合、100トンの石を5km離れた採石場から持ち込むには、
1800人余りの人が協力しあえば、ロープとてこだけで可能であった

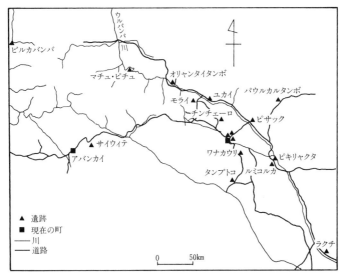

図110　クスコ周辺の遺跡

と見積もっている（Protzen 1993）。またプロッツェンは、採石場で発見した石槌などをまねて道具を復元し、実験考古学的に石の細工を試みている。その結果、想像以上に短時間でしかも容易に表面を整形できたことを報告している。おそらく、巨大な石塊はそのまま建築現場に持ち込まれ、そこで細工された後、積み上げられたのであろう。インカの石造建築は人力の結晶であり、土木機器なしでは完成できぬと考えがちな現代人に人間の創造力のたくましさを教えてくれる。

　クスコを除けば、周辺で視覚的にもみごとな遺跡は、北西部にのびるウルバンバの谷間に集中している。先にあげたオリャンタイタンボもその1つであるし、ピサック（Pisac）、それにマチュ・ピチュ

図111 ミイラ化されたインカ王は生前同様にかしずかれた（Guamán Poma de Ayala 1980 ［1615］より）

（Machu Picchu）など観光地としても有名な遺跡もある。また谷の斜面は段畑として大きく改造されている。

この谷が選ばれたのはその生態環境による。3400mの高地から下流のアマゾンの熱帯雨林地帯まで幅広い環境を持つこの谷の資源はインカの人々にとってじつに魅力的であった。高地の根菜類栽培、ラクダ科動物飼育、低地のコカ栽培はもちろんだが、なんといっても温暖な場所を利用したトウモロコシの栽培にはかなりの労働力が割かれた。アクリャ達に作らせた酒の原料でもあり、後に述べるように、儀礼や貯蔵用穀物として重要であったトウモロコシの生産をクスコの後背地で確保していたともみえる。インカの支配階層が直接管理をした点でも希有の谷間である。スーザン・ナイルズは、クロニカの記録をもとに、ユカイ（Yucay）にあったとされる第11代皇帝ワイナ・カパックの私有地を調査している（Niles 1987）。またピサック、オリャンタイタンボ、マチュ・ピチュは第9代パチャクティの所領ともいわれている。

ここまで見ていくと興味深いことに気づく。クスコの町には歴代の皇帝の王宮が建ち並び、クスコ周辺には歴代の皇帝の所領が別々に点在する。王宮や土地は世襲されていないようにみえるのである。これはアンデス特有の王位継承の形態であったようだ。なぜなら我々はこの原型らしきものをすでに前章で扱ったチムー王国の都

チャン・チャンの都市計画の中で見ているからだ。そこでは王宮が王の交代ごとに次々と建設されていった可能性を指摘したはずである。インカ皇帝の場合、クロニカによれば、その死後もミイラとして保存され、まるで生きているかのように食事が捧げられ、儀礼が執り行われたことがわかっている。この世話をしたのがパナカと呼ばれる親族集団であり、使用人としてのヤナクーナ（yanacuna）であった。王が死んでもパナカとその子孫の活動は停止することがなかったため、生産基盤としての土地や労働力は保持されたのである。

　一方で王位継承者は自分で新たなパナカを作り出さねばならなかった。この継承の形にこそインカ帝国が拡大していったメカニズムが潜んでいるという考えもある。皇帝が交代するたびに財の形成が改めて繰り返されるからである。しかしこれは、インカ王の私有財産の形成と帝国各地からの租税の問題とを区別していない議論であり、あまり説得的ではない。

第2節　インカの地方支配と経済システム

（1）インカの地方進出と支配構造

　話をパチャクティによるチャンカ族撃退の頃に戻そう。さまざまなクロニカをまとめたロウの研究を参考にすると、パチャクティはその後、南のティティカカ湖に進出し、コリャオ（Collao）地方を征服し、ペルーの中部から南部山岳部一帯を手中に収めたようだ。彼の子であるトゥパック・インカ・ユパンキは、即位以前から父を助け、インカ軍を北に進め、今日のエクアドル遠征を果たす。さらにその帰路ペルー北海岸に君臨していた最大のライバルであったチ

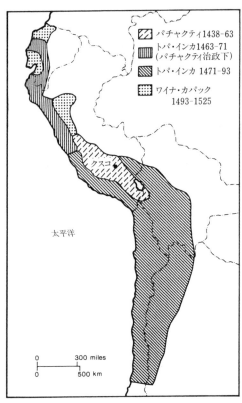

凡例:
- パチャクティ 1438-63
- トパ・インカ 1463-71 (パチャクティ治政下)
- トパ・インカ 1471-93
- ワイナ・カパック 1493-1525

クスコ

太平洋

0 ——— 300 miles
0 ——— 500 km

図112　インカの拡大過程モデル（Moseley 1992より）

ムーを急襲し、これを支配下に収めている。いったんクスコに戻った後も、トゥパック・インカはペルー南海岸へ遠征し、1471年頃、年老いた父パチャクティより王位を継承する。即位後も積極的に遠征を続ける彼は、反乱を平定しながら、アンデス東斜面や南のボリビア、チリにも勢力を伸ばした。ワイナ・カパックも父の意志を受け継いで、征服事業に尽力し、コロンビア南部のアンカスマヨ（Ancasmayo）川まで版図を広げた。ちょうどこの頃、黄金郷を求めるスペイン人が中米からコロンビア、エクアドル海岸まで南下していた。彼らが持ち込んだ病気（麻疹か天然痘）に対する免疫のない先住民は次々と倒れ、これがもとでワイナ・カパックも亡くなる。彼の死後、クスコで即

位したワスカルと、遠く北のキトで正当性を主張するアタワルパとの間で内戦が勃発する。戦いはアタワルパの勝利で終わり、ワスカルは囚われの身となる。この知らせがアタワルパに届けられた頃、まさに彼自身の悲劇的なドラマがカハマルカの町で始まろうとしていた（Rowe 1946）。

　こうしたインカ帝国の拡大の過程が、いかにも領土拡張のイメージでとらえられているとすれば、それはワリやティワナクの章で説明したように近代的、現代的戦争のイメージに毒されているからかもしれない。この点についてはすでに指摘されている。たとえば、フランクリン・ピース（Franklin Pease）と増田義郎は、インカに征服されたルパカ王国などの土地利用形態を復元したエスノヒストリーの成果を引き合いに出して、1つの領域内に生活している民族集団は1つであるとは必ずしもいえず、異なる資源を利用するために中核地から遠く離れた「飛び地」に住民が送り込まれるケースもあったはずと述べている。この場合、先住の民族集団と肩を寄せて共存したにちがいない。すなわち、インカの痕跡が認められるからといって、先住の民族集団を制圧し、その土地を全面的な支配下に収めたとはいえないのである（ピース・増田 1988）。

　また王の遠征の記録を見ると、すでに父やそれ以前の王の代に制圧したはずの場所にふたたび遠征が行われていることに気づく。これは現実に遠征が繰り返されたと考えるよりも、王位継承の儀礼などで、儀礼的に演じられる征服のドラマの意味をわからずにヨーロッパ人が記録してしまった可能性があるという。

　さて、どのような戦い方であったにせよ、地方進出を果たしたインカが敷いた支配体制は、記録によれば整然としたものであったと

されている。ガルシラソやコボは、インカ国家が王を頂点にしたピラミッド型支配体制を持ち、4つのスーユを任されたアポクーナ（Apocuna）と呼ばれるクスコ在住の行政官をのぞけば、エリート階層も含めて10進法で分類されていたことを記している（Cobo 1979［1653］；Garcilaso de la Vega 1985［1609］）。最小単位が10人、これが5つまとまって50人、さらに100人、500人、1000人、5000人、そして1万人の集団ごとにまとめられ、それぞれの集団には長が任命、あるいは選出された。この中でも、100人組の長からクラカ（curaca）という地位を表す呼称が用いられた。10進法を用いた理由というのは租税徴収の効率化と係わっていたという解釈もある（Murra 1958）。というのもこの人数は、あくまで納税者の数であるからだ。つまり家族を含めれば、各レベルの集団の数はもっとふくれあがるはずだ。

　こうした記録に対する考古学的な検証はきわめて乏しい。スーザン・ナイルズが、パチャクティの所領を中心にクスコ近郊のインカ時代の遺跡を調査し、クラカよりも上のリーダーになると、一般住民とは異なる住居を持つことができた可能性を指摘している程度しか情報はない。しかし最近のエスノヒストリー研究で、この10進法にもとづく集団管理が整然と実施されていた点に疑問を投げかける意見が出ている。実際には、地方首長クラカの手に委ねられ、ゆるやかに運用されていたというのである（Julien 1988）。おそらく実態はこの解釈に近いものと思われる。

（2）情報とコミュニケーション網の整備

　急激なインカの拡大の過程で、支配地域にインカが課した階層的

集団管理体制を効率よ
く維持するためには、
これを助けるインフ
ラ・ストラクチャ（産
業・生活関連の社会資
本）の整備も欠かせな
かった。シエサ・デ・
レオンは、王の命令1
つでまたたく間に山が
ならされ、岩を砕き広
く立派な道が建設され
たことを記している
（Cieza de León 1979
［1553］）。いわゆるイ
ンカ道のネットワーク
である。この道路網の
実態の一部は、若くし
て他界した考古学者
ジョン・ヒースロップ
（John Hyslop）がオー
トバイと自らの足に頼
る踏査の末明らかにし
た（Hyslop 1984）。そ
れによれば、帝国を縦
走するような形で、海

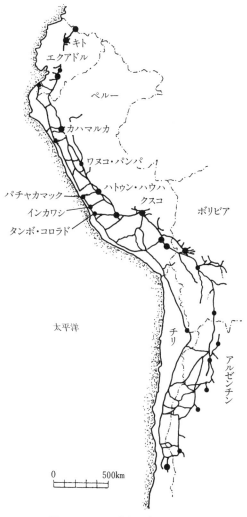

図113　インカ道と地方センター
　　　　（Hyslop 1984を一部改変）

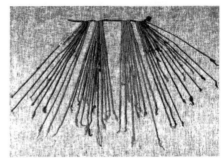

図114　飛脚（チャスキ）（Guamán Poma de Ayala 1980 ［1615］より）

図115　キープ

岸沿いに1本、山の中に1本幹線道路を配備し、その両者を結ぶような形で東西方向に副次的な道路が設けられているという。総延長4万キロにも達する。ただしこれらすべてが、インカの手によって新たに建設されたものというわけではなく、インカ以前にさかのぼる街道なども再利用されたようだ。

　インカ道には、宿駅であるタンプ（tampu）が配備された（Cieza de León 1979 ［1553］）。だいたい3から4レグア（16.8kmから22.4km）ごとに設けられたという記録が多いが、ヒースロップはタンプと同定できるような遺跡間の距離を計測している。それによると、間隔は10kmから42kmまでさまざまであり、とくに15kmから25kmの間に収まる例が最も多かったことがわかった。ある程度クロニカを裏付けたことになる。これを平均して20kmごとと仮定すると、単純計算でも、およそ2000ものタンプがあったことになる（Hyslop 1984）。こうしたタンプはインカの地方支配の中では、重要な役割を担っていた。インカ軍の遠征、インカ高官の旅行に利用され、各地方でとれる物資の統制を行うため、倉庫施設も備わって

いた。

　また広大な帝国の情報を都クスコで統制するために飛脚制度を設けていたことに触れていない記録はほとんどない。シエサ・デ・レオンは、王道には半レグア（約2.8km）ごとに藁と木で作られた小屋が飛脚のために配備されたことに言及している（Cieza de León 1979 ［1553］）。飛脚は、こうした飛脚専用の施設やタンプを利用して必要な情報をクスコにもたらした。コボによれば、飛脚の速度は1日に50レグア（約280km）であるというから、400レグア離れたクスコとキト間はわずか10日から12日で結ばれていたことになる（Cobo 1979 ［1653］）。

　インカ道を飛び交った情報というのはなにも飛脚の口からばかり伝えられたわけではなかった。たしかにインカには文字がなかったが、その一部の機能を代行する装置が考案されていた。もっともその起源となると、ワリ期にさかのぼるという研究者もいるが、これを支配体制の中にきちんと組み込んだのはインカである。キープ（quipu）と呼ばれる。しばしば結縄と訳されるように、紐に数字を示す結び目をつくり、紐の色や位置を変えることで数字の示す物の種類を区別したようだ。これには10進法が用いられた。キープを用いることで、鉱物資源から衣服、そして作物や家畜の種類と量の把握と管理が可能になり、徴税にも利用された。しかしこれは誰もが解読できたわけではない。クスコや主だった地方には、キープを解読する専門の職能者キープカマヨック（quipucamayoc）が存在したことも文献に記されている（Cieza de León 1979 ［1553］）。

　キープと飛脚との関係を明確に記している文献は少ないが、ヒースロップは飛脚がキープ自体を抱えてインカ道を駆け抜けたと考え

た（Hyslop 1984）。この指摘は、クスコに支配地域の納税人口など
を扱う統計局のような組織が存在したという記録とも一致する。し
かしキープは今日、いくつかの博物館でわずかに保存されているに
すぎず、しかも考古学的調査の中で確認されている例はほとんどな
いため、不明な点はまだ多い。

　もう一つコミュニケーションの手段として忘れてはならないのが
言語であった。タワンティンスーユが支配していた土地には80を越
える民族集団が存在し、互いに関係はしていても異なる言語を話し
ていた。国としての統合を図る上で、共通言語は是非必要であった。
公用語としてはケチュア語が用いられ、教育システムの中に組み込
まれていた（Garcilaso de la Vega 1986 [1609]）。いずれにせよイ
ンカの政治支配の成功は、まさに情報とコミュニケーション網の整
備なしでは語ることはできないのである。

（3）地方センターの建設

　宿駅とともにインカ道沿いには、いくつかの大きな地方行政セン
ターが建設されたことが最近の研究で明らかにされつつある。とく
に山岳地帯の幹線道路上に位置し、海岸や東斜面への副次的道路の
分岐点に多いという（Levine 1992）。クスコに次ぐ大きさと複雑さ
を誇るこうした地方センターの下には、タンプを含めたさらに小さ
なセンターがぶら下がっていた。これまでインカの地方支配の実態
を明らかにしようと考える考古学者の大半は、こうしたセンターを
中心に調査を進めてきた。

　たとえばペルー中央海岸にはパチャカマック、インカワシ、タン
ボ・コロラドなどの地方センターやタンプが数多く残っている。な

かでもチンチャ（Chincha）地方に建設された地方センターは、ラ・
センティネーラ（La Centinela）の名で知られる。ところが、ここ
はもともとインカ以前からこの地方の中心地として繁栄し、巨大な
建築複合ができあがっていたことがわかっている。その場合、イン
カは、それまで使用されてきたタピア（tapia）と呼ばれる泥壁で
はなく、日干しレンガという新たな建材を用いて方形の広場や台形
の壁がんなどインカ特有の構造を設けたが、そばには以前からのチ
ンチャ様式を思わせる基壇を配置したり、部分的にタピア壁を日干
しレンガで修復している。以前の建築を全面的に否定するというよ
りも再利用し、尊重すらしているようにうかがえる。このようにイ
ンカは国家アイデンティティの強要を建築に反映させながらも、地
元の権力構造を利用していたのであろう。その意味で間接的な統治
といえるのかもしれない（Hyslop 1990）。

　一見して地方権力との融合がうかがえるケースでも細部で違いが
指摘されている。チンチャ地方の土器を分析したドロシー・メンゼ
ルによれば、この地方ではクスコから直接持ち込まれたり、あるい
はそれを模倣した土器が多く、土着の土器スタイルにクスコ様式が
強く影響を与えているのに対して、南隣のイカ谷では、むしろ土着
スタイルの伝統が優勢であるというのである（Menzel 1959）。し
かもインカがスペインによって滅ぼされると、イカ地方では、とた
んにインカ以前からの土着スタイルが復活するのに対して、チン
チャではこの征服事件が及ぼした影響は少ないという。同じような
支配体制が敷かれた場所でも、インカに対する対応が違っていたの
であろう。

　インカ・スタイルの土器は、遠くエクアドルからアルゼンチン、

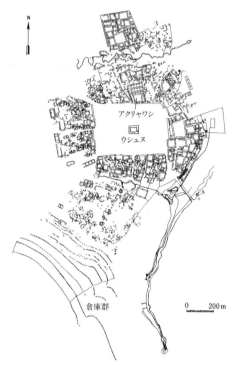

アクリャワシ

ウシュヌ

倉庫群

0 ___ 200 m

図116 ワヌコ・パンパ平面図（Morris and
Thompson 1985より）

チリまで広く分布する。とくに古代ギリシアの競技者が手に持つ油容器に似ているところから名づけられたアリバロス（aríbalos）と呼ばれる器形は代表的なものである（図103参照）。口縁部は朝顔状に広がるが、頸部は細く、胴部はたっぷりとし、底は尖っている。胴部には垂直方向に取っ手がつき、頸部との境あたりにはかなり抽象化されたリャマの頭が手づくねで張り付けられた。胴部の文様は幾何学文様が好まれた。たしかに松葉文様や杉綾文様のようにクスコ地方特有のものがインカの地方センターからも出土するが、南海岸の例で説明したように、土着の形式と融合するケースもあった。とはいえ、形を見ればインカ・スタイルであることは一目瞭然である。おそらく、こうしたインカ・スタイルの土器は、地方首長への下賜品として、あるいはインカの儀礼用具として各地に広がっていったのであろう。

さて、インカの地方セン
ターの中でも最も綿密な調査
が行われたのは北高地のワヌ
コ・パンパ（Huánuco Pam-
pa）であろう。アメリカ自然
史博物館のクレイグ・モリス
（Craig Morris）とドナルド・
トンプソン（Donald Thomp-
son）らによる調査の結果、
さまざまなデータが得られ
た。なかでも建築構造はミ

図117　ワヌコ・パンパ遺跡
東京大学アンデス調査団提供

ニ・クスコともいえるほどインカの世界観が反映されていた。550
×350mの方形広場の中心には、クスコ同様にウシュヌと考えられる
基壇が建設され、広場の外側には、ウシュヌから発する放射線状の
広がりに沿うかのようにクスコ様式の建物が配置されている。コリ
カンチャからのセケ線を思い起こさせると同時に、4つに分割され
ていたクスコの空間構造のコピーであることに気づく。また広場の
北側では、アクセスが非常に限られている空間が発見され、その中
から多数の紡錘車と大きな壺の破片が出土した。紡錘車を織物製
作、大壺をチチャ酒の製造と読み替えるならば、この空間は年代記
で記されたアクリャワシであった可能性が高い。また後に詳しく論
じるが、500を数える倉庫群が、やや離れた斜面に整然と並んでい
た（Morris and Thompson 1985）。

　こうした巨大なセンターは、南海岸の例とは全く違い、建設に際
して何もない空間が選ばれた。征服後の記録によれば、周辺には、

土着の民族集団チュパイチュ（Chupaychu）が住んでいたとされ、モリスらも実際にその痕跡を確認している。ところが、こうしたチュパイチュの遺跡にはインカ様式の建物は全く見あたらない。チュパイチュの中心地と考えられていた場所からはかろうじてクスコ様式の土器が出土する程度である。このことから、モリスは、チンチャのように強力な権力は存在しなかったものの、地方首長クラカの中には、支配下の住民に権威を示すためインカのシンボルを誇示した場合もあったと解釈している。

　同じ山岳地帯でもワヌコ・パンパの南に位置し、ワンカ（Huanca）と呼ばれる強固な民族集団が存在したことがわかっているハウハ（Xauxa）地方では、その盆地の中心にインカの地方センターが建設され、明らかにこの集団を国家体制の中に取り込もうという意図が見える。こうしてみると、インカは、とくに山岳地帯で、幹線道路上に地方センターを建設するが、既存の政治集団、民族集団の強弱で建設場所を選んでいることがわかる。すなわち多様な環境での多様な民族と資源の分布に際して、インカが採用した支配体制というのは、クロニカや他の古文書が示すような秩序だった整然としたものではなく、その土地にあわせた柔軟性に富んだものであったことがわかる。

（4）複雑な経済システム

　すでに述べてきたように、インカは地方を監督する行政官を任命したほか、征服地の首長クラカを配下に収めて統治を行った。さらにインカは、これとは別の仕組みも作りだした。移住政策である。移住させられた集団は、ミティマエス（mitimaes）あるいはミト

マクーナ（mitomacuna）と呼ばれた。シエサ・デ・レオンは、ミティマエスには3種類あったといっている。1つは、征服した土地から一定の数の集団を似たような環境を持つ全く別の土地へ移住させ、征服地には信頼のおける集団を置くというやり方である。これにより征服地の住民は、インカの臣民としてあるべき姿を学ぶことができ、移住させられた集団は、その土地の先住集団との緊張関係から監視し合うことで反乱を企てることが困難になる。2つ目は反乱の度重なる場所へ駐留軍のような形で移住させられる場合であり、最後のケースは、新たな支配地で有望な土地にもかかわらず、住民が住んでいない場合、開発専用に集団を移住させるというものである（Cieza de León 1979 [1553]）。多様なアンデスの生態環境、資源分布をにらんだ政策ともいえる。また1つの村や地域社会をそっくりそのまま移住させることもあったといわれる。こうしたミティマエスの問題は、考古学よりもエスノヒストリーの分野で主に扱われ、各地の状況が少しずつ明らかにされつつある（Wachtel 1982：Espinoza Soriano 1970）。

　さて最後に最も難解な問題に触れておかねばならない。税制度である。ふつう国家形成に際しては、王などの生活は別にしても、広大な領土をくまなく行政的に機能させるために必要な膨大な費用を捻出するプログラムが不可避的に発達していくとされる。代表的な制度が税である。まず年代記等から復元される、税を含めたインカの経済の様態をまとめてみよう。

　インカは征服地を3分したといわれる。太陽神、インカ、そして農村共同体の土地がそれらである。農村共同体はアンデス住民の実質的な生産単位であり、アイユと呼ばれた。インカは、人々に税を

図118　インカのタンプであったラクチ遺跡

労働という形で納めさせたので、一般住民は太陽神、インカの土地を耕すことを義務とし、収穫した作物は国家の倉庫に納められた。これが第1の税である。また牧民にも同様の制度が課された。牧民から集められた原料としての毛は、住民に配られ、機織りという労働を提供することで織物を作り上げたのである。これが第2の税である。こうした労働税のほかにもミッタ（mit'a）と呼ばれる第3の税としての賦役もあった。たとえば、先ほど述べたインカ道や宿駅の建設や飛脚の制度もミッタにもとづいて地元の労働力が徴発されたし、ミッタによってインカの時代に大規模に段畑が開発されたことも記されている。

　では共同体の人々は一方的に搾取されていたのであろうか。これに対する解答として、ナタン・ワシュテルは互酬性と再分配というキーワードを掲げて説明している（Wachtel 1984 [1971]）。すなわち納税者は、一方的にその行為を行うのではなく、かならず為政者であるインカから見返りがあったというのだ。ならば、どのような見返りが期待できたのであろうか。

　まず形式面としては、征服した土地はすべて支配者インカの土地であるのだから、インカからその土地が改めて共同体に与えられる。すなわち使用権が確保できるという利点である。しかしそれ以

上に具体的な見返りとは、住民自身が労働税の結果として納めた物資そのものであるというのだ。先ほどの税制度に関する一般的モデルでは触れなかったが、住民が納める労働の結果生じる物品は、直接クスコに送られるものはわずかであり、ほとんどが地元に作られた貯蔵施設に保管され、消費された。たとえば飢饉のときに共同体に分配されることはもちろんだが、ミッタとして道路建設など土木工事があるたびに祭宴などが催され、インカの側から改めて作業従事者に与えられるのである。再分配制度ともいえる。付与されるものは織物もあれば、食糧、酒であることもあった。このように、インカでは地方分権的な経済システムが採用されたというのである。

　ワシュテルは、こうした税制度は何もインカに始まるものではないと指摘している。おそらく地方首長クラカは、インカ征服前から、一般住民にクラカの土地、あるいはその地域の信仰対象であったワカの土地を耕作させていたと考えられ、インカはこれとほぼ同じシステムを踏襲したにすぎないというのである。

　こうした主として文献から復元された経済モデルは、近年考古学的研究によって検証が進められている。まず貯蔵施設の問題であるが、テリー・ルヴィーン（Terry Levine）は、ペルーの中央高地に残る3つの地方センターを対象に貯蔵施設の分析を行っている。この中には、すでに述べたワヌコ・パンパも含まれている。いずれもクスコへ向かうインカ道の幹線上に位置し、ある一定間隔ごとに連続して建設されている。分析の結果によれば、3カ所における貯蔵施設の収容能力は、各地方が抱えていたと推定される人口と比例しているという。さらに貯蔵品が食糧であるならば、これを遠くクスコなど遠隔地に運ぶコストは高すぎる。こうした点から判断して、

貯蔵品は基本的にはその土地で大半が消費されていたことが間接的にうかがえるという（Levine 1992）。その意味では、文献モデルと適合する。

　しかしテレンス・ダルトロイ（Terence D'Altroy）とティモシー・アール（Timothy Earle）は、中央高地ハウハ盆地の調査から、ワシュテルらの文献モデルを部分的に批判している。彼らは、ワシュテルやジョン・ムラが徴税に係わる労働や交換などの形態的側面に気を取られるあまりに静的なモデルを出しすぎていると主張している。これは研究者の立場の違いかもしれない。ダルトロイらは税が労働によって支払われた点には疑義を抱いていないが、結果として生み出される産物や作物自体に目を向けるべきだと考えている。物資、とくに国家に係わるものについての生産と流通に注目し、とくにこれをエネルギーに換算しながら効率性を検討していく。この際に貯蔵の問題は避けて通れず、国家がこれをいかに統御していったのかを追究することはインカの経済基盤解明への鍵となるというのだ（D'Altroy and Earle 1992）。

　この立場からすると、ワシュテルらがいう再分配という言葉すら素直には受け入れられないという。インカが樹立したシステムは完全な形での再分配ではないというのである。たしかに収穫した農作物は地元に建設されたセンター近くの倉庫に保管され、飢饉や労役のたびに還元されたであろう。物資の重量とクスコまでの運搬コストを考えれば、その方が効率よく地方を治めることができることはすでに指摘した。その意味では再分配である。しかし物流の側面から見ると、こうした食糧は実際にクスコからの来訪者やインカ軍の生存を維持するために使われ、また地方センターに配されたアク

リャや職人をはじめとするさまざまな集団の生活を支えるためにも消費されたことは間違いなかろう（Cieza de León 1979 [1553]）。このようなインカの地方センターとそれに付随する集団を支えることに対する反対給付については、外敵からの保護というような面以外とくに思いあたるものはない。

　それ以上に問題なのは、富や権力と結びつく奢侈品やそれを製作するための原材料である。クロニカから考えると、これらはクスコに直接送られている。農作物などに比べ、重量やスペースをとらないので運搬コストが低くてすむ。それに見合うだけの価値が付与されてもいる。鉱物資源や上等な織物などクスコに送られた物品や材料は、未完成品であるならクスコ在住の職人が製品の形にした。そしてインカ王が使用したり、家臣や恭順の意を表した地方首長に下賜されたという。各地域でこうしたクスコへ送る物資を獲得するために労働が提供される際には、酒や食糧、織物が互酬性のもとに労役者に与えられるかもしれないが、クスコへ運ばれたものはアイユ共同体レベルまでは決して下りてこない。せいぜい地方首長クラカまでである。このように食料以外の奢侈品関係の動きはかなり不均衡な再分配であるという。

　こうしたクスコへ直送される資源については、ワシュテルもその存在に気づいているが、量からみれば大したことはなかったとして軽視している。しかし近年、エクアドルにおけるインカ期、先インカ期のエスノヒストリー研究が進みワシュテルらが提示するイメージとは異なる実態が明らかにされてきている（Salomon 1986）。インカによる征服に先立つエクアドルでは、織物、コカ、金、銅製品、貝製品、骨製品などが首長に税として直接納められ、これらはさら

に政治的結束を図るため、首長を支えるエリートに対し、その活動への報酬として支払われた。もちろん市場もあった。結局、税として納められたものは、これらの回路を通じて自由に交換され、食糧なども入手できたという。すなわち奢侈品、貴重品などが市場原理で比較的自由に階層間を往来していたのである。しかも納税者の中には、これら入手が困難な産物、資源を扱う商人が存在し、銅製品などが貨幣と同じような役割を果たしていた可能性も指摘されている。サロモンの指摘は、すでに前章のシカン文化の説明で取り上げたアッチャ・モネーダのことをさすのであろう。

　エクアドルの事例は決して例外とはいえないようだ。ペルー北海岸にも同じような商人が存在していたことが予想されているし、エクアドルで流通した貨幣的銅製品の産地はペルー北海岸であった点は無視できない。また南海岸チンチャ地方での商人の存在も忘れてはならない（Rostworowski 1977）。しかも、インカはエクアドル征服後、この仕組みを撤廃するどころか、そのまま利用している。なるほど主要生産物については、ワシュテルらのモデル通りに労働税の仕組みが適用されているが、特殊産品については以前からの市場、商人の存在を許しているのである（Salomon 1986）。この経済形態は、中央アンデス全体に認められるものではないが、支配地域の経済システムをみごとに応用している事例であろう。その意味では、サロモンの指摘やダルトロイらの意見は、ワシュテルらが唱える機能的解釈とそれにもとづく静的なインカの経済システムというイメージを多少修正するものとして注目される。

（5）備蓄物資

　さて、これまでインカの地方支配の
根幹をなす再分配制度や税制を検討し
てきたが、肝心の分配される物資につ
いてあまり触れなかった。とりあえ
ず、食糧があったであろうし、織物も
重要であった。食糧については、ムラ
が年代記の記録を調べている（Murra
1978）。それによれば、圧倒的にトウ
モロコシが多い。これに続いてラクダ
科動物の干し肉、そしてチチャとな

図119　倉庫とキープを操る
人（Guamán Poma de Ayala
1980［1615］より）

る。興味深いのは根菜類の冷凍乾燥形態であるチューニョもかなり
記載されている点である。ジャガイモの重要性を唱える山本紀夫
は、保存食、携行食としてチューニョの役割に注目しているが、イ
ンカの場合、おそらくこうした倉庫に保存されていたことは間違い
あるまい。一方で、腐敗しやすいように見える生のジャガイモが倉
庫に保管された可能性を指摘する研究者もいる。

　ワヌコ・パンパを発掘したクレイグ・モリスは、500近い倉庫が
2つの形態を持つことに注目している。一方が方形であり、他方は
円形である。円形の倉庫からはトウモロコシの粒と大型の短頸壺の
破片が出土している。このことから果穂ごとではなく、粒にばらさ
れた状態で壺に入れて保管されたと考えている。したがって建物の
構造自体は単純でよかった。方形の建物からは藁と炭化した根菜類
が出土している。こちらの建物の造りは円形よりも入念であり、石
を床に敷き詰め、排気溝を床下に配備してあった。おそらくジャガ

イモを藁の間に詰めて保存したのではないかという（Morris 1992）。モリスの見方が正しければ、ワヌコ・パンパにおける作物の取り扱いにおいては、ジャガイモの方がより優遇されていたことになる。

これに対して、少なくとも方形構造は倉庫ではなく、住居であったという指摘もある（D'Altroy and Earle 1992）。ワヌコ・パンパから南へと連なるインカの支配地域では、地方センターの周辺に必ずといってよいほど円形と方形の小型構造物が多数発見される。これらを分析してみると、ワヌコ・パンパのようにはっきりとした機能分化を語るような事例は見つかっていない。食糧よりも織物や工芸品、鉱物資源などが貯蔵された可能性すら指摘されている。これはおそらく、倉庫＝食糧・織物＝再分配という文献モデルを単純に適用できないことを示唆するものであろう。やはり地方の生態環境、資源分布に応じた貯蔵目録が存在したと見るべきである。

（6）インカの終焉

1532年、カハマルカで捕えられたインカ王アタワルパは、命と引き替えに財宝を各地より集め、渡すことをピサロに申し出る。幽閉された部屋の中で、アタワルパは自らの腕を高く掲げ、指の先の高さまで金で埋め尽くすことを約束したという。結局、この約束は果たされず、ピサロは財宝を奪っただけでアタワルパを絞首刑に処す。1533年7月26日のことであった。しかしこの事件はインカ王朝の崩壊とは言い難かった。国内にはスペイン人に抵抗するインカゆかりの者達が残っていたからだ。そこでピサロが利用したのは当時のインカ社会の勢力争いであり、インカ王の権威であった。

すでに述べたように、ピサロがペルーに上陸した当時、タワンティンスーユは王位継承をめぐって混乱していた。クスコで正当性を主張したワスカルは、キトのアタワルパ派との戦いに敗れ囚われの身となっていた。その命を出した張本人のアタワルパも、その後すぐに捕縛されてしまう。アタワルパは幽閉中にも密使を出し、ワスカルを殺してしまうのだが、ピサロが利用した混乱とはこのことである。クスコに到着すると、ピサロはワイナ・カパックの子どもであったマンコを王位に就け、キト派のインカ軍を撃退するよう依頼し、インカ王の権威のもとで支配体制を固めようとした。ところが、マンコはピサロを逆にだまし、クスコおよび建設したばかりのリマを包囲してしまう。スペイン軍は絶体絶命の危機に陥ってしまう。1536年のことである。窮地に陥ったスペインを助けたのが、皮肉にもインカの互酬制度、再分配制度であったといわれる。ちょうど種まきの季節に入ったこともあるが、食糧が不足したことが大きい。すでに触れたように、インカの場合、かり出された人々はインカ王のためには戦うものの、必ず食糧等の必要物資の配給、すなわち再分配が必要であった。これが滞ってしまったからこそ、兵士は躊躇なく武器を捨てたのである。おそらくスペイン侵入前のアンデス地帯での戦いとは農閑期に限ったものであり、また互酬的な関係にもとづく徴兵制度を基礎としていたのであろう。こうしてインカ時代には有効であったシステムも、異文化に身を置くスペイン人の前では通用しなかったのである。自らの首を絞める結果となってしまった。

　マンコはウルバンバ川沿いに西に向かって敗走し、密林奥深く逃げ込み、ビルカバンバに拠点を築いた。彼の死後、その子サイリ・

トゥパックは一時抵抗するが、最終的にスペインと和解する。ところが、ビルカバンバ王朝に残ったティトゥ・クシらは抵抗を続けた。最後の王トゥパック・アマルー・インカが捕えられ、絞首刑となり、完全にインカの王朝が途絶えたのは、アタワルパの悲劇が起きてから40年も経った1572年のことである。

　研究者の中には、この時点をもってインカ帝国の崩壊と主張する者もいるがどうであろうか。たしかに植民地体制が確立する意味では、この年号は重要な意味を持つのであろうが、ことインカに関していうならば、ビルカバンバ王朝というのは、広大な領土を抱えていた頃と比べると、その政体はきわめて小さく、また他の地域との政治的、経済的つながりを全く持っていなかったのである。アンデスを席巻した政治組織はとうの昔に滅んでいたと見るべきであろう。

　ビルカバンバ王朝の抵抗の最中、征服者達は内乱を起こし、お互いに殺し合いをしていた。まさにスペイン人はアンデスに破壊と殺戮をもたらしたのである。人口の推定は難しい作業だが、ワシュテルによれば、1560年当時250万人といわれた人口も、30年の間に約6割にまで減少してしまったといわれる（Wachtel 1984［1971］）。しかしこうした先住民社会を破壊した張本人は、相次ぐ内戦そのものよりもスペイン人が持ち込んだ病気であった。インフルエンザ、麻疹、疱瘡など新たな病気で落命していくものは後を絶たず、たとえ生き残っても、スペイン人による強制労働が待ち受けていた。1545年に銀がポトシー（Potosí）で発見され、やがて1564年にワンカベリーカ（Huancavelica）で水銀鉱山が発見されると、大量の先住民がここに送り込まれたのである。もちろんこうした労働は、インカ時代の互酬的な性格とは全くかけ離れていた。こうした征服に

始まる悲劇は、今日のアンデス社会の貧困や社会問題と深く係わっている。ある意味で悲劇はまだ継続しているのである。

（7）おわりに

　これまで論じてきたように、インカの政治体制、経済組織、宗教体系は複雑であり、互いに絡み合っているために解きほぐすことが容易ではない。南高地の一民族集団が、おそらくチャンカとの戦いを契機に拡大を開始する。そのメカニズムはさほど明らかではないが、軍事的色彩を帯びたことは間違いない。征服の過程で、インカがとった地方支配の方針というのは、既存の地方首長の権威を利用するものであった。これはかえって効率的であった。これほど広大な領域の中では、首長の権力、経済組織などは著しく多様性に富んだものであったため、地域によって支配体制にかなりの違いが生じたと考えられるからである。一方で地方に最小限強要したのは労働による徴税制度であり、これをもとに道路や地方行政センターが建設されていった。この税制には象徴的、また実質的にも互酬的性格が見られ、労働税の名の下に生産された物資がことあるごとに再分配されたのである。このため、インカ道沿いに建設された地方センターの周辺には貯蔵施設が多数配備され、貯蔵品は基本的にはその土地で消費されていった。これは、その重量や首都クスコに運ぶためのコストを考えれば、効率性の高い制度であった。しかし、これとは別に、インカは各地方でとれる特殊な資源や産品を開発させ、それらをクスコに直接運ばせた。食糧のように重くなく、運搬がより容易な物資は、クスコにおいてインカ王が家臣、あるいは地方首長クラカに与えることで、その権威の維持、ひいては政治体制の確

立に役立てられた。この場合、既存の市場型経済や商人経済を積極的に利用していくこともあった。

インカが地方に課したものは税制度だけではなかった。インカの世界観を伝えるために、重要な地方センターの建設に際しては、クスコの空間構造や建築技術を部分的に取り入れ、クスコと同じような特殊な職能集団を住まわせ、インカ様式の土器や織物を製作させ、インカの暦に従った祭礼を執り行わせたと考えられる。さらにインカは帝国に張り巡らせたインカ道の網に飛脚制度を設け、税制度と結びつくような形で統計データをキープに託し、通信とコミュニケーションを発達させ、複雑化する行政、経済に対処していったのである。

ここでこれまで本書で展開してきた論を改めて振り返ってみよう。後氷期に入って間もないアンデス高地では、多様な資源分布を背景に農耕が発生する。やがて長い実験段階を経て、定住村落が成立し、農耕の成功と係わる祭祀センターが誕生する。海岸の場合は、漁労という、当時農耕以上に安定した資源を背景に山岳地帯以上に大きな社会が成立する。しかし祭祀センターで統合された社会の範囲はきわめて狭く、お互い交易や宗教を通じて緩やかな関係を持っていたにすぎなかった。やがて、おそらくは気候変動を契機に、宗教以外の俗的権力が発生し、同じ環境ゾーンをいくつか束ねるような形で支配を拡大していった。海岸なら海岸の谷間だけがターゲットであった。モチェ、ナスカ、ティワナクである。こうした社会は統治から生まれる矛盾や気候変動に翻弄される。こうした中で山岳地帯の資源開発が次第に整備され、体系だったものになっていく。ワリとティワナクの時代におそらく垂直統御が確立するのであろ

う。しかし、よく観察してみると、いかに広い範囲に影響を与えた
とはいえ、海岸地帯をうまく経営できたようには見えない。やはり
海岸は全く別の環境であり、それに応じた別の政体が存在したので
あろう。最終的にこの問題を解決したのがインカなのである。

　インカの拡大の動きと、アンデスで伝統的に見られた垂直統御の
体系とは多いに関係しているようにみえる。単純すぎるかもしれな
いが、仮に山岳地帯の集団を個別に垂直統御を行う小集団の集合と
見るならば、彼らを政治的支配下に組み込めば、多様な高度に広が
るすべての土地をわざわざ征服せずとも豊かな資源を入手すること
ができる。こうした効率のよい方法を地域的に拡大していったはじめ
めての政体こそワリでありティワナクであり、そしてルパカであっ
た。けれどもワリは短命で終わり、ティワナクもワリも海岸を思う
ように扱えなかった。気候変動もあって確固たる体制を作る時間が
なかったのかもしれないし、インカと比べてイデオロギー、あるい
はインフラ・ストラクチャの整備が不十分であったのかもしれな
い。しかしインカとてアタワルパ捕縛を含めてあっけない崩壊を遂
げたことを考えると、基本的には同じ支配構造を持っていたという
見方もできる。

　さてこれまで中央アンデス地帯の古代文化を概観してきたわけだ
が、そこでいくつか気づく点があった。形成期末における社会変化
を生業変化とチチャ儀礼の導入で説明しようというモデル、モチェ
では最後のⅤ期になってはじめて貯蔵施設が配備されるため国家体
制ができあがったとする島田泉の考え、ワリの地方センターが「直
行する細胞状建築」を抱え、そこでチチャを用いた饗宴が行われた
とするウィリアム・イズベルの考え方、ティワナクにおいて、リャ

マの隊商による遠隔地との交易、飛び地の利用を考えるアラン・コラータの解釈、チムーにおける再分配制度の萌芽など、いずれの場合でも、つねにモデルとして描いてきたのはインカであった。本書の冒頭でも触れたように、インカがそれ以前の先インカ期の諸文化の集大成である限りにおいて、これらの論法が決して誤りとはいえないし、解釈のための仮説モデルに同じ地域、類似した民族集団の事例を用いることに異論はあるまい。

　しかし、ではインカのモデルとは何なのか。実はほとんどが征服以後に書き残された記録を頼りに作り上げたモデルなのであり、考古学的な実態調査で検証されているものは少ない。もちろん綿密な資料分析の成果は重く受け止めなくてはいけないし、歴史家やエスノヒストリー研究者を非難するつもりもない。むしろインカ研究に貢献してこなかった考古学者の方を責めるべきかもしれない。しかし、最近ようやく考古学の分野でも積極的にインカ研究が推進され、これまでの文献や研究成果の検証も行われつつある。その一端をこの章で紹介してきたのだが、ごらんいただいたように、なかには文献モデルを修正、あるいは補強せざるをえないような事態が生じている。より考古学的な蓄積のある先インカ期諸文化の研究が、従来の文献にもとづくインカ・モデルを使用し、当のインカ研究では、考古学と歴史学、エスノヒストリーが協力し合ってこのモデルを部分的にせよ修正しようとしているのである。学問発展途上にあるアンデス先史学においては宿命というべき姿なのかもしれないが、今後は、インカ、先インカの研究の弁証法的発展を望むしかなかろう。

　最後にもう一点付け加えるとするならば、先インカの諸文化の変

貌や崩壊の過程を解明する際に気候変動を持ち出すケースが近年非常に多くなってきていることを指摘しておきたい。これは自然科学的手法をとりいれた最近の研究成果の 1 つであろうが、一義的な解釈に陥ることは危険であろう。ティワナクの項で述べたように、生態学的決定論になりかねないからである。当該社会と自然環境や資源との関係を十分に解明した上で、気候変動の与える影響力を計算しないと、危機に対処する能力、すなわち人間の創造力の芽をつみ取ってしまう危険性がある。この点は、調査者に対する批判というより筆者自身の研究に対する戒めとしておきたい。

古代アンデス文明編年表

社会の特徴	絶対年代	時代	時代区分	北海岸	北高地	中央海岸	南海岸	中央・南高地	ティティカカ盆地
狩猟採集	9000	先土器時代	石期	パイハン	ギタレーロ	チバテロス		アサナ チューチョ トケパラ	
植物栽培・動物飼育の開始	5000		古期		ラウリコチャ		チルカ		
神殿建設の始まり　織物製作	3000		早期	ワカ・プリエタ ペンタロン	コトシュ	セチン・バッホ カラル エンカント			
漁撈の発達		草創期	前期	グアニャーベ グラマロテ				チリパ	前期
土器製作	1800	前期末 形成期	中	クピスニケ		マンチャイ			

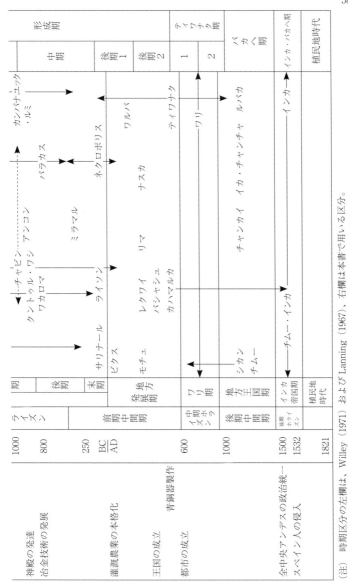

（注）　時期区分の左欄は、Willey（1971）およびLanning（1967）、右欄は本書で用いる区分。
　　　右端欄は、ティティカカ盆地における編年（Janusek 2008）。

参考文献一覧

第 1 章

小野幹生 「砂漠の中の季節草原を追う」『科学朝日』41 (6)：70-74，1981年。

Bennett, W.C. and J.B. Bird (1949) *Andean Culture History*, New York.

Burger, R.L. (1992) *Chavín and the Origins of Andean Civilization*, Thames and Hudson Ltd., London.

Gade, D.W. (1975) *Plants, Man and the Land in the Vilcanota Valley of Peru*, Dr.W. Junk B.V., The Hague.

Idyll, C.P. (1973) "The anchovy crisis", *Scientific American* 228：22-29.

Murra, J.V. (1972) "El 'control vertical' de un máximo de pisos ecológicos en la economía de las sociedades andinas", in J.V. Murra (ed.) *Visita de la provincia de León de Huánuco en 1562*, 2, pp.429-476, Universidad Nacional Hermilio Valdizan, Huánuco.

Pulgar Vidal, J. (1981) *Geografía del Perú: Las ocho regiones naturales del Perú*, Editorial Universo S.A., Lima.

Rowe, J. (1960) "Cultural unity and diversification in Peruvian archaeology", in A.F.C. Wallace (ed.) *Men and Cultures* (Selected Papers, 5 th International Congress of Anthropological and Ethnological Sciences), pp.627-631, University of Pennsylvania Press, Philadelphia.

Rowe, J. (1962) "Stages and periods in archaeological interpretation", *Southwestern Journal of Anthropology* 18 (1)：40-54.

Service, E.R. (1975) *Origin of the State and Civilization: The Process of Cultural Evolution*, Norton, New York.

Shelton, A.A. (1995) "Dispossessed history: Mexican museums and the institutionalization of the past", *Cultural Dynamics*, 7 (1)：69-100.

Webster, S. (1971) "An indigenous Quechua community in exploitation of multiple ecological zones", *Actas y Memorias del XXXIX Congreso Internacional de Americanistas* 3：174-183.

White, L. (1959) *The Evolution of Culture*, McGraw-Hill, New York.

Willey, G.R. (1971) *An Introduction to American Archaeology, Volume*

Two, South America, Prentice-Hall, Inc., New Jersey.

第 2 章

小野有五 「氷期のアメリカ大陸」赤澤威他編『アメリカ大陸の自然誌 2
最初のアメリカ人』, pp.1-55, 岩波書店, 1992年。

関　雄二 「中部アメリカ, 南アメリカでの拡散」大貫良夫編『モンゴロ
イドの地球 5 最初のアメリカ人』, pp.155-198, 東京大学出版会, 1995年。

関　雄二 「最初のアメリカ人の移動ルート」印東道子編『人類の移動誌』,
pp.206-218, 臨川書店, 2013年。

米倉伸之 「アメリカ大陸の自然」大貫良夫編『モンゴロイドの地球 5 最
初のアメリカ人』, pp. 1 -37, 東京大学出版会, 1995年。

Bird, J.B.(1988)*Travels and Archaeology in South Chile*, University of
Iowa Press, Iowa City.

Bryan, A.L.(1973)"Paleoenvironments and cultural diversity in late
Pleistocene South America", *Quaternary Research* 3 : 237-356.

Bryan, A.L.(1983)"South America", in R. Shutler Jr.(ed.)*Early Man in
the New World*, pp.137-146, Sage Publications, Beverly Hills.

Dillehay, T.(1989)*Monte Verde: A Late Pleistocene Settlement in Chile,
Vol.1*, Smithsonian Institution Press, Washington, D.C.

Dillehay, T.(ed.)(2017)*Where the Land Meets the Sea: Fourteen Millen-
nia of Human History at Huaca Prieta, Peru*, University of Texas Press,
Austin.

Guidon, N. and G. Delibrias(1986)"Carbon-14 dates point to man in the
Americas 32, 000 years ago", *Nature* 321 (19): 769-771.

Haynes, V.(1974)"Paleoenvironments and cultural diversity in late Pleis-
tocene South America: A reply to A.L. Bryan", *Quaternary Research*
4 : 378-382.

Lynch, T.(1990)"Glacial-age man in South America? : A critical review",
American Antiquity 55 (1): 12-36.

Martin, P.(1973)"The discovery of America", *Science* 179 (9): 969-974.

Massone, M.M.(1987)"Los cazadores paleoindios de Tres Arroyos(Tierra
del Fuego, Chile)", *Anales del Instituto de la Patagonia* 17 : 47-60.

Mengoni G.G.L.(1986)"Patagonian prehistory: Early exploitation of faunal resources（13, 500-8500B.P.）", in A.L. Bryan（ed.）*New Evidence for the Pleistocene Peopling of the Americas*, pp.271-279, Center for the Study of Early Man, University of Maine, Orono.

Nami, H.（1987）"Cueva del Medio: Perspectivas arqueológicas para la Patagonia Austral", *Anales del Insitituto de la Patagonia* 17 : 73-106.

Nuñez, L., Varela, J., Schiappacasse, V., Niemeyer, H., and C. Villagran（1992）"A mastodon kill-site in central Chile", paper read at the First World Congress on Mongoloid Dispersal, University Museum, University of Tokyo.

Politis, G.G. and M.C. Salemme（1990）"Pre-Hispanic mammal exploitation and hunting strategies in the eastern Pampa subregion of Argentina", in L.B. Davis and B.O.K. Reeves（eds.）*Hunters of the Recent Past*（One World Archaeology 15）, pp.352-372, Unwin Hyman, London.

第 3 章

稲村哲也　「動物の利用と家畜化」赤澤威他編『アメリカ大陸の自然誌 3 新大陸文明の盛衰』, pp.49-91, 岩波書店, 1993年。

大貫良夫・加藤泰建・関雄二編　『古代アンデス　神殿から始まる文明』, 朝日新聞出版, 2010年。

加藤泰建・関雄二編　『文明の創造力―古代アンデスの神殿と社会』, 角川書店, 1998年。

山本紀夫　「植物の栽培化と農耕の誕生」赤澤威他編『アメリカ大陸の自然誌 3 新大陸文明の盛衰』, pp.1-48, 岩波書店, 1993年。

山本紀夫　『ジャガイモとインカ帝国』, 東京大学出版会, 2004年。

Alva, I.（ed.）（2013）*Ventarrón y Collud: Origen y auge de la civilización en la costa norte del Perú*, Ministerio de Cultura del Perú/ Proyecto Especial Naylamp, Lambayeque.

Arriaza, B.T.（1995）*Beyond Death: The Chinchorro Mummies of Ancient Chile*, Smithsonian Institution Press, Washington, D.C.

Bird, J.B.（1948）"Preceramic cultures in Chicama and Virú", in *A Reappraisal of Peruvian Archaeology, Memoirs of the Society for American Archaeology, American Antiquity* 13（4-2）: 21-28.

Bird, J.B.（1963）"Pre-ceramic art from Huaca Prieta, Chicama valley",

Ñawpa Pacha 1：29-34.

Bird, J.B., Hyslop, J. and M.D. Skinner（1985）*The Preceramic Excavations at the Huaca Prieta, Chicama Valley, Peru*（Anthropological Papers of the American Museum of Natural History 62（1）），New York.

Burger, R.L. and L.B. Salazar（1980）"Ritual and religion at Huaricoto", *Archaeology* 6：26-32.

Burger, R.L. and L.C. Salazar（2008）"The Manchay culture and the coastal inspiration for highland Chavín Civilization", in W.J. Conklin and J. Quilter（eds.）*Chavín: Art, Architecture and Culture*, pp.85-105, Cotsen Institute of Archaeology, University of California, Los Angeles.

Cardich, A.（1960）"Investigaciones prehistóricas en los Andes Centrales", in *Antiguo Perú: Espacio y tiempo*, pp.89-118, Libreria-Editorial Juan Mejia Baca, Lima.

Chu, A.（2019）"Las unidades domésticas de Bandurria y las evidencias del surgimiento de la complejidad social en la costa norcentral durante el Precerámico Tardío", *Yungas* 3（7）：89-100.

Dillehay, T.（ed.）（2011）*From Foraging to Farming in the Andes: New Perspectives on Food Production and Social Organization*, Cambridge University Press, Cambridge.

Dillehay, T.（2017）第 2 章文献参照

Dillehay, T. and D. Bonavia（2017）"Cultural phases and radiocarbon chronology", in T. Dillehay（ed.）*Where the Land Meets the Sea: Fourteen Millennia of Human History at Huaca Prieta, Peru*, pp.88-108, University of Texas Press, Austin.

Engel, F.（1966）"Le complexe précéramique d'El Paraíso（Pérou）", *Journal de la Société des Américanistes* 55：43-96.

Engel, F.（1970）"Exploration of the Chilca Canyon, Peru", *Current Anthropology* 11：55-58.

Feldman, R.A.（1985）"Preceramic corporate architecture: evidence for the development of non-egalitarian social systems in Peru", in C.B. Donnan（ed.）*Early Ceremonial Architecture in the Andes*, pp.71-92, Dumbarton Oaks Research Library and Collection, Washington, D.C.

Feldman, R.A. (1992) "Preceramic architectural and subsistence traditions", *Andean Past* 3 : 67-86.

Fuchs, P.R., Patzschke, R., Yenque, G. and J. Briceño (2009) "Del Arcaico Tardío al Formativo Temprano: Las investigaciones en Sechín Bajo, valle de Casma", *Boletín de Arqueología PUCP* 13 : 55-86.

Grieder, T., Bueno Mendoza, A., Smith, C.E.Jr. and R.M. Malina (1988) *La Galgada, Peru: A Preceramic Cultre in Transition*, University of Texas Press, Austin.

Izumi, S. and K. Terada (eds.) (1972) *Ands 4: Excavations at Kotosh, Peru, 1963 and 1966*, University of Tokyo Press, Tokyo.

Kaplan, L. and T. Lynch (1998) "*Phaseolus* (Fabaceae) in archaeology: AMS radiocarbon dates and their significance for Pre-Colombian agriculture", *Economic Botany* 53 (3) : 261-272.

Lanning, E.P. (1967) *Peru before the Incas*, Prentice-Hall, INC, New Jersey.

Lynch, T.F. (1973) "Harvest timing, transhumance, and the process of domestication", *American Anthropologist* 75 : 1254-1259.

Lynch, T.F. (1978) "Paleo-Indians", in J.D. Jennings (ed.), *Ancient South Americans*, pp. 87-137, W.H. Freeman and Company, San Francisco.

Lynch, T.F. (1980) *Guitarrero Cave: Early Man in the Andes*, Academic Press, New York.

MacNeish, R.S., Vierra, R.K., Nelken-Terner, A. and C.J. Phagan (1980) *Prehistory of the Ayacucho Basin, Peru, Vol. III: Nonceramic Artifact*, The University of Michigan Press, Ann Arbor.

Malpass, M.A. and K.E. Stothert (1992) "Evidence for preceramic houses and householod organization in western South America", *Andean Past* 3 : 137-164.

Mengoni Goñalons, G.L. (2008) "Camelids in ancient Andean societies: A review of the zooarchaeological evidence", *Quaternary International* 185 : 59-68.

Moseley, M.E. (1975) *The Maritime Foundations of Andean Civilization*, Cummings Publishing Company, Menlo Park.

Olivera, Q.N. (ed.) (2014) *Arqueología Alto Amazónica : Los orígenes de la civilizatión en el Perú*, Asociación Los Andes de Cajamarca, Lima.

Onuki, Y. (1982) "Una perspectiva prehistórica de la utilización ambiental en la sierra nor-central de los Andes Centrales", *Senri Ethnological Studies* 10 : 211-228.

Onuki, Y. (1985) "The Yunga zone in the prehistory of the Central Andes: vertical and horizontal dimensions in Andean ecological and cultural processes", in S. Masuda et al. (eds.) *Andean Ecology and Civilization*, pp.339-356, University of Tokyo Press, Tokyo.

Pearsall, D.M. (1978) "Phytolith analysis of archaeological soils: evidence for maize cultivation in Formative Ecuador", *Science* 199 : 177, 178.

Pearsall, D.M. (1980) "Pachamachay ethnobotanical report: Plant utilization at a hunting base camp", in J.W. Rick (ed.) *Prehistoric Hunters of the High Andes*, pp.191-231, Academic Press, New York.

Pearsall, D.M. (1994) "Issues in the analysis and interpretation of archaeological maize in South America", in S. Johannessen and C.A. Hastorf (eds.) *Corn & Culture in the Prehistoric New World*, pp.245-272, Westview Press, Boulder.

Politis, G.G. and M.C. Salemme (1990) 第 2 章文献参照

Quilter, J. (1989) *Life and Death at Paloma*, University of Iowa Press, Iowa City.

Richardson, J.B. Ⅲ (1992) "Early hunters, fishers, farmers and herders: Diverse economic adaptations in Peru to 4500 B.P.", *Revista de Arqueología Americana* 6 : 71-90.

Rick, J.W. (1980) *Prehistoric Hunters of the High Andes*, Academic Press, New York.

Rossen, J. (2011) "Preceramic plant gathering, gardening, and farming", in T. Dillehay (ed.) *From Foraging to Farming in the Andes: New Perspectives on Food Production and Social Organization*, pp.177-192, Cambridge University Press, Cambridge.

Shady, R. and C. Leyva (eds.) (2003) *La Ciudad sagrada de Caral-Supe: Los orígenes de la civilzación andina y la formación del estado prístino en el antiguo Perú*, Instituto Nacional de Cultura, Proyecto Especial Arqueológico Caral-Supe, Lima.

Smith, C.E.（1980）"Plant remains from Guitarrero Cave", in T.F. Lynch （ed.）*Guitarrero Cave*, pp.87-119, Academic Press, New York.

Wing, E.S.（1977）"Animal domestication in the Andes", in C.A. Reed（ed.）, *Origin of Agriculture*, pp.837-859, Mouton Publishers, The Hague.

Wheeler, J.C.（1988）"Nuevas evidencias arqueológicas accrca de la domesticación de la alpaca y la llama y el desarollo de la ganadería autóctona", in J.A. Flores Ochoa（ed.）, *Llamichos y pacocheros, pastores de llamas y alpacas*, pp.37-43, Centro de Estudios Andinos.

Wheeler, J.P., Pires-Ferreira, E. and P. Kaulicke（1976）"Preceramic animal utilization in the Central Peruvian Andes", *Science* 194：483-490.

第4章

赤澤威・南川雅男　「炭素・窒素同位体に基づく古代人の食生活の復元」『新しい研究法は考古学になにをもたらしたか』，pp.132-143，クバプロ，1989年。

泉靖一・松沢亜生　「中央アンデスにおける無土器神殿文化—コトシュ・ミト期を中心として—」『ラテン・アメリカ研究』8：39-69，1967年。

大貫良夫・加藤泰建・関雄二（2010）第3章文献参照

加藤泰建　「大神殿の出現と変容するアンデス社会」大貫良夫・加藤泰建・関雄二編　『古代アンデス　神殿から始まる文明』，pp.105-152，朝日新聞出版，2010年。

加藤泰建・関雄二編（1998）　第3章文献参照

芝田幸一郎　「ペルー海岸部の神殿と権力生成」関雄二編『アンデス文明—神殿から読み取る権力の世界』，pp.385-402，臨川書店，2017年。

関　雄二　「鳥・蛇・ジャガー—中央アンデス北部高地の形成期における動物表象—」阿部年晴他編『民族文化の世界（上）』，pp.508-533，小学館，1990年。

関　雄二　「形成期社会における権力の生成」大貫良夫・加藤泰建・関雄二編　『古代アンデス　神殿から始まる文明』，pp.153-202，朝日新聞出版，2010年。

関雄二・米田穣　「ペルー北高地における食性の復元—炭素・窒素同位体分

析による考察―」『国立民族学博物館研究報告』28（4）：515-537，2004年。

鶴見英成 「そして9つの神殿が残った―ペルー北部，アマカス複合遺跡の編年研究―」『古代アメリカ』12：39-64，2009年。

友枝啓泰・藤井龍彦 「ジャガー神からビラコチャ神へ」友枝啓泰・松本亮三編『ジャガーの足跡』，pp.71-94，東海大学出版会，1992年。

松沢亜生 「ラス・アルダス遺跡調査略報」『人文科学紀要』59：3-44，1974年。

Alva, W.（1988）"Investigaciones en el complejo formativo con arquitectura monumental, Purulén, costa norte del Perú（Informe Preliminar）", *Beiträge zur Allgemeinen und Vergleichenden Archäologie* 8：283-300.

Bird, R.M.（1987）"A postulated Tsunami and its effects on cultural development in the Peruvian Early Horizon", *American Antiquity* 52：285-303.

Brennan, C.T.（1980）"Cerro Arena: Early cultural complexity and nucleation in north coastal Peru", *Journal of Field Archaeology* 7：1-22.

Burger, R.L.（1988）"Unity and heterogenity within the Chavín Horizon", in R.W. Keatinge（ed.）*Peruvian Prehistory*, pp.99-144, Cambridge University Press, Cambridge.

Burger, R.L.（1992）第1章文献参照

Burger, R.L.（2019）"Understanding the socioeconomic trajectory of Chavín de Huántar: A new radiocarbon sequence and its wider implications", *Latin American Antiquity* 30（2）：373-392.

Burger, R.L. and M.D. Glascock（2009）"Intercambio prehistórico de obsidiana a larga distancia en el norte peruano", *Revista del Museo Arqueología, Antropología, y Historia* 11：17-50.

Burger, R.L. and R. Matos Mendieta（2002）"Atalla: A center on the periphery of the Chavin Horizon", *Latin American Antiquity* 13（2）：153-177.

Burger, R.L. and L.B. Salazar（1991）"Recent investigations at the Initial Period center of Cardal, Lurin Valley, Peru", *Journal of Field Archaeology* 18：275-296.

Burger, R.L. and N. Van der Merwe（1990）"Maize and origin of highland

Chavín civilization: An isotopic perspective", *American Anthropologist* 92 (1) : 85-95.

Cieza de León, P. (1986 [1553]) *Crónica del Perú, primera parte*, Pontificia Universidad Católica del Perú.

Conklin, W.J. (1985) "The architecture of Huaca Los Reyes", in C.B. Donnan (ed.) *Early Ceremonial Architecture in the Andes*, pp.139-164, Dumbarton Oaks Research Library and Collection, Washington, D.C.

Cooke, C.A., Hintelmann, H., Ague, J.J., Burger, R., Biester, H., Sachs, J.P. and D.R. Engstrom (2013) "Use and legacy of mercury in the Andes", *Environmental Science and Technology* 47 : 4181-4188.

Duviols, E. (1979) "Un symbolisme de l'occupation, de l'aménagement et de l'exploitation de l'espace: Le monolithe 'huanca' et sa fonction dans les Andes préhispaniques", *L'Homme* 19 (2) : 7-31.

Elera, C. (1993) "El complejo cultural Cupisnique: Antecedentes y desarrollo de su ideología religiosa", *Senri Ethnological Studies* 37 : 229-257.

Ericson, J.E., West, M., Sullivan, C.H. and H.W. Krueger (1989) "The development of maize agricultre in the Virú valley, Peru", in T.D. Price (ed.) *The Chemistry of Prehistoric Human Bone*, pp.68-104, Cambridge University Press, Cambridge.

Ghezzi, I. (2006) "Religious warfare at Chankillo", in W. Isbell and H. Silverman (eds) *Andean Archaeology III : North and South*, pp.67-84, Springer.

Ghezzi I and Ruggles C.L.N. (2007) "Chankillo : A 2300-year-old solar observatory in coastal Peru", *Science* 315 : 1239-1243.

Grieder, T. and A. Bueno Mendoza (1985) "Ceremonial architecture at La Galgada", in C.B. Donnan (ed.) *Early Ceremonial Architecture in the Andes*, pp.93-109, Dumbarton Oaks Research Library and Collection, Washington, D.C.

Hastorf, J. (1993) *Agriculture and the Onset of Political Inequality before the Inka*, Cambridge University Press, Cambridge.

Izumi, S. and K. Terada (1972) 第3章文献参照

Kaulicke, P. (1981) "Keramik der frühen Initialperiode aus Pandanche, Depto. Cajamarca, Peru", *Beiträge zur Allgemeinen und Vergleichenden Archäologie* 3 : 363-389.

Larco Hoyle, R. (1941) *Los Cupisniques*, Casa Editora "La Crónica" y "Variedades" S.A. Ltd., Lima.

Larco Hoyle, R. (1946) "A culture sequence for the north coast of Peru", in J. Steward (ed.) *Handbook of South American Indians* Vol. 2 (Bureau of American Ethnology, Bulletin 143), pp.149-175, Smithsonian Institution, Washington, D.C.

Lathrap, D.W. (1970) *The Upper Amazon*, Thames and Hudson Ltd., London.

Lumbreras, L.G. (1993) *Chavín de Huántar: Excavaciones en la Galería de las Ofrendas*, Materialien zur Allgemeinen und Vergleichenden Archäologie 51, Verlag C.H. Beck, München.

Marcos, J. (1986) "Breve prehistoria del Ecuador", in J. Marcos (ed.) *Arqueología de la costa ecuatoriana: Nuevos enfoques*, pp.25-50, Corporación Editorial Nacional, Quito.

Matsumoto, R. (1993) "Dos modos de proceso socio-cultural: El Horizonte Temprano y el Período Intermedio Temprano en el valle de Cajamarca", *Senri Ethnological Studies* 37 : 169-202.

Matsumoto, Y. and Y. Cavero (2009) "Una aproximación cronológica del centro ceremonial de Campanayuq Rumi, Ayacucho", *Boletín de Arqueología PUCP* 13 : 323-346.

Matsumoto, Y., Nesbitt, J., Glascock, M.D., Cavero, Y.P. and R.L. Burger (2018) "Interregional obsidian exchange during the Late Initial Period and Early Horizon : New perspectives from Campanayuq Rumi", *Latin American Antiquity* 29 (1) : 44-63.

Meggers, B., Evans, J.C. and E. Estrada (1965) *Early Formative Period of Coastal Ecuador: The Valdivia and Machalilla Phases* (Smithsonian Contributions to Anthropology 1), Washington, D.C.

Onuki, Y. (1993) "Las actividades ceremoniales tempranas en la cuenca del Alto Huallaga y algunos problemas generales", *Senri Ethnological*

Studies 37：69-96.

Onuki, Y. (ed.) (1995) *Kuntur Wasi y Cerro Blanco: Dos sitios del Formativo en el norte del Perú*, Hokusen-sha, Tokyo.

Oyuela-Caycedo, Augusto (1996) "The study of collector variability in the transition to sedentary food producers in northern Colombia", *Journal of World Prehistory* 10 (1)：49-93.

Pozorski, S. (1979) "Prehistoric diet and subsistence of the Moche Valley, Peru", *World Archaeology* 11 (2)：163-184.

Pozorski, S. (1987) "Theocracy vs. militarism: The significance of the Casma valley in understanding early state formation", in J. Haas et al. (eds.) *The Origins and Development of the Andean State*, pp.15-35, Cambridge University Press, Cambridge.

Pozorski, S. and T. Pozorski (1986)" Recent excavations at Pampa de las Llamas-Moxeke：A complex Initial Period site in Peru", *Journal of Field Archaeology* 13：381-401.

Pozorski, S. and T. Pozorski (1987) *Early Settlement and Subsistence in the Casma Valley, Peru*, University of Iowa Press, Iowa City.

Prieto, G. (2018) "The temple of the fishermen: Early ceremonial architecture at Gramalote, a residential settlement of the second millennium B.C., north coast of Peru", *Journal of Field Archaeology* 43 (3)：200-221.

Ravines, R. and W. Isbell (1976) "Garagay: Sitio ceremonial temprano en el valle de Lima", *Revista de Museo Nacional* 41：253-275.

Reichel-Dolmatoff, G. (1965) *Excavaciones arqueológicas en Puerto Hormiga (Departamento de Bolívar)* (Antropológica 2), Ediciones de la Universidad de los Andes, Bogotá.

Richardson, J.B. Ⅲ (1994) *People of the Andes*, St. Remy Press, Montreal.

Rick, J.W. (2005) "The evolution of authority and power at Chavín de Huántar, Peru", in K.J. Vaughn, D. Ogburn and C.A. Conlee (eds.) *Foundations of Power in the Prehispanic Andes* (Archaeological Papers of the American Anthropological Association 14), pp.71-89, Arlington, VA.

Rick, J. W. (2008) "Context, construction, and ritual in the development of authority at Chavín de Huántar", in W.J. Conklin and J. Quilter (eds.) *Chavín: Art, Architecture and Culture*, pp. 3 –34, Cotsen Institute of Archaeology, University of California, Los Angeles.

Roe, P. (1974) *A Further Exploration of the Rowe Chavín Seriation and its Implications for North Central Coast Chronology* (Studies in Pre-Columbian Art and Archaeology 13), Dumbarton Oaks Research Library and Collection.

Roosevelt, A.C. (1995) "Early pottery in the Amazon: Twenty years of scholarly obscurity", in W.K. Barnett and J.W. Hoopes (eds.) *The Emergence of Pottery: Technology and Innovation in Ancient Society*, pp.115-131, Smithsonian Institution Press, Washington and London.

Rosas, E. and R. Shady (1970) *Pacopampa: Un centro Formativo en la sierra nor-Peruana*, Universidad Nacional Mayor de San Marcos, Lima.

Rowe, J.H. (1967) "Form and meaning in Chavín art", in J.H. Rowe and D. Menzel (eds.) *Peruvian Archaeology: Selected Readings*, pp.72-103, Peek Publications, Palo Alto.

Samaniego, L., Vergara, E. and H. Bischof (1985) "New evidence on Cerro Sechín, Casma Valley, Peru", in C.B. Donnan (ed.) *Early Ceremonial Architecture in the Andes*, pp.165-190, Dumbarton Oaks Research Library and Collection, Washington, D.C.

Seki, Y. (1993) "La transformación de los centros ceremoniales del Período Formativo en la cuenca de Cajamarca, Perú", *Senri Ethnological Studies* 37 : 143-168.

Shimada, I. (1981) "Temple of time: the ancient burial and religious center of Batán Grande, Peru", *Archaeology* 34 (5) : 37-45.

Shimada, I. (1994) *Pampa Grande and the Mochica Culture*, Texas University Press, Austin.

Tellenbach, M. (1986) *Die Ausgrabungen in der formativzeitlichen Siedlung Montegrande, Jequetepeque-Tal, Nor-Peru* (Materialien zur Allgemeinen und Vergleichenden Archäologie 39), Verlag C.H. Beck, München.

Tello, J.C. (1921) *Introducción a la historia antigua del Perú*, Editorial

Euforion, Lima.

Tello, J.C.（1960）*Chavín: Cultura matriz de la civilización Andina*, Universidad Nacional Mayor de San Marcos, Lima.

Terada K. and Y. Onuki（eds.）（1982）*Excavations at Huacaloma in the Cajamarca Valley, Peru, 1979*, University of Tokyo Press, Tokyo.

Terada K. and Y. Onuki（eds.）（1985）*The Formative Period in the Cajamarca Basin: Excavations at Huacaloma and Layzón, 1982*, University of Tokyo Press, Tokyo.

Ulbert, K.（1994）*Die Keramik der formativzeitlichen Siedlung Montegrande, Jequetepequetal, Nord-Peru*（Materialien zur Allgemeinen und Vergleichenden Archäologie 52）, Verlag C.H. Beck, München.

Valdez, F.（2019）"La Alta Amazonía y el origen y desarrollo de la Civilización Andina: La cultura Mayo Chinchipe-Marañón", *Yungas* 3（7）： 7 -26.

第 5 章

坂井正人　「古代ナスカの空間構造―観測所，山，祭祀センター，居住センター，地上絵―」『リトルワールド研究報告』13：37-55，1996年。

坂井正人「ナスカ台地の地上絵―ナスカ早期からインカ期までの展開」青山和夫・米延仁志・坂井正人・鈴木紀編『古代アメリカの比較文明論―メソアメリカとアンデスの過去から現代まで』，pp.140-158，京都大学学術出版会，2019年。

坂井正人編　『ナスカ地上絵の新展開―人工衛星画像と現地調査による―』，山形大学出版会，2008年。

関　雄二　「シエラとコスタ：中央アンデスにおける先土器時代の生業体系」『東京大学教養学部人文科学科紀要』82：87-129，1985年。

Alva, W.（1988）"Discovering the New World's richest unlooted tomb", *National Geographic Magazine* 174（4）：510-550.

Alva, W.（1990）"New tomb of royal splendor", *National Geographic Magazine* 177（6）： 2 -15.

Aveni, A.F.（1990）"Order in the Nazca Lines ?", in A.F. Aveni（ed.）*The Nazca Lines*, pp.43-113, American Philosophical Society, Philadelphia.

Bawden, G.L.（1982）"Galindo: A study in cultural transition during the Middle Horizon", in M.E. Moseley and K.C. Day（eds.）*Chan Chan: An-*

dean Desert City, pp.285-320, University of New Mexico Press, Albuquerque.

Bawden, G.L. (1996) *The Moche*, Blackwell Publishers, Cambridge.

Berezkin, Y. (1980) "An identification of anthropomorphic mythological personages in Moche representations", *Ñawpa Pacha* 18 : 1 -26.

Castillo, L.J. (1993) "Práctis funerarias, poder e ideología en la sociedad Moche tardía", *Gaceta Arqueológica Andina* 7 (7) : 67-82.

Castillo, L. J. (2010) "Moche politics in the Jequetepeque valley", in J. Quilter and L. J. Castillo (eds.) *New Perspectives on Moche Political Organization*, pp.83-109, Dumbarton Oaks Library and Collection, Washington, D.C.

Castillo, L.J. and C. Donnan (1994) "Excavaciones de tumbas de sacerdotisas Moche en San José de Moro, Jequetepeque", in S. Uceda and E. Mujica (eds.) *Moche: Propuestas y perspectivas* (Travaux de l'Institut Francais d'Etudes Andines 79), pp.415-424, Lima.

Chapdelaine, C. (2001) "The Growing power of a Moche urban class", in J. Pillsbury (ed.) *Moche Art and Archaeology in Ancient Peru*, pp.69-87, National Gallery of Art, Washington D.C.

Clarkson, P.B. and R.I. Dorn (1991) "Nuevos datos relativos a la antigüedad de los geoglifos y pukios de Nazca, Perú", *Boletín de Lima* 78 : 33-47.

Cobo, B. (1979 [1653]) *Historia del Nuevo Mundo*, Translated by R. Hamilton, University of Texas Press, Austin.

Cressy, G.B. (1958) "Qanats, Karez, and foggaras", *Geographical Review* 48 : 27-44.

Donnan, C. (1976) *Moche Art of Peru*, Museum of Cultural History, University of California, Los Angeles.

Donnan, C. (2001) "Moche ceramic portraits", in J. Pillsbury (ed.) *Moche Art and Archaeology in Ancient Peru*, pp.127-139, National Gallery of Art, Washington D.C.

Hastings, C.M. and M.E. Moseley (1975) "The adobes of Huaca del Sol and Huaca de la Luna", *American Antiquity* 40 : 196-203.

Hawkins, G. (1969) *Final Scientific Report for the National Geographic Society Expedition*, Smithsonian Institution, Cambridge.

Hocquenghem, A.M. (1987) *Iconografía Mochica*, Fondo Editorial de la Universidad Católica del Perú, Lima.

Isbell, W. (1978) "The prehistoric ground drawings of Peru", *Scientific American* 239 : 114-122.

Kaulicke, P. (1992) "Moche, Vicús-Moche y el Mochica Temprano", *Bulletin de l'Institut Francais d'Études Andines* 21 (3) : 853-903.

Kosok, P. (1965) *Life, Land and Water in Ancient Peru*, Long Island University Press, Brooklyn.

Kutscher, G. (1955) *Ancient Art of the Peruvian North Coast*, Gebr. Mann, Berlin.

Larco Hoyle, R. (1948) *Cronología arqueológica del norte del Perú*, Sociedad Geográfica Americana, Buenos Aires.

Lechtman, H.N. (1984) "Pre-Columbian surface metallurgy", *Scientific American* 250 (6) : 56-63.

Lockert, G.D. (2009) "The occupational history of Galindo, Moche valley, Peru" *Latin American Antiquity* 20 (2) : 279-302.

Menzel, D. (1964) "Style and time in the Middle Horizon", *Ñawpa Pacha* 2 : 1-105.

Millaire, J.F. (2010) "Moche political expansionism as viewed from Virú", in J. Quilter and L.J. Castillo (eds.) *New Perspectives on Moche Political Organization*, pp.223-251, Dumbarton Oaks Library and Collection, Washington, D.C.

Moseley, M.E. (1992) *The Incas and their Ancestors*, Thames and Hudson Ltd., London.

Narváez, A.V. (1994) "La Mina: Una tumba Moche I en el valle de Jequetepeque", in S. Uceda and E. Mujica (eds.) *Moche: Propuestas y perspectivas*, pp.59-81, Universidad Nacional de La Libertad, Trujillo.

Proulx, D. (1983) "The Nazca style", in L. Katz (ed.) *Art of the Andes: Precolumbian Sculptured and Painted Ceramics from the Arthur M. Sackler Collections*, pp.87-105, AMS Foundation, Wasington, D.C.

Proulx, D. (2006) *A Sourcebook of Nazca Ceramic Iconography*, University of Iowa Press, Iowa City.

Proulx, D. (2008) "Paracas and Nasca: Regional cultures on the south coast of Peru", in H. Silverman and W.H. Isbell (eds.) *Handbook of South American Archaeology*, pp.563–585, Springer Science + Business Media, New York.

Quilter, J. and L. J. Castillo (eds.) (2010) *New Perspectives on Moche Political Organization*, Dumbarton Oaks Library and Collection, Washington, D.C.

Quilter, J. and M. L. Koons (2012) "The fall of the Moche: A critique of claims for South America's first state", *Latin American Antiquity* 23 (2) : 127–143.

Reiche, M. (1993) *Contribuciones a la geometría y astronomía en el antiguo Perú*, Asociación María Reiche para las Líneas de Nazca.

Reinhard, J. (1988) *The Nazca Lines: A New Perspective on their Origin and Meaning*, Editorial Los Pinos, Lima.

Reindel, M. and J. Isla (2001) "Los Molinos und La Muña : Zwei Siedlungszentren der Nasca-Kultur in Palpa, Süperu", *Beitrage zur Allgemeinen und Verleichenden Archaologie* 21 : 241–319.

Reindel, M., J. Isla and K. Koschmieder (1999) "Vorspanische Siedlungen und Bodenzeichnungen in Palpa, Süperu", *Beitrage zur Allgemeinen und Verleichenden Archaologie* 19 : 313–381.

Roark, R.P. (1965) "From monumental to proliferous in Nasca pottery", *Ñawpa Pacha* 3 : 1–92.

Schreiber, K. and J.R. Rojas (1988) "Los pukios de Nazca: Un sistema de galería filtrantes", *Botelín de Lima* 59 : 51–62.

Shimada, I. (1994)　第 4 章文献参照

Silvermann, H. (1993) *Cahuachi in the Ancient Nazca World*, University of Iowa Press, Iowa City.

Strong, D.W. (1957) *Paracas, Nazca, and Tiahuanacoid Cultural Relationships in South Coastal Peru* (Memoir of the Society for American Archaeology 13), Society for American Archaeology, Salt Lake City.

Strong, D.W. and C. Evans（1952）*Cultural Stratigraphy in the Virú Valley, Northern Peru: The Formative and Florescent Epochs*, Columbia University Press, New York.

Topic, T.（1982）"The Early Intermediate Period and its legacy", in M.E. Moseley and K.C. Day（eds.）*Chan Chan*, pp.255–284, University of New Mexico Press, Albuquerque.

Uceda, S.（2010）"Theocracy and secularism: Relationships between the temple and urban nucleus and political change at the Huacas de Moche", in J. Quilter and L.J. Castillo（eds.）*New Perspectives on Moche Political Organization*, pp.132–158, Dumbarton Oaks Library and Collection, Washington, D.C.

Valdez Cardenas, L.M.（1988）"Los camélidos en la subsistencia Nazca: El caso de Kawachi", *Boletín de Lima* 57：31–35.

Verano, J.W.（1991）"War and death in the Moche world: Osteological evidence and visual discourse", in J. Pillsbury（ed.）*Moche Art and Archaeology in Ancient Peru*, pp.111–125, National Gallery of Art, Washington D.C.

Wolfe, E.F.（1981）"The spotted cat and the horrible bird: Stylistic change in Nazca 1 – 5 ceramic decoration", *Ñawpa Pacha* 19：1–62.

Zuidema, T.（1982）"Bureaucracies and systemtic knowledge in Andean civilization", in G.A. Collier et al.（eds.）*The Inca and Aztec States, 1400–1800*, pp.419–458, Academic Press, New York.

第 6 章

ノブロック, P.（Knobloch, P.）松本亮三訳「帝国の工芸家たち」, 増田義郎・島田泉編『古代アンデス美術』, pp.107–123, 岩波書店, 1991年。

山本紀夫 「中央アンデス高地社会の食糧基盤―トウモロコシか根栽類か―」『季刊人類学』13（3）：76–124, 1982年。

山本紀夫（2004） 第 3 章文献参照

Anders, M.（1990）"Maymi: un sitio del Horizonte Medio en el valle de Pisco", *Gaceta Arqueológica Andina* 5（17）：27–39.

Anders, M.（1991）"Structure and function at the planned site of Azangaro: cautionary notes for the model of Huari as a centralized secular state", in W.H. Isbell and G.F. McEwan (eds.) *Huari Administrative Structure: Prehistoric Monumental Architecture and State Government*, pp.165-197, Dumbarton Oaks Research Library and Collection, Washington, D.C.

Benavides, M.C. (1991) "Cheqo Wasi, Huari", in W.H. Isbell and G.F. McEwan (eds.) *Huari Administrative Structure: Prehistoric Monumental Architecture and State Government*, pp.55-69, Dumbarton Oaks Research Library and Collection, Washington, D.C.

Bennett, W.C. (1953) *Excavations at Wari, Ayacucho, Peru* (Yale University Publications in Anthropology 49), New Haven.

Bermann, M. (1994) *Lukurmata: Household Archaeology in Prehispanic Bolivia*, Princeton University Press, Princeton.

Bragayrac, E.D. (1991) "Archaeological excavations in the Vegachayoq Moqo sector of Huari", in W.H. Isbell and G.F. McEwan (eds.) *Huari Administrative Structure: Prehistoric Monumental Architecture and State Government*, pp.71-80, Dumbarton Oaks Research Library and Collection, Washington, D.C.

Cabrera, M.R. and J. Ochatoma P. (2019) "Arquitectura funeraria y ritual en el sector de Monqachayuq, Wari", in S. Watanabe (ed.) *Diversidad y uniformidad en el Horizonte Medio de los Andes prehispánicos* (Research Papers of the Anthropological Institute 8), pp.46-92, Nanzan University, Nagoya.

Chávez, K.L.M. (1988) "The significance of Chiripa in Lake Titicaca basin developments", *Expedition* 30 (3): 17-26.

Cieza de León, P. (1553) *Crónica del Perú, primera parte*,(『インカ帝国史』所収, 増田義郎抄訳, 大航海時代叢書第Ⅱ期15, 岩波書店, 1979年).

Cook, A.G. and M. Glowacki (2003) "Pot, politics, and power: Huari ceramic assemblages and imperial administration", in T.L. Bray (ed.) *The Archaeology and Politics of Food and Feasting in Early States and Empires*, pp.172-202, Kluwer Academic/Plenum, New York.

Couture, N.C. and K. Sampeck (2003) "Putuni: A history of palace architecture in Tiwanaku", in A.L. Kolata (ed.) *Tiwanaku and its Hinter-*

land: Archaeology and Paleoecology of a Andean Civilization, Vol. 2,
pp.226-263, Simthsonian Institution Press, Washington D. C.

Dejoux, C. and A. Iltis (eds.) (1992) *Lake Titicaca: A Synthesis of Limno-
logical Knowledge* (Monographiae Biologicae 68), Kluwer Academic
Publishers, London.

Erickson, C.L. (1987) "The dating of raised-field agriculture in the Lake
Titicaca basin, Peru", in W.M. Denevan, K. Mathcwson and G. Knapp
(eds.) *Pre-Hispanic Agricultural Fields in the Andean Region* (BAR In-
ternational Series 359), pp.373-284, Oxford.

Erickson, C.L. (1999) "Neo-environmental determinism and agrarian "col-
lapse" in Andean prehistory", *Antiquity* 73 : 634-642.

Finucane, B., Valdez, J. E., Pérez, I. C., Vivanco C.P., Valdez, L. and T. O'
Connell (2007) "The end of empire: New radiocarbon dates from the
Ayacucho valley and their implications for the collapse of the Wari
state", *Radiocarbon* 49 (2) : 579-592.

Fonseca Santa Cruz and B. S. Bauer (eds.) (2020) *The Wari Enclave of
Espíritu Pampa*, Costen Institute of Archaeology Press, Los Angeles.

Giersz, M. and C. Pardo (eds.) (2014) *Castillo de Huarmey: El mausoleo
imperial Wari*, Asociación Museo de Arte de Lima, Lima.

Goldstein, P. (1993) "Tiwanaku temples and state expansion: A Tiwana-
ku sunken-court temple in Moquegua, Peru", *Latin American Antiquity*
4 (1) : 22-47.

Goldstein, P. (2005) *Andean Diaspora: The Tiwanaku Colonies and the
Origins of South American Empire*, University of Florida, Gainesville.

Hastorf, C.A. (2005) "The Upper (Middle and Late) Formative in the Tit-
icaca region", in C. Stanish, A.B. Cohen and M.S. Aldenderfer (eds.) *Ad-
vances in Titicaca Basin Archaeology*, pp.65-94, Costen Institute of Ar-
chaeology, Los Angeles.

Isbell, W.H. (1991) "Huari administration and the orthogonal cellular ar-
chitecture horizon", in W.H. Isbell and G.F. McEwan (eds.) *Huari Ad-
ministrative Structure: Prehistoric Monumental Architecture and State
Government*, pp.293-315, Dumbarton Oaks Research Library and Collec-

tion, Washington, D.C.

Isbell, W.H. (2000) "Repensando el Horizonte Medio: El caso de Conchopata", *Boletín de Arqueología PUCP* 4 : 9-68.

Isbell, W.H. (2008) "Wari and Tiwanaku: International identities in the Central Andean Middle Horizon", in H. Silverman and W.H. Isbell (eds.) *Handbook of South American Archaeology*, pp.731-759, Springer Science + Business Media, New York.

Isbell, W.H., Brewster-Wray, C. and L.E. Spickard (1991) "Architecture and spatial organization at Huari", in W.H. Isbell and G.F. McEwan (eds.) *Huari Administrative Structure: Prehistoric Monumental Architecture and State Government*, pp.19-53, Dumbarton Oaks Research Library and Collection, Washington, D.C.

Isbell, W.H. and A.G. Cook (1987) "Ideological origins of an Andean conquest state", *Archaeology* 40 (4) : 27-33.

Isbell, W.H. and A.G. Cook (2002) "A new perspective on Conchopata and the Andean Middle Horizon" in H. Silverman and W.H. Isbell (eds.) *Andean Archaeology II: Art, Landscape, and Society*, pp.249-306, Kluwer Academic/Plenum, New York.

Isbell, W.H. and G.F. McEwan (1991) "A history of Huari studies and introduction to current interpretations", in W.H. Isbell and G.F. McEwan (eds.) *Huari Administrative Structure: Prehistoric Monumental Architecture and State Government*, pp.1-17, Dumbarton Oaks Research Library and Collection, Washington, D.C.

Isbell, W. and A. Vranich (2004) "Experiencing the cities of Wari and Tiwanaku", in H. Silverman (ed.) *Andean Archaeology*, pp.167-182, Blackwell, Malden.

Janusek, J.W. (2008) *Ancient Tiwanaku*, Cambridge University Press, New York.

Janusek, J. (2012) "Understanding Tiwanaku origins: Animistic ecology in the Andean altiplano", in C. Isendahl (ed.) *The Past Ahead: Language, Culture, and Identity in the Neotropics* (Studies in Global Archaeology 18), pp.111-138, Department of Archaeology and Ancient History, Uppsala University, Uppsala.

Kidder, A. II (1943) *Some Early Sites in the Northern Lake Titicaca Basin*, (Paper of the Peabody Museum 27 (1)), Harvard University, Cambridge.

Kolata, A.L. (1991) "The technology and organization of agricultural production in the Tiwanaku state", *Latin American Antiquity* 2 (2)：99-125.

Kolata, A.L. (1993) *The Tiwanaku: Portrait of an Andean Civilization*, Blackwell, Cambridge.

Llagostera, A.M., Torres, C.M. and M.A. Costa (1988) "El complejo pscicotrópico en Solcor-3 (San Pedro de Atacama)", *Estudios Atacameños* 9：61-98.

McEwan, G.N. (1991) "Investigations at the Pikillacta site: A provincial Huari center in the valley of Cuzco", in W.H. Isbell and G.F. McEwan (eds.) *Huari Administrative Structure: Prehistoric Monumental Architecture and State Government*, pp.93-119, Dumbarton Oaks Research Library and Collection, Washington, D.C.

McEwan, G.N. (2005) *Pikillacta: The Wari Empire in Cuzco*, University of Iowa Press, Iowa City.

Menzel, D. (1964) 第 5 章文献参照

Moseley, M.E. (1992) 第 5 章文献参照

Moseley, M.E., Feldman, R.A., Goldstein, P.S. and L. Watanabe (1991) "Colonies and conquest: Tiahuanaco and Huari in Moquegua", in W.H. Isbell and G.F. McEwan (eds.) *Huari Administrative Structure: Prehistoric Monumental Architecture and State Government*, pp.121-140, Dumbarton Oaks Research Library and Collection, Washington, D.C.

Murra, J.V. (1975) *Formaciones económicas y políticas del mundo Andino*, Instituto de Estudios Peruanos, Lima.

Oakland, A. (1992) "Textiles and ethnicity: Tiwanaku in San Pedro de Atacama, north Chile", *Latin American Antiquity* 3 (4)：316-340.

Perez, I (2000) "Estructuras megalíticas funerarias en el complejo Huari", *Boletín de Arqueología PUCP* 4：505-548.

330

Ponce Sanginés, C. (1972) *Tiwanaku: Espacio, Tiempo y Cultura*, Academia Nacional de Ciencias, La Paz.

Rowe, J.H. and C.T. Brandel (1969-1970) "Pucara style pottery designs", *Ñawpa Pacha* 7-8 : 1-16.

Schreiber, K.J. (1991) "Jincamoco: A Huari administrative center in the south central highlands of Peru", in W.H. Isbell and G.F. McEwan (eds.) *Huari Administrative Structure: Prehistoric Monumental Architecture and State Government*, pp.199-213, Dumbarton Oaks Research Library and Collection, Washington, D.C.

Schreiber, K. (1992) *Wari Imperialism in Middle Horizon Peru* (Anthropological Papers of the Museum of Antropology 87), University of Michigan Press, Ann Arbor.

Shady, R. (1982) "La cultura Nievería y la interacción social en el mundo andino en la época Huari", *Arqueológicas* 19 : 5-108.

Stanish, C. (1992) *Ancient Andean Political Economy*, University of Texas Press, Austin.

Stanish, C. (2003) *Ancient Titicaca: The Evolution of Social Complexity in Southern Peru and Northern Bolivia*, Univrsity of California Press, Los Angeles.

Topic, J.R. (1991) "Huari and Huamachuco", in W.H. Isbell and G.F. McEwan (eds.) *Huari Administrative Structure: Prehistoric Monumental Architecture and State Government*, pp.141-164, Dumbarton Oaks Research Library and Collection, Washington, D.C.

Tung, T.A. and A.G. Cook (2006) "Intermediate elite agency in Wari Empire: The bioarchaeological and mortuary evidence", in C. Elson and A.R. Covey (eds.) *Intermediate Elite Agency in Precolumbian States and Empires*, pp.68-93, University of Arizona Press, Tucson.

Uhle, M. (1903) *Pachacamac*, Department of Archaeology, University of Pennsylvania, Philadelphia.

Watanabe, S. (2019) "Dominio provincial Wari en el Horizonte Medio: El caso de la sierra norte del Perú", in S. Watanabe (ed.) *Diversidad y uniformidad en el Horizonte Medio de los Andes prehispánicos* (Research

Papers of the Anthropological Institute 8）, pp.230-256, Nanzan University, Nagoya.

Wester, La Torre, C.（2016）*Chornancap: Palacio de una gobernante y sacerdotisa de la cultura Lambayeque*, Ministerio de Cultura, Lima.

Williams, P.R. and D. Nash（2002）"Imperial interaction in the Andes: Huari and Tiwanaku in Cerro Baúl" in H. Silverman and W.H. Isbell （eds.）*Andean Archaeology I: Variations in Sociopolitical Organization*, pp.243-266, Kluwer Academic/Plenum, New York.

Vranich, A.（2009）"The development of the ritual core of Tiwanaku", in Young-Sánchez（ed.）*Tiwanaku: Papers from the 2005 Mayer Center Symposium at the Denver Art Museum*, pp.11-34, Denver Art Museum, Denver.

第 7 章

坂井正人（1996）第 5 章文献参照

島田泉・小野雅弘，『黄金の都シカンを掘る』，朝日新聞社，1994年。

松本　剛「シカン支配下のモチェ─社会の多元性についての一考察」『古代アメリカ』22：75-99，2019年。

Cabello de Balboa, M.（1951 [1586]）*Miscelánia Antártica*, Universidad Nacional Mayor de San Marcos, Lima.

Cavallero, R.（1991）*Large-Site Methodology*（Occasional Papers 5), Department of Archaeology, University of Calgary, Alberta.

Church, W. B. And A. von Hagen（2008）Chachapoyas: Cultural development at an Andean cloud forest crossroads", in H. Silverman and W. Isbell （eds.）*Handbook of South American Archaeology*, pp.903-926, Springer, New York.

Conrad, G.W.（1982）"The burial platforms of Chan Chan: Some social and political implications", in M.E. Moseley and K.C. Day（eds.）*Chan Chan* （A School of American Research Book), pp.87-117, University of New Mexico Press, Albuquerque.

Day, K.C.（1982）"Ciudadelas: Their form and function", in M.E. Moseley and K.C. Day（eds.）*Chan Chan*（A School of American Research Book), pp.55-66, University of New Mexico Press, Albuquerque.

Donnan, C.B. (1990) "An assessment of the validity of the Naymlap dynasty", in M.E. Moseley and A. Cordy-Collins (eds.) *The Northern Dynasties: Kingship and Statecraft in Chimor*, pp.243-296, Dumbarton Oaks Research Library and Collection, Washington, D.C.

Keatinge, R.W. and G.W. Conrad (1983) "Imperialist expansion in Peruvian prehistory: Chimú administration of a conquered territory", *Journal of Field Archaeology* 10 : 255-283.

Kolata, A.L. (1982) "Chronology and settlement growth at Chan Chan", in M.E. Moseley and K.C. Day (eds.) *Chan Chan* (A School of American Research Book), pp.67-85, University of New Mexico Press, Albuquerque.

Kolata, A.L. (1990) "The urban concept of Chan Chan", in M.E. Moseley and A. Cordy-Collins (eds.) *The Northern Dynasties: Kingship and Statecraft in Chimor*, pp.107-144, Dumbarton Oaks Research Library and Collection, Washington, D.C.

Mackey, C.J. and A.M.U. Klymyshyn (1990) "The southern frontier of the Chimú Empire", in M.E. Moseley and A. Cordy-Collins (eds.) *The Northern Dynasties: Kingship and Statecraft in Chimor*, pp.195-226, Dumbarton Oaks Research Library and Collection, Washington, D.C.

Moseley, M.E. (1992) 第 5 章文献参照

Moseley, M.E. and K.C. Day (eds.) (1982) *Chan Chan* (A School of American Research Book), University of New Mexico Press, Albuquerque.

Pozorski, S.G. (1982) "Subsistence systems in the Chimú state", in M.E. Moseley and K.C. Day (eds.) *Chan Chan* (A School of American Research Book), pp.177-196, University of New Mexico Press, Albuquerque.

Rostworowski, M. (1972) "Breve informe sobre el Señorio de Ychma o Ychima", *Arqueología PUC* 13 : 37-51.

Salomon, F. (1986) *Native Lords of Quito in the Age of the Incas: The Political Economy of North Andean Chiefdoms*, Cambridge University Press, London.

Shimada, I.（1990）"Cultural continuities and discontinuities on the northern north coast of Peru, Middle-Late Horizons", in M.E. Moseley and A. Cordy-Collins（eds.）*The Northern Dynasties: Kingship and Statecraft in Chimor*, pp.297-392, Dumbarton Oaks Research Library and Collection, Washington, D.C.

Shimada, I.（1991）"Pachacamac archaeology: Retrospect and prospect", in M. Uhle and I. Shimada *Pachacamac and Pachacamac Archaeology*, pp. X-LXVI, The University Museum of Archaeology and Anthropology, University of Pennsylvania, Philadelphia.

Shimada, I.（1994）第4章文献参照

Shimada, I.（2014）"Detrás de la máscara de oro: La cultura Sicán", in I. Shimada（ed.）*Cultura Sicán: Esplendedor preincaico de la costa norte*, pp.15-90, Fondo Editorial del Congreso del Perú, Lima.

Shimada, I. and J.F. Merkel（1991）"Copper-alloy metallurgy in ancient Peru", *Scientific American* 265（1）：80-86.

Topic, J.R.（1990）"Craft production in the kingdom of Chimor", in M.E. Moseley and A. Cordy-Collins（eds.）*The Northern Dynasties: Kingship and Statecraft in Chimor*, pp.145-176, Dumbarton Oaks Research Library and Collection, Washington, D.C.

Topic, T.L.（1990）"Territorial expansion and the kingdom of Chimor", in M.E. Moseley and A. Cordy-Collins（eds.）*The Northern Dynasties: Kingship and Statecraft in Chimor*, pp.177-194, Dumbarton Oaks Research Library and Collection, Washington, D.C.

第8章

熊井茂行　「「インカ帝国」概念の形成と展開―「インカ帝国」像についての予備的考察―」『明治学院論叢』584（総合科学研究54）：43-78，1996年。

ピース，F（Peace, F.）・増田義郎『図説インカ帝国』，小学館，1988年。

松本亮三　「インカ暦再考」松本亮三編『時間と空間の文明学』，pp.31-75，共栄書房，1995年。

渡部森哉　「インカ帝国成立モデルの再検討」関雄二・染田秀藤編『他者の帝国―インカはいかにして「帝国」となったか―』，pp.165-184，世界思想社，2008年。

渡部森哉 『インカ帝国の成立—先スペイン期アンデスの社会動態と構造—』，春風社，2010年。

Bauer, B.S.（1992）*The Development of the Inca State*, University of Texas Press, Austin.

Bauer, B.S.（1992）"Ritual pathways of the Inca: An analysis of the Collasuyu *ceques* in Cuzco", *Latin American Antiquity* 3 （3）: 183-205.

Bauer, B.S. and R.A. Covey（2002）"Processes of state formation in the Inca Heartland（Cuzco, Peru）", *American Anthropologist* 104 （3）: 846-864.

Cieza de León, P.（1553）第6章文献参照

Cobo, B.（1979 [1653]）第5章文献参照

D'Altroy, T. N.（2002）*The Incas*, Blackwell Publishers, Maiden.

D'Altroy, T.N. and T.K. Earle（1992）"Staple finace, wealth finance, and storage in the Inka political economy", in T.Y. Levine（ed.）*Inka Storage Systems*, pp.31-61, University of Oklahoma Press, Norman and London.

Demarest, A.A.（1981）*Viracocha: The Nature and Antiquity of the Andean High God*（Peabody Museum Monographs 6）, Harvard University, Cambridge.

Espinoza Soriano, W.（1970）"Los mitmas yungas de Collique en Cajamarca, siglos XV, XVI, y XVII", *Revista del Museo Nacional* 36: 9 -57.

Garcilaso de la Vega, E.I.（1609）*Primera parte de los comentarios reales de los Incas*.（『インカ皇統記（一）（二）』牛島信明訳，大航海時代叢書エクストラ・シリーズ I，岩波書店，1985-1986年）.

Gasparini, G. and L. Margolies（1980）*Inca Architecture,* Indiana University Press, Bloomington.

Guamán Poma de Ayala, F.（1980 [1615]）*El primer nueva corónica y buen gobierno*, 3 vols.（Edición crítica de J.V. Murray R. Adorno）, Siglo Veintiuno, México.

Hyslop, J.（1984）*The Inka Road System*, Academic Press, New York.

Hyslop, J.（1990）*Inka Settlement Planning*, University of Texas, Austin.

Jerez, F.L. de（1968 [1534]）"Verdadera relación de la conquista del Perú", in *Biblioteca Peruana*, Primera Serie, Tomo 1, pp.191-272, Editores Técnicos Asociados S. A., Lima.

Julien, C.J. (1988) "How Inca decimal administration worked", *Ethnohistory* 35 : 257-279.

Kendall, A. (1996) "An archaeological perspective for Late Intermediate Period Inca development in the Cuzco region", *Journal of the Steward Anthropological Society* 24 (1-2) : 121-156.

Levine, T.Y. (1992) "Inka state storage in three highland regions: A comparative study", in T.Y. Levine (ed.) *Inka Storage Systems*, pp.107-148, University of Oklahoma Press, Norman and London.

Menzel, D. (1959) "The Inca occupation of the south coast of Peru", *Southwestern Journal of Anthropology* 15 : 125-142.

Morris, C. (1992) "The technology of highland Inka food strorage", in T.Y. Levine (ed.) *Inka Storage Systems*, pp.237-258, University of Oklahoma Press, Norman and London.

Morris, C. and D.E. Thompson (1985) *Huánuco Pampa: An Inca City and its Hinterland*, Thames and Hudson, New York.

Moseley, M.E. (1992) 第5章文献参照

Murra, J.V. (1958) "On Inca political structure", in *Proceedings of the 1958 Annual Spring Meeting of the American Ethnological Society*, University of Washington Press, Seattle.

Murra, J.V. (1978) *La organización económica del estado Inca*, Siglo Veintiuno, México.

Niles, S. (1987) *Callachaca: Style and Status in an Inca Community*, University of Iowa Press, Iowa City.

Pärssinen, M. and A. Siiriäinen (1997) "Inka-styke ceramics and their chronological relationship to the Inca expansion in the southern Lake Titicaca area (Bolivia)", *Latin American Antiquity* 8 (3) : 255-271.

Pizzaro, P. (1571) *Relación del descubrimiento y conquista de los reinos del Perú*. (『ペルー王国史』所収，増田義郎・旦敬介訳，大航海時代叢書第II期16，岩波書店，1984年).

Protzen, J.P. (1993) *Inca Architecture and Construction at Ollantaytambo*, Oxford University Press, New York.

Rostworowski, M.（1977）*Costa peruana prehispánica*, Instituto de Estudios Peruanos, Lima.

Rowe, J.H.（1946）"Inca culture at the time of the Spanish conquest", in J.H. Steward（ed.）*Handbook of South American Indians Vol. 2 : The Andean Civilizations*（Bureau of American Ethnology Bulletin 43）, pp.183–330, Smithsonian Institution, Washington, D.C.

Salomon, F.（1986）第 7 章文献参照

Wachtel, N.（1971）*La vision des vaincus: Les indiens du Pérou devant la conquête espagnole 1530–1570*, Editions Gallimard, Paris.（『敗者の想像力』小池佑二訳，岩波書店，1984年）.

Wachtel, N.（1982）"The *Mitimas* of the Cochabamba valley: The colonization policy of Huayna Capac", in G.A. Collier et al.（eds.）*The Inca and Aztec States 1400–1800: Anthropology and History*, pp.199–235, Academic Press, New York.

Zuidema, T.（1964）*The Ceque System of Cuzco*, Brill, Leiden.

Zuidema, T.（1977）"The Inca calender", in A.F. Aveni（ed.）*Native American Astronomy*, pp.219–259, University of Texas Press.

Zuidema, T.（1982）第 5 章文献参照

Zuidema, T.（1990）*Inca Civilization in Cuzco*, University of Texas Press, Austin.

古代アンデス文明編年表

Janusek, J.W.（2008）第 6 章文献参照

Lanning, E.P.（1967）第 3 章文献参照

Willey, G.R.（1971）第 1 章文献参照

お わ り に

　本書の執筆は、まさにペルーの日本大使公邸占拠事件の推移とともにあったといっても過言ではない。原稿の締切を気にしながらも、国際協力事業団によるペルー観光開発プロジェクトの事前調査団への参加を引き受け、遺跡をとりまく自然、そして社会環境と開発との調和を図る方法を模索しに出かけたのが1996年11月末のことであった。フジモリ大統領自身も関心を寄せるように、単なる外貨獲得の目的に終わらせることなく、地域住民の雇用促進、住民参加の開発により貧困問題を解消するねらいがあったのである。現地で、また帰国後も、単なる考古学ではなく、応用人類学的視点から、自分の経験が生かせるかもしれないと知ったとき、若干興奮していたことを思い出す。そして本書を書きあげることで、ペルー考古学の実態を少しでも知らしめることができ、ペルー考古学を目指す研究者や、観光客をペルーへ誘うことができたならば、どれほどすばらしいことか頭を巡らせていた。

　そんなときに事件は起こった。援助プロジェクトも一時的に凍結されてしまった。人質になった友人の安否を気遣い、マスコミからの問い合わせなどを処理しているうちに、あっという間に年を越してしまった。事件のことが頭から離れず、あせる気持ちからか筆が進まない。ようやく脱稿したときも事件は解決していなかった。ここでこれ以上事件について触れることはできないが、1997年4月22日の武力突入劇で幕を閉じたこの事件はわれわれに多くの問題を突

きつけたことは確かである。

　解決後に拡声器を握り、車の上から勝利宣言をしたフジモリ大統領の口から発せられた作戦名はなんと「チャビン・デ・ワンタル」の名であったのには驚かされた。もちろん遺跡の建築構造からヒントを得た名であることは間違いない。この場合、直接的に遺跡や文化の具体的内容に深く入るものではなかったが、解決直後に日本から飛んできた池田外相（当時）とともにチャビン・デ・ワンタル遺跡内部の回廊を歩く大統領の姿は記憶に新しい。突発的な事件にせよ、古代文化名を作戦名とすることは我が国の感覚では馴染めない。しかし大統領が過去の文明の名を演説に持ち出し、国民統合のシンボルとして言及することはメキシコやペルーではさほど珍しいことではない。遺跡も政治的価値を付与され、現代社会の中で消費されていく運命にあるのかもしれない。いずれ、こうした政治と文化財の関係に関してはまとめるつもりである。

　さて本書のことに戻ろう。じつは執筆依頼があったとき、正直いって戸惑った。理由は至極簡単である。日本人が記したアンデス考古学の概説書は、故泉靖一先生以来、ほとんど誰も執筆してこなかったからである。もともと概説書の類は、学問の上で大家となられた先生方の作業であると考えていたこともある。泉先生が著された『インカ帝国』（岩波新書）を今読み返してみても、あのデータの乏しい時代によくあれだけまとめられたものだと感心するばかりで、自分にはとうてい無理な作業だと絶望感に襲われてしまう。しかし、少しわがままをいわせてもらえるならば、この絶望感はひとえに私個人の能力に帰する必要がないような気がする。それは近年のアンデス考古学の進捗状況には著しいものがあり、しかも論争に

まで発展する緻密な解釈のせめぎ合いすら日常茶飯事になってきているという事態と係わるものであろう。膨大なデータを一つ一つ吟味した上で、立場を表明することは作業としてはさほど困難ではないかもしれないが、概論という大きな流れの中に組み込もうとすると話は別であろう。だからといって、この考え方もある、この解釈も成り立つと一つ一つ並べていくことは、一見してフェアのように見えるが、かえって読者を混乱させてしまうことになる。その意味でも今日概論執筆は難しい作業となっている。

　ここで執筆の苦労などくどくどと書き綴ったところで、できてしまったものは仕方がない。あとは専門家を含めて読者の方々に評価してもらうしかないであろう。ただし、これだけは言えるかもしれない。第8章の最後で述べたように、インカ、先インカ諸文化の解釈のモデルが決して固定的なものではなく、つねにデータを積み重ねて鍛え上げていかねばならない点である。その意味で、今後は、本書で示したシナリオを私自身の調査の中に活かし、検証していく作業を行っていかねばならない。10年か20年経ってもう一度概論に挑戦するチャンスがあれば、そのときは本書自体を批判対象の先鋒として取り上げるという皮肉な結果が待ち受けていないとも限らない。楽しみなことである。

　さて本書執筆にあたり、お世話になった次の方々に感謝したい。新潟大学教授藤本強先生は、著者として私を推薦して下さった。現時点でアンデス考古学を総括できたことは、自分の研究を大局的に見る機会ともなり、じつに有益であった。また私がアンデス考古学を始めるきっかけとなったのは、東京大学アンデス調査団（当時の名前は日本核アメリカ学術調査団）への参加を勧めて下さった故寺

田和夫東京大学教授の暖かなお言葉であった。先生は志し半ばで他界されたが、生前先生から受けた薫陶の数々は私の研究と人生を方向づけるものになった。また、これまで調査団の団長を務めてこられた大貫良夫東京大学名誉教授、加藤泰建埼玉大学副学長、そして調査団のメンバーである井口欣也埼玉大学教授、坂井正人山形大学教授は、常日頃個人プレーが目立つ私を常に寛容な態度で見守ってくれてきた。調査団メンバーであった渡部森哉南山大学講師からは貴重な写真を拝借させていただいた。さらに改訂版にあたっては、上記の井口、坂井氏の他、土井正樹氏、佐藤吉文氏より初版における誤りやバージョンアップすべき箇所の指摘を丁戴した。こうした先生方、同僚からのアドバイスや刺激なくしては本書は成立しなかったことも記しておきたい。また執筆の遅れを暖かく見守って下さった同成社の山脇洋亮さんにもお礼を申し上げる。最後になったが、これまで私のわがままな研究人生を支えてくれた両親、そして妻みどり、子供達に改めて感謝する次第である。

1997年6月

関　　雄二

〔2021年新版にあたっての注記〕

　上記「おわりに」に記した方々のご所属が現在下記のように変わっている（敬称略）。

　藤本　強　新潟大学教授→東京大学名誉教授（故人）

　加藤泰建　埼玉大学副学長→埼玉大学名誉教授

　渡部森哉　南山大学講師→南山大学教授

　また、今回の改訂にあたり、井口欣也埼玉大学教授、坂井正人山形大学教授、土井正樹関西外国語大学准教授、松本剛山形大学准教

授、松本雄一山形大学准教授、山本睦山形大学准教授からは、数々の学術的指摘をいただいた。また芝田幸一郎法政大学准教授、ルイス・ハイメ・カスティーヨ（ペルー・カトリカ大学教授）、そして親友のリチャード・バーガー（アメリカ・イエール大学教授）からは貴重な写真を提供していただいた。感謝する次第である。

（2021年 9 月　著者）

遺 跡 索 引
（五十音順。とくに言及しない場合、すべてペルー）

■著者略歴■

関　雄二（せき　ゆうじ）

1956年東京生まれ

東京大学大学院社会科学研究科文化人類学専門課程修士修了。東京大学教養学部助手、総合研究資料館助手、天理大学国際文化学部助教授を経て

現在　国立民族学博物館人類文明誌研究部教授ならびに総合研究大学院大学教授

主要著書『文明の創造力』（角川書店　共編著　1998年）、『アメリカ大陸古代文明事典』（岩波書店　共編著　2005年）、『古代アンデス　権力の考古学』（京都大学学術出版会　2006年）、『他者の帝国―インカはいかにして「帝国」となったか』（世界思想社　共編著　2008年）、『グアテマラ内戦後人間の安全保障の挑戦』（明石書店　共編著　2009年）、『古代アンデス　神殿から始まる文明』（朝日新聞出版　共編著　2010年）、『アンデスの文化遺産を活かす―考古学者と盗掘者の対話』（臨川書店　2014年）、『平和の人類学』（法律文化社　共編著　2014年）、『古代文明アンデスと西アジア　神殿と権力の生成』（朝日新聞出版　編著　2015年）、『アンデス文明　神殿から読み取る権力の世界』（臨川書店　編著　2017年）、『「物質性」の人類学―世界は物質の流れの中にある―』（同成社　共編著　2017年）、『世界のピラミッド大事典』（柊風舎　共著　2018年）、『ラテンアメリカ文化事典』（丸善出版　共編著　2021年）

アンデスの考<ruby>古<rt>こ</rt></ruby>学　新版

1997 年　8 月 10 日　初版発行
2010 年　9 月 20 日　改訂版第 1 刷
2021 年 12 月 10 日　新版第 1 刷

　　　　　　　　著　者　関　　　雄　二
　　　　　　　　発行者　山　脇　由紀子
　　　　　　　　印　刷　亜細亜印刷㈱
　　　　　　　　製　本　協栄製本㈱

発行所　東京都千代田区飯田橋 4-4-8　㈱同成社
　　　　（〒102-0072）　東京中央ビル
　　　　TEL　03-3239-1467　振替　00140-0-20618

ISBN978-4-88621-877-3 C1322